MÉMOIRE

DU

LÉGAT ONUFRIUS

SUR

LES AFFAIRES DE LIÈGE (1468),

PUBLIÉ PAR

M. STANISLAS BORMANS,

Administrateur-Inspecteur de l'Université de Liège,
Membre de l'Académie et de la Commission royale d'histoire, etc.

BRUXELLES,

F. HAYEZ, IMPRIMEUR DE L'ACADÉMIE ROYALE DE BELGIQUE,
rue de Louvain, 108.

1885

INTRODUCTION.

Il n'est pas nécessaire d'insister sur l'importance des évènements relatés dans ce Mémoire. Le sac de Liège par Charles
le Téméraire, en 1468, ne constitue pas seulement l'épisode le
plus émouvant des annales liégeoises, c'est aussi un des faits
les plus saillants de notre histoire nationale.

Ce qu'il importe de démontrer, c'est l'intérêt que présente
le document que nous publions au double point de vue de la
confiance qu'il doit inspirer et de la lumière qu'il jette sur
une des époques les plus obscures de notre histoire. Il suffira,
pour cela, de rappeler les circonstances dans lesquelles il a été
écrit.

Depuis l'année 1456, des troubles violents déchiraient la
principauté de Liège. Louis de Bourbon, imposé pour ainsi
dire au pays par son oncle Philippe, duc de Bourgogne, avait
cru pouvoir gouverner son peuple à sa fantaisie. Mais les
Liégeois, décidés à défendre leurs libertés et leurs franchises,
résistèrent énergiquement à ses prétentions, et se trouvèrent
bientôt en guerre ouverte avec lui. Il jeta l'interdit sur la Cité
le 29 octobre 1461 et alla établir sa résidence à Huy.

Ému d'une situation qui semblait devoir se prolonger, le
pape envoya à Liège, au commencement de l'année 1463, son

légat Pierre Ferri, qui s'efforça en vain de rétablir l'union entre le prince et ses sujets. Les choses ne firent que s'envenimer et en arrivèrent à ce point que, le 22 mars 1465, les Liégeois, sournoisement encouragés par Louis XI, l'ennemi juré de la maison de Bourgogne, prononcèrent la déchéance de l'évêque. Louis appela alors les Bourguignons dans la principauté, et, le 20 octobre, Philippe battit les milices communales à Montenaken. Aussitôt les comtes de Meurs et de Horne courent à Bruxelles et obtiennent du duc un traité qui fut signé le 22 décembre, et qui est connu dans notre histoire sous le nom de *paix de Saint-Trond*.

Forcés d'en accepter les dures conditions, les Liégeois, en retour, réclamèrent la levée de l'interdit, et demandèrent qu'une vingtaine de bourgeois, aux conseils pernicieux desquels ils attribuaient leurs malheurs, fussent à perpétuité bannis de la ville. Louis de Bourbon refusa de souscrire à cette dernière exigence et résista même sur ce point aux instances de son oncle. Celui-ci, voyant la guerre civile éclater de nouveau dans la principauté, envoya à Rome, dans les premiers mois de l'année 1467, deux députés chargés de demander au pape Paul II la ratification de la paix de Saint-Trond, et l'envoi à Liège d'un légat qui aurait pour mission d'apaiser les esprits et de lui venir en aide pour obtenir la levée de l'interdit ainsi que le bannissement des bourgeois qui avaient encouru la haine de leurs concitoyens. Il promettait d'appuyer le légat de tout son pouvoir.

Le collège des cardinaux, consulté, ne crut pas pouvoir ratifier la paix de Saint-Trond : elle contenait sur la souveraineté et la juridiction de l'Église de Liège des clauses qu'il était dangereux de consacrer. Mais, pour ne pas déplaire à la puissante maison de Bourgogne, Paul II se décida à envoyer à Liège un légat *ex latere*.

Parmi les prélats que leurs qualités éminentes recommandaient au choix du Saint-Père, se trouvait Onufrius ou Honophrio, évêque de Tricaria, dans la Basilicate. Romain de naissance, il appartenait à la noble famille de Sancta-Croce (1). Mathias Herbenus, qui, comme nous le verrons plus loin, fut longtemps attaché à sa personne, affirme que les dons de l'esprit et du corps ne lui avaient pas été ménagés ; de leur côté, l'historien Ughelli et le poète Ange de Viterbe nous apprennent qu'il jouissait d'une grande réputation de savoir (2).

---

(1) « Ex ea familia quæ vulgo Sanctæ-Crucis nuncupatur » (HERBENUS, dans DE RAM, *Documents relatifs aux troubles du pays de Liège sous les princes-évêques Jean de Horne et Louis de Bourbon*, Bruxelles, 1844, p. 357). « Honufrius, Tricaricensis præsul, homo romanus, in familia locupleti quæ Sanctæ-Crucis dicitur » (PICCOLOMINI, *ibid.*, p. 373). « Meminit Honufrii Carolus Chartarius in advocatorum consistorialium lib. in Petro Sanctacrucio, p. 15, ubi uberiori calamo hujus gentis nobilissimæ viros egregios recensuit ad satietatem » (UGHELLI, cité *ibid.*, p. XVII). Cf. ANGE DE VITERBE, dans l'*Amplissima collectio*, t. IV, col. 1401.

(2) « Pluribus animi et corporis dotibus ornatus » (HERBENUS, *ibid.*). « Egregiam Honufrii doctrinam et eruditionem memorat Fantinus Valeressus, Jaderensis archiepiscopus, in epistola ad eumdem scripta II Kal. decemb. aº 1462. » (UGHELLI, *ibid.*, p XVII).

Ingenio velox et relligione timendus,
Consilio sapiens, non est moderatior alter
Quique est multorum mores expertus et urbes;
Non illum fallit legum veneranda sacrarum
Majestas, non hunc fallunt civilia jura, etc.
(ANGE DE VITERBE, col. 1400-1401.)

Il devait aussi être très habile en affaires, car le pape Pie II l'ayant envoyé à Mayence pour faire cesser les troubles qu'occasionnait dans l'archevêché la compétition entre Diether d'Isenburg et Adolphe II de Nassau pour le siège archiépiscopal, il s'acquitta avec succès de cette difficile mission (1). D'ailleurs, une considération particulière devait attirer sur lui l'attention : lors de l'arrivée dans notre pays de Pierre Ferri, il lui avait été adjoint pour tenter un dernier effort en faveur de la paix. Il connaissait donc déjà les Liégeois et était au courant de la situation (2). Ce fut sur lui que s'arrêta le choix de Paul II.

Investi dans son nouveau mandat le 28 août 1467, Onufrius allait se mettre en route, lorsqu'une circonstance malheureuse vint retarder son départ.

Louis de Bourbon, s'obstinant à ne pas donner satisfaction aux Liégeois, continuait à résider à Huy. Poussés à bout, ils formèrent le projet de s'emparer par surprise de cette petite ville et de ramener l'évêque dans sa capitale. Huy tomba entre

---

(1)   « Quem Pius Æneas Belgarum misit ad oras
       Atque Moguntiacum, ut Dieterum forte rebellem
       Pontifici Latio, et Fredericum conciliaret
       Ductorem belli. »
            (ANGE DE VITERBE, col. 1401.)

Onufrius arriva à Mayence en octobre 1463; il releva Diether et ses alliés, entre autres le comte palatin Frédéric le Victorieux, de l'excommunication. Cette paix fut conclue par Onufrius et Ferri, le 28 octobre 1463, à Francfort sur le Mein (HELWICH, *De dissidio Moguntino*, in *Joannis Scriptores rerum Moguntin.*, t. II, pp. 193-194).

(2) Onufrius rapporte lui-même ce détail dans son mémoire. (Voyez plus loin, p. 6.)

leurs mains dans la nuit du 16 au 17 septembre, mais Louis parvint à s'échapper; il chercha un refuge auprès de Charles le Téméraire, qui avait succédé à son père comme duc de Bourgogne, et ne se fit pas faute de l'exciter contre les Liégeois. Aussitôt Charles se mit en campagne; il parut bientôt, à la tête d'une nombreuse armée, devant la ville de Saint-Trond. Cependant Baré de Surlet, bourgmestre de Liège, accourait au devant des Bourguignons avec les milices communales; le choc ayant eu lieu, le 28 octobre, à Brusthem, près de Saint-Trond, les Liégeois éprouvèrent une nouvelle et sanglante défaite. Immédiatement après, Charles dirigea ses troupes sur la capitale de la principauté et vint asseoir son camp près de l'abbaye de Saint-Laurent. Reconnaissant l'impossibilité de continuer la lutte, plusieurs milliers de bourgeois quittèrent la ville, le 17 novembre, entraînés par Raes de Heers, chef du parti populaire. Le même jour, Charles de Bourgogne, accompagné de Louis de Bourbon, entrait en maître dans la Cité. Le 18, il y publiait une cruelle sentence par laquelle il dépouillait les Liégeois de toutes leurs institutions, les privait de leurs antiques privilèges, ordonnait la démolition de leurs remparts et bannissait à perpétuité ceux qui avaient quitté la ville.

L'exécution de ces odieuses conditions, confiée aux mains rapaces de Gui de Brimeu, seigneur de Humbercourt, fit voir qu'il se considérait en pays conquis. D'autre part, certaines clauses de la sentence, qui touchaient à la souveraineté et à la juridiction de l'Église, soulevèrent des protestations de la part de l'évêque et du clergé.

Lorsque la connaissance de ces faits arriva à Rome, Paul II

invita Onufrius à se rendre immédiatement à son poste. Par une bulle du 11 février 1468, il lui conféra des pleins pouvoirs pour négocier la paix entre l'évêque et ses villes, et pour lever l'interdit; il reçut surtout pour mission d'exhorter le duc à ne pas souiller l'éclat de la maison de Bourgogne par des attentats contre l'Église; le légat était enfin autorisé à ratifier, avec le consentement des partis, tous les traités antérieurs, à l'exclusion, toutefois, des clauses contraires à la souveraineté, au domaine, à la juridiction et à la liberté de l'Église.

Muni de ces instructions, Onufrius quitta Rome le 27 février 1468, avec vingt-cinq compagnons à cheval; dans sa suite se trouvaient, entre autres personnes, Guillaume, abbé de Deutz près de Cologne, et le docteur Henri de Lovenberg, chanoine de Liège. En route vint le rejoindre le docteur Raymond de Marliano, ancien membre du conseil du duc Philippe et, depuis, de celui de l'évêque de Liège. D'après l'ordre du pape, il devait remplir auprès du légat l'office de conseiller.

Après avoir traversé le Tyrol et la Souabe, Onufrius arriva à Mayence, où une indisposition l'obligea à faire un court séjour. Pour ne pas se faire attendre, il descendit tout malade le Rhin jusqu'à Cologne; en effet, dans les derniers jours du mois de mars, il avait écrit à Liège pour annoncer son entrée dans cette ville vers le 10 avril. Là il trouva les chefs du clergé liégeois et de la noblesse du pays qui, avec une escorte de soixante cavaliers, attendaient impatiemment son arrivée. Son mal s'étant aggravé, il s'arrêta encore huit ou dix jours à Cologne; il sut mettre ce retard à profit pour rétablir la bonne

intelligence entre l'archevêque Rupert et ses sujets. De Cologne
il se rendit par Juliers à Aix-la-Chapelle, où il fit une dernière
halte afin de s'assurer des bonnes dispositions de Louis de
Bourbon et des Liégeois à son égard. Arrivé à Maestricht, il
vénéra dans la collégiale de cette ville les reliques de saint
Servais, puis remonta la Meuse jusqu'à Jupille, où une foule
nombreuse, accourue de Liège, le reçut avec de grandes démonstrations de joie; elle l'escorta jusqu'au couvent des Chartreux,
en dehors des murs de la Cité, où il s'installa. C'était un vendredi, 27 avril.

Le lendemain, l'évêque lui rendit visite ainsi que plusieurs
autres personnes déléguées par le clergé et par la bourgeoisie;
le père carme Robert et Alexandre Bérard, échevin, lurent
des discours qui nous ont été transmis en vers alexandrins par
le poète de Viterbe (1); puis, Louis de Bourbon lui adressa
quelques paroles pleines de bons sentiments pour son peuple.
Le légat répondit à tous avec bienveillance (2) et, après s'être
entretenu avec eux des difficultés de la situation, prit de com-
mun accord avec tous des arrangements pour la levée de l'interdit (3). Le samedi 30, vers midi, Onufrius s'avança jusqu'au

---

(1) *Amplissima collectio* de MARTÈNE et DURAND, col. 1406 et 1407.

(2)   « Detur mihi tanta facultas
     Ut valeam inter vos omnes componere lites. »
               (ANGE DE VITERBE, col. 1408.)

(3)   « Nos interdictum, cum mœnia vestra petemus,
     Solvemus certa sub conditione; deinde,
     Si meritum est vestrum, penitus delebimus illud. »
               (ANGE DE VITERBE, col. 1408.)

D'après cet auteur, col. 1408-1409, il semble que cela se serait passé

pont d'Amercœur (1), où le clergé de toutes les églises de la Cité s'était rendu processionnellement. Arrivé sous la porte de la ville, il leva provisoirement l'interdit, et, montant à cheval, il fut, au son des cloches et aux acclamations joyeuses du peuple tout entier, conduit par Louis de Bourbon à la cathédrale de S¹-Lambert, qu'il réconcilia (2). Après le *Te Deum* et la bénédiction, on le mena en grande pompe à l'abbaye de S¹-Jacques, où des appartements lui avaient été préparés.

Le 1ᵉʳ mai, il assista, dans les formes de la cathédrale (3), à la première messe de Louis de Bourbon qui, à genoux avec tout son clergé, lui demanda ensuite la bénédiction (4). Après la procession (5), à laquelle les deux prélats assistèrent, un

---

le jour même de l'arrivée du légat. Il décrit l'entrevue dans tous ses détails et dit qu'Onufrius demanda ensuite un cheval pour se rendre jusqu'à la porte de la ville. D'autre part, il déclare qu'il passa deux nuits chez les Chartreux (col. 1406).

(1) Là se trouvait une des portes de la ville. Le texte de JEAN DE LOOZ, p. 56, porte *Aurati cordis* au lieu de *Amari cordis.* Ange de Viterbe dit : « conscendit pario orator de marmore pontem », ce que DE VILLENFAGNE traduit erronément par le *pont des Arches* (*Mélanges,* p. 353).

(2) ADRIEN, col. 1325, dit que l'évêque, en habits sacerdotaux, attendait Onufrius sur les degrés de St-Lambert. Cf. ANGE DE VITERBE, col. 1411 à 1413.

(3) « Honofrio, in habitu legationis suæ, sine superpellicio, sedente in forma ubi episcopi leodienses tempore majoris missæ stare solent. » ADRIEN, *loco cit.* Ce chroniqueur assistait à la cérémonie.

(4) « Post missam vertit dominus leodiensis se ipse et omnes prælati versus legatum, et depositis, tam per dominum leodiensem quam per prælatos, mitris, prostraverunt se omnes super genua sua, et... dedit legatus benedictionem super populum ultimam. » (*Idem,* col. 1326.)

(5) « Dominicum sacramentum tota urbe, legato et populo prosequente, manibus suis circumtulit. » (PICCOLOMINI, p. 374.)

repas splendide réunit tous les notables de la Cité au palais
épiscopal. Le surlendemain, jour de l'invention de la Sainte
Croix, une messe spéciale fut chantée à St-Lambert en l'hon-
neur du légat, et l'évêque suivit la procession en chape, avec
les chanoines. A la demande générale, Onufrius se rendit, le
8 mai, à 2 heures de l'après-midi (1), dans l'église cathédrale,
où, avec la plus grande solennité, il leva définitivement
l'interdit (2). Enfin, le 5 juin, jour de la Pentecôte, il chanta
dans le même temple une messe du St-Esprit (3).

Cette réception cordiale et ces débuts heureux semblaient
promettre, dès l'abord, une issue favorable à la mission du
légat. Il ne lui restait plus qu'à obtenir du duc Charles de
Bourgogne la révocation de sa terrible sentence du 18 novembre 1467, ou, du moins, des modifications aux articles les plus
odieux aux Liégeois (4).

Après un échange de lettres avec le duc, alors à Bruges,

---

(1) « In octavis apostolorum Ph'lippi et Jacobi, post prandium hora
secunda. » (ADRIEN, *loc. cit.*)

(2) ADRIEN, qui assista encore à cette cérémonie, la décrit tout au long.
THEODORICUS PAULI, donnant carrière à son imagination, dit : « Non
solum relaxavit civitatem ab excommunicatione et anathemate quibus
irretita fuit, sed econtra equitavit solemniter per plateas leodienses, ab-
solvendo incolas ejus et benedicendo civitatem et omnes habitantes in
ea. » (DANS DE RAM, p. 231.)

(3) JEAN DE LOOZ, p. 57. ADRIEN, col. 1326.

(4) « Erant gaudiorum plena omnia, respirareque tum primum ex longa
fatigatione miseri videbantur, dissensionem omnem initio hoc sublatam
putantes. Id modo supererat ut exulum quoque et tributorum sua ratio
haberetur, amodoque civitatis mœnibus parceretur; postremo ut leges
patriæ redderentur, sine quibus nil quietis habitura reliqua putabantur. »
(PICCOLOMINI, p. 374.)

afin d'obtenir une audience (1), Onufrius quitta Liège le mer-
credi 8 juin (2). On lui avait dépeint Charles comme un prince
hautain et inexorable; mais il le trouva très gracieux à son
égard et en reçut le meilleur accueil (3), à ce point que, remet-
tant à plus tard les affaires sérieuses, le duc le pria d'assister
le 5 juillet à ses noces, dans lesquelles il lui fit rendre des
honneurs tout particuliers (4). Les fêtes passées, le légat
n'oublia pas le but spécial de son voyage. Le duc écouta ses
réclamations avec bienveillance et lui parla sans amertume, si
bien qu'il ne douta point que le différend ne fût aisément
apaisé (5). Mais comme Charles était en ce moment absorbé par
des négociations difficiles avec Louis XI, il l'engagea à retour-

---

(1) ANGE DE VITERBE, col. 1413.

(2) *Ibid.*, col. 1414. Cet auteur décrit, ville par ville, l'itinéraire du
légat. Nous ne pouvons le suivre dans tous ces détails.

(3) « Cum ingenti honore atque singulari applausu ab universis amplexus est. » (HERBENUS, p. 357.) Cfr. ANGE DE VITERBE, col. 1418.

(4) « In quibus festis tantus honor factus apostolico legato est ut
mortali homini major exhiberi non potuisset. » (HERBENUS, p. 358.)

> « Alma ducis mater prima est discumbere jussa,
> Mox et legatus vultu verecundus honore,
> Et medium fecit conjux speciosa d'Iorcha. »
>   (ANGE DE VITERBE, col. 1423.)

(5) « Ita benignum repperit principem, ut ei sine negotio magno dis-
sidium omne componi posse videretur. » (HERBENUS, *l. c.*) PICCOLOMINI,
de son côté, dit : « Id tantum de postulatis legato concessit, ut cum præsule
et populo quæ viderentur componeret, conventaque referret ad se confir-
manda decreto suo, vel respuenda. » (Dans DE RAM, p. 374). — En somme,
toutefois, le légat n'obtint rien de positif. Le duc, après avoir retardé le
plus possible l'entrevue, le renvoya avec de vagues promesses.

ner auprès des Liégeois (1) pour les affermir dans leurs bonnes dispositions et s'enquérir des bases d'une paix nouvelle, lui promettant qu'à son retour de France il effacerait toute trace de désaccord entre eux et leur évêque (2). Le légat accompagna le duc jusqu'à Bruxelles et tâcha, mais en vain, de le détourner de sa guerre contre Louis XI. Là ils se quittèrent, et tandis que Charles partait pour la France, Onufrius rentra à Liège le 22 août, plein de confiance dans le succès de sa démarche (3).

Il est certain que son espoir était fondé; d'abord, son caractère franc et affable lui avait de suite valu l'estime de Louis de Bourbon, qui ne voyait plus en lui qu'un ami, et qui,

---

(1) Selon ANGE DE VITERBE, col. 1430, il le pria d'aller l'attendre pendant dix jours à Bruxelles.

(2) HERBENUS, *l. c.*

« Mox se leodinam velle videre
Causam aït, et si quid sancto non competat illud
Pontifici, mutari, inquit, nos omne sinemus. »
(ANGE DE VITERBE, *l. c.*)

(3) « Legatus magno animi gaudio Leodium revertitur, sperans ex mollibus principis verbis,... atque leodiensis populi humili submissione, omnem rem ex sententia se esse confecturum. » (HERBENUS, p. 358.)

« Linquitur (Carolus) his dictis Brugis, jam mœnia fidus
Bruxellæ subiit legatus Honofrius urbis;
Jamque dies aderat decimus dum fœdera servat,
Bruxellam petiit legato et multa locutus;
Sed tandem visa Leodina penitus urbe
Componi melius Legias res ipse suadet,
Legatus repetat Leodinæ diruta gentis
Mœnia. »
(ANGE DE VITERBE, col. 1430).

sans la crainte du duc, aurait suivi ses conseils dans les
moments les plus critiques (1); d'autre part, il avait gagné les
sympathies des Liégeois, aussi bien celles du clergé que de la
bourgeoisie; tous le considéraient comme leur providence (2);
enfin, ce qui était le point important, il avait été bien reçu par
le duc. On doit donc le reconnaître : grâce au tact, à la pru-
dence et à la sagesse du légat, les affaires étaient bien engagées
et ces préliminaires semblaient devoir aboutir à un heureux
résultat.

Mais hélas ! un évènement survint qui, d'un seul coup, ren-
versa cet échafaudage si laborieusement élevé. Plusieurs milliers de bourgeois (3), bannis par la sentence du 18 novembre 1467 (4), sachant le duc de Bourgogne empêché par sa
guerre avec le roi de France — dans laquelle ils espéraient
bien qu'il succomberait, — et encouragés sous main par Louis
XI, rentrèrent inopinément dans la Cité, le 9 septembre, aux
cris de *Vivent le Roi et les Liégeois libres !* révolutionnèrent la
population et se livrèrent à toute espèce de violences envers

---

(1) « Ludovicus ita se semper legato exhibuit quasi alter cuidam suo
parenti. » (HERBENUS, p. 537.)

(2) « Quem (Honofrium) non secus atque terrenum quemdam Deum
venerati sunt. » (*Ibid.*)

(3) Ils étaient cinq mille, dit PICCOLOMINI, p. 374. Suivant cet auteur, ils
profitèrent de ce que Louis de Bourbon avait quitté Liège, le 25 août,
pour aller s'établir à Maestricht.

(4) On les appelait *couleuvriniers* ou *compagnons de la Verte Tente.*
HERBENUS, p. 538, prouve ici son origine flamande, en disant : « qui se
socios Virduræ nuncupabant, quod nos vernaculo sermone exponimus *van
der groene tenten.* »

les partisans de l'évêque (1). Cet incident affecta profondément le légat, qui vit ses espérances de paix s'évanouir et com-
prit que cette nouvelle échauffourée, refoulant tout sentiment
de clémence dans le cœur de Charles, allait attirer sur la malheureuse Cité toutes les horreurs de la guerre (2). Ce fut en
vain, cependant, que les hommes les plus sages, craignant
pour sa vie, l'engagèrent à quitter la ville; il s'y refusa,
même malgré les instances de ses compagnons qui voulaient
fuir le danger (3).

Pour conjurer autant que possible les terribles résultats de
cette insurrection, Onufrius assembla de suite les principaux
bourgeois du parti modéré et les pria de s'aboucher avec les
bannis pour les engager de sa part à quitter Liège s'ils ne voulaient pas entraîner la perte de cette ville (4); il leur faisait

---

(1) ADRIEN, col. 1328-1331 (les col. 1329 et 1330 n'existent pas),
décrit cette entrée des proscrits avec beaucoup de détails. Cfr. JEAN DE
LOOZ, p. 58, et voy. le *Bull. de l'Inst. archéol. liég.*, XIII, pp. 8 et 9.

(2) « Hic licet cernere cuilibet ordinem rerum contemplanti quam is
reditus legato infaustus fuerat, utpote qui de maxima spe pacis deciderat
in summas angustias mentis, quod conjiceret legationem suam optato fine
minime perfuncturam. » (HERBENUS, p. 359.)

(3)   Tamen ipse furenti
         Cedere ab urbe negat, tanta est constantia mentis
         Ipsius, et tanta est sedandi cura furentis.
                    (ANGE DE VITERBE, col. 1432-1435.)

Cet auteur donne aux compagnons d'Onufrius les noms de *Tuitius* et
Henricus Lonvorchus; il s'agit de Guillaume, abbé de Deutz, et de Henri
de Lovenberg.

(4) Selon PICCOLOMINI, l'initiative vint des hommes modérés qui se trouvaient encore à Liège. Le légat les réunit sur le Marché et les harangua,
leur faisant sentir la gravité de leurs actes, et les engageant à déposer les

promettre de s'employer énergiquement auprès du duc pour
obtenir leur rappel ainsi que leur réintégration pacifique dans
leurs droits. Les proscrits firent répondre que la misère seule
les avait ramenés dans leurs foyers; que, pleins de respect pour
leur évêque et pour le légat, ils désiraient conférer avec lui le
lendemain, à S¹-Jacques. Dans cette entrevue, qui fut des plus
cordiales, Onufrius renouvela ses instances pour décider les
proscrits à se retirer; mais ils ne purent s'y résoudre et, par
l'organe d'Amel de Velroux, le supplièrent de se rendre auprès
de Louis de Bourbon pour implorer leur pardon (1).

Le 14 septembre, Onufrius partit avec quelques députés
pour Maestricht, où l'évêque résidait depuis le 25 août (2).
Malheureusement, les bannis rejetèrent les conditions que leur
posa Louis de Bourbon (3) et se préparèrent à la lutte. Le
légat, accusé de trahison parce que son absence se prolongeait,
rentra à Liège le 21 septembre; le peuple et le clergé, pour
lui témoigner leur satisfaction de ses démarches, vinrent à sa

---

armes; que s'ils n'y consentaient pas, il quitterait la ville et irait rendre
compte au souverain pontife de leur obstination. L'auteur fait de cette
scène un tableau dramatique. (Dans DE RAM, pp. 375-376.)

(1) ANGE DE VITERBE, col. 1433-1436. Cfr. HERBENUS, p. 359, et JEAN DE
LOOZ, p. 58. Selon ADRIEN, col. 1331, le légat reçut assez mal les chefs des
proscrits : « legatus respondere fecit eis quod quando concordes essent
cum domino Leodiensi, tunc absolveret eos ».

(2) Il paraît évident qu'il existe une lacune assez considérable dans
le poëme d'Ange de Viterbe, col. 1436 ou 1438, en ce qui concerne ce fait.

(3) « Dominus Leodiensis requisivit tria : Primo, quod illi qui redierunt de Francia deponerent arma et irent ad unum locum quem dominus
nominaret. Secundo, quod illi qui in Leodio sumserunt arma, deponerent.
Tertio, quod rumperent vexilla... Responderunt quod non facerent. »
(ADRIEN, col. 1333.)

rencontre et formèrent la haie depuis la porte S¹-Léonard jusque sur le Marché.

Néanmoins, Onufrius n'avait pas encore renoncé à tout espoir de conciliation; il négocie avec Louis, d'abord à Milmorte, puis à Liers. Mais, pendant qu'il se trouve dans cette dernière localité, il apprend que les troupes épiscopales donnent l'assaut à la Cité. Indigné de cette conduite, il quitte l'évêque sans même vouloir écouter ses excuses. Louis, inquiet, lui envoie son chancelier avec des propositions d'accommodement. Onufrius, sans être dupe, croit devoir les faire connaître aux Liégeois. Elles sont acceptées par toute la population et cette acceptation est aussitôt notifiée à l'évêque.

Dans ces circonstances, personne ne doutait plus de la paix. Onufrius convoqua, pour le 26 septembre, à l'abbaye de Vivegnis, une réunion à laquelle devaient assister Louis de Bourbon, son chancelier et le président du Conseil du duc. Mais, au lieu de l'évêque, on vit arriver un messager porteur d'une lettre disant que « Louis avait reçu de son parent, le duc de Bourgogne, la nouvelle qu'il se chargeait du soin de prendre la ville de Liège; par conséquent, lui, évêque, ne pouvait et n'osait plus s'occuper de la paix ». Charles, en effet, ayant appris la rentrée des proscrits dans la Cité, avait été transporté de fureur; le 17 septembre, par acte daté de son ost, il avait chargé Gui de Brimeu d'assembler ses vassaux et de marcher contre les Liégeois (1). Dès ce moment, la destruction de Liège était irrévocablement décidée.

---

(1) *Ann. de l'Acad. d'archéol. de Belgique*, t. III, 1867, p. 655, note.

Onufrius, stupéfait de cette missive, défendit d'en divulguer la teneur, dans la crainte que les bourgeois, furieux, ne se précipitassent à l'instant sur les troupes de l'évêque. Quant à lui, il forma le projet de se retirer à Aix-la-Chapelle ou dans quelque autre ville impériale, pour y attendre les évènements. Mais, avant son départ, il chercha à avoir une dernière entrevue avec Louis de Bourbon. L'ayant rencontré, le 28 septembre, à la tête d'une armée à Millen, près de Saint-Trond, il lui rappela son devoir et l'avertit qu'en sa qualité de légat il se croyait obligé d'informer le souverain pontife de sa conduite. Ayant délibéré avec ses conseillers, Louis déclara au légat qu'il reconnaissait devoir obéir plutôt au pape qu'au duc, et que le surlendemain il rentrerait dans la Cité.

Les Liégeois accueillirent avec joie cette promesse. Ils ornèrent leurs maisons, élevèrent des arcs de triomphe, préparèrent des torches. Le 30, Onufrius, accompagné des principaux bourgeois, se mettait en route pour se rendre à la porte de Sainte-Walburge au devant de l'évêque, lorsque, sur les degrés mêmes de la cathédrale, il reçut une seconde lettre de Louis de Bourbon, annonçant qu'il était obligé de différer son entrée jusqu'au dimanche suivant. Cette nouvelle répandit l'émoi dans la ville. Le légat s'empressa d'envoyer un courrier à l'évêque pour l'engager à ne pas différer d'un instant son arrivée s'il ne voulait pas voir la tranquillité troublée. Louis lui fit répondre qu'il devait absolument lui parler avant de faire son entrée, et le pria d'indiquer un lieu sûr pour cette entrevue. Le légat, après avoir tâché de calmer l'inquiétude des bourgeois, lui écrivit immédiatement qu'il ne connaissait

pas d'endroit plus sûr et plus convenable que la ville de Tongres, où l'évêque se trouvait alors, et qu'il irait l'y rejoindre le
lendemain, 2 octobre, qui cette année était un dimanche.

Lorsqu'ils furent en présence, Louis de Bourbon exposa au
légat qu'il était lié par un ordre formel du duc, lequel avait
déclaré qu'il le traiterait en ennemi s'il rentrait à Liège. Il est
probable qu'il disait la vérité. Ce qui est certain, c'est que,
le 6 octobre, Charles manda de Péronne à l'évêque de rompre
toute relation avec les Liégeois; en attendant que sa guerre
contre la France fût terminée, il le prévenait qu'il envoyait
Humbercourt à Tongres avec un détachement de son armée (1).

Le légat était depuis quelques jours en cette ville lorsqu'il
manifesta l'intention de retourner à Liège; mais l'évêque le
pria de rester auprès de lui jusqu'à l'arrivée de Humbercourt;
désireux de connaître les ordres du duc, il y consentit (2).

Humbercourt entra dans Tongres le samedi 8 octobre,
vers 5 heures du soir. Il rendit visite au légat, lui apprit que
Charles se proposait de marcher contre les Liégeois et l'engagea à se joindre à lui pour châtier les rebelles. Onufrius fit
ressortir l'injustice et la cruauté de ce projet, puisque les
Liégeois étaient disposés à se soumettre à toutes les décisions
de leur évêque; il déclara qu'il ne voulait pas assister à cette

---

(1) ADRIEN, col. 1335. Suivant PICCOLOMINI, il annonce son arrivée pour
le lendemain et lui envoie quatre mille hommes pour le protéger.

(2) Le bruit se répandit que, s'il était venu à Liège, il aurait couru un
grand danger, car les bannis, rassemblés sur le Marché, tiraient des
couleuvrines; ce que voyant, le légat avait exprimé ses craintes, et aussitôt
Amel de Velroux avait fait cesser le tir (ADRIEN, col. 1333). Les détails qui
précèdent sont fournis par le même chroniqueur.

expédition et partirait le lendemain pour Maestricht. Humber-court rapporta ces paroles aux capitaines des troupes bour-guignonnes, qui tinrent conseil; au milieu de la nuit l'un d'eux, Jean de Berg, vint trouver le légat (1) et lui annonça qu'on était d'accord pour permettre aux Liégeois de venir librement implorer le pardon de l'évêque. Onufrius, ayant témoigné des doutes pour la sécurité des députés liégeois qui iraient à Tongres, engagea de Berg à l'accompagner à Liège même, pour y traiter de la paix; ce qu'il accepta (2).

Il est donc évident que ce ne fut pas la faute du légat si la ville de Liège subit un sort effroyable, mais bien celle des Bour-guignons d'abord, qui repoussèrent les avances des Liégeois et refusèrent même des sauf-conduits pour permettre à leurs délégués de s'expliquer avec l'évêque et le duc; ensuite, comme le dit Herbenus et comme on va le voir, celle d'une poignée de proscrits poussés au désespoir. Quant à Onufrius, tout en constatant la mauvaise tournure que prenaient les choses, il ne cessa jamais d'exhorter les rebelles à faire leur soumission (3).

---

(1) Il témoigne l'estime qu'il a conçue pour sa personne :

Alme pater, Brugis, Lovanii et Metibus olim
Ipse tuam novi virtutem, et semper amavi ;
Et si quid possem, servato semper honore
Burgundi domini, facerem, noctesque diesque
Pro te proque tuis, fuerit dum vita superstes.

(ANGE DE VITERBE, col. 1440.)

(2) ANGE DE VITERBE, col. 1441.

(3) « Nulla igitur legati culpa tanta urbs tam misere afflicta est, sed paucorum exulum, qui clementis principis ac salvare cupientis animum ad tantam indignitatem provocaverunt..... Eosdem ad humilitatem adhor-tari conatus est. » (HERBENUS, p. 359.)

Dès le même jour, vers quatre heures du soir, des lettres
de Tongres étaient déjà parvenues à Liège, pour annoncer
l'arrivée imminente de Humbercourt et de ses troupes, et en
même temps pour prévenir qu'il serait facile de les surprendre
pendant la nuit (1). Aussitôt, ne doutant plus du sort qui les
attendait, et voulant, dans leur désespoir, tenter un dernier
effort, trois cents bannis (2) quittent la Cité, tombent vers
11 heures sur les Bourguignons et s'emparent de Tongres.
Bourbon, accompagné de quelques-uns des siens, descend
dans la rue et veut se défendre; mais il est repoussé. Onufrius,
réveillé par le bruit, fait ouvrir la porte de son hôtel et va
au-devant des Liégeois, dont il a reconnu le cri (3). Il s'informe de l'évêque : on lui répond qu'il s'est enfui à Maestricht.
Alors, voyant tout espoir de paix à jamais perdu, il se répand
en plaintes. Mais heureusement cette nouvelle était fausse, car
un chevalier de la suite de Louis vint en ce moment prier le
légat de l'accompagner auprès de son maître ou de permettre à
celui-ci de venir le rejoindre. Onufrius ayant trouvé plus de

---

(1) ADRIEN, col. 1334. THEODORICUS PAULI, pp. 210-211, place ce fait au
dimanche 19 octobre et en donne un récit fantaisiste.

(2) HERBENUS, p. 360. JEAN DE LOOZ, p. 59, dit qu'ils étaient environ
cinq cents, et PICCOLOMINI, p. 377, deux mille. Suivant THEOD. PAULI,
p. 211, c'était toute une armée : « Statim magno exercitu congregato ».

(3)   « At sacer orator somno est excussus, et ipsos
        Agnovit Legios tanto clamore furentes...
        Mox mandat tecti reseretur janua, possint
        Intrare ut Legii, utque illis ipse obvius ire,
        Et sermone queat tantos sedare tumultus. »
                (ANGE DE VITERBE, col. 1442.)

« Legatus, qui ab initio tumultus inermis in vicum erat progressus... »
(PICCOLOMINI, p. 377.)

garanties de sécurité dans ce dernier parti, Louis, Humbercourt et une centaine de Bourguignons pénètrent chez lui par les jardins et se mettent sous sa protection (1). Il promet d'apaiser les Liégeois, surtout si, en retour, il peut leur garantir la paix. Toutefois, on convient d'attendre le jour.

Cependant, de grand matin, les Liégeois, n'ayant pas trouvé l'évêque dans son hôtel, arrivent devant la demeure du légat; il les harangue d'une fenêtre et parlemente avec les chefs, qui lui exposent leurs griefs (2). Pour toute réponse, Onufrius demande si leur intention est d'emmener Louis prisonnier; ils répondent qu'ils ne veulent qu'une chose; avoir leur évêque à Liège pour le reconnaître comme leur seigneur. Louis se montra alors et fut acclamé par ses sujets, qui le

---

(1) Ange de Viterbe, col. 1443. Suivant Adrien, col. 1334, l'évêque et le légat logeaient dans le même hôtel et Humbercourt vint les y retrouver. Ce chroniqueur, col. 1334-1335, donne de la surprise de Tongres un récit détaillé qu'il tient évidemment de la bouche de Humbercourt Theod. Pauli, à son ordinaire, p. 212, invente une scène dramatique et, qui plus est, avance des faits entièrement faux. Henri de Merica aussi, p. 173-174, s'abandonne aux écarts de son imagination : « Cum autem legatus, increscente rumore, viros Belial ante fores hospitii sui ad capiendum eum stare didicisset, excutiens se cito de lecto, apertis cameræ fenestris, convertit se ad illos. Videres hominem pavidum et trementem scalpere pedibus, supplices attollere palmas, motu instabili corpus agitare, alta voce clamare et sine cessatione dicere : *Legatus ego sum! Legatus ego sum!* » Cf. le *Bull. de l'Inst. archéol. liég.*, t. XIII, p. 12.

(2) Ce fut Jean Arnold qui prit la parole en cette circonstance. Ange de Viterbe, col. 1444-1448, lui fait tracer, de tous les faits antérieurs, un tableau fort curieux, qui constitue en même temps un éloge du légat. Suivant Piccolomini, il déclara que si Louis ne voulait pas retourner à Liège, ses compagnons étaient décidés à mettre le feu à la ville et à la réduire cette nuit même en cendres avec tous ceux qui s'y trouvaient. Sans la présence du légat, sans ses efforts, il est certain qu'ils auraient donné suite à leur projet.

ramenèrent en triomphe dans sa capitale. Il y rentra le
dimanche 9 octobre, vers 1 heure de l'après-midi, au milieu
des cris de joie de la foule qui s'était portée à sa rencontre;
mais, malgré ces démonstrations enthousiastes, Louis avait
plutôt l'air d'un prisonnier que d'un souverain revenant au
milieu de son peuple.

Le mardi 11 octobre, l'évêque et le légat assistent, au
palais, à une assemblée populaire, et, grâce à ce dernier, une
paix est conclue et publiée le lendemain.

Mais la joie ne fut pas de longue durée. Le même jour, les
premières nouvelles des évènements de Tongres arrivèrent à
Péronne, où Louis XI se trouvait depuis le 9 (1). Le duc donna
aussitôt ordre à son maréchal Thibaut de Neufchâtel, qui tra-
versait le Namurois à la tête d'une armée de vingt mille
hommes, de se diriger sur Tongres; il y arriva le 15, entra
sans coup férir dans la ville, mit tout à feu et à sang et ravagea
les environs. C'est en vain qu'Onufrius, que le Bourguignon
Hagenbach, que Humbercourt lui-même unirent leurs efforts
pour obtenir une soumission complète de la part des Liégeois
et un peu de pitié de la part du duc; c'est en vain que les milices
liégeoises, sous la conduite de Jean de Wilde, tentèrent d'arrêter
la marche de Charles qui, avec Louis XI, s'avançait vers la
Cité et, le 22 octobre, leur infligeait une défaite à Lantin; c'est
en vain que, le 29, dans un effort désespéré, quelques héros

---

(1) En même temps que la prise de Tongres, Charles apprit la présence
à Liège des envoyés du roi de France. C'est ce qui le décida à le retenir
prisonnier. Dans un accord conclu le 14 octobre, le roi dut honteusement
s'engager à suivre le duc dans son expédition contre les Liégeois. (Philippe de Commines, t. XI, pp. 462-489.)

essayèrent de surprendre le roi de France et le duc dans leur camp de Sainte-Walburge. Le 30, la ville de Liège tomba au pouvoir des Bourguignons et, après un horrible massacre, fut livrée aux flammes.

Qu'étaient devenus, dans ces circonstances, Onufrius et Louis de Bourbon? Le 25 octobre ils avaient quitté Liège pour aller, à la demande des principaux bourgeois, implorer la clémence du duc. Arrivés à Othée, où campait l'armée bourguignonne, ils furent arrêtés et retenus prisonniers par Jean de Châlons, seigneur d'Argueil, puis, sous prétexte d'une entrevue avec le maréchal de Bourgogne, menés à Bierset et à Fooz. Mais, tandis que le légat était retenu sous bonne garde, on ménagea à Louis de Bourbon l'occasion d'aller rejoindre le duc. Cependant, après qu'Onufrius eût pendant quelque temps suivi l'armée qui continuait sa marche en avant, Charles lui fit savoir qu'il pouvait se considérer comme libre. Voyant qu'il ne restait aucun espoir de sauver la malheureuse ville, que son intervention était désormais inutile, le légat, privé de ses gens, accompagné seulement de deux hérauts revêtus, l'un de la livrée du duc, l'autre de celle du roi de France, tous deux portant en mains des bâtons blancs, se dirigea vers Maestricht, où il arriva péniblement, épuisé de douleur et de fatigue (1).

---

(1) « Interim tamen non destitit cuncta perlustrare, si quis casus eum in tanto strepitu armorum ad ducem perduceret... Sed cernens legatus leges inter armatos silere atque dignitatem suam inter sanguinarios satellites versari multisque periculis esse expositam, ducis primum deinde proprio consilio fretus, coactus est ab exercitu cedere. » (HERBENUS, p. 360.)

C'est là qu'un témoin oculaire, le nonce apostolique Albert (1), qui avait suivi l'armée bourguignonne, lui raconta la destruction de la Cité.

Un chroniqueur dont j'ai déjà signalé l'inexactitude (2) avance ensuite au sujet d'Onufrius des assertions que je ne puis accepter que sous bénéfice d'inventaire. Voici ce qu'il raconte : Amel de Velroux ayant été fait prisonnier par les Bourguignons et envoyé à Maestricht, vers le 14 novembre (3), le duc Charles ordonna son exécution. Amel implora sa grâce, en déclarant que, trompé par le légat, il n'avait agi que d'après ses ordres et ses suggestions; que c'était sur son conseil que les proscrits étaient rentrés à Liège où il allait rétablir la paix en vertu de l'autorité qu'il tenait du Saint-Siège, et avec l'assurance que le duc, absorbé par ses démêlés avec la France, n'en reviendrait pas; après tout, avait-il dit, si l'évêque

---

(1) « Perveniens itaque magnis periculis Trajectum, tantisper illic remansit, dum miseræ urbis excidium ab Alberto, apostolico nuntio, qui liberius inter armatos versatus est, recitante perdidicerit. » (HERBENUS, pp. 560-561.)

« Ecce
Nuntius ad dominum Burgundum missus, ad almum
Legatum rediit, Legiæ post mœnia gentis
Eversa, et castris ubi non invenit, oberrat :
Denique Trajectum, sumtis insignibus armis
Pontificis Pauli, velox allabitur, audit
Vivum esse, ac sedes ipsius tutus adivit. »
(ANGE DE VITERBE, col. 1466.)

(2) THEODORICUS PAULI, p. 226.

(3) D'après ADRIEN, col. 1343, Charles, arrivé à Maestricht le 9 novembre, quitta cette ville le 12.

se refusait à remplir ses obligations, il le déposerait pour mettre à sa place un prélat plus accommodant. Il l'accusa ainsi publiquement de toutes les violations commises à Liège contre la foi jurée et les traités conclus avec le duc. Le chroniqueur ajoute encore que les Liégeois, errants et misérables, accablaient le légat de malédictions, que Charles fit précipiter les gens de sa suite dans la Meuse, et que, pour le punir d'avoir excité et soutenu ses sujets rebelles, il l'envoya avec son chapelain au château de Vilvorde, où il fut étroitement gardé (1).

Jean de Looz, beaucoup plus véridique, semble dire qu'Onufrius resta à Maestricht jusqu'en 1469, et qu'alors seulement il songea à reprendre la route de l'Italie. S'il en fut ainsi, il faut croire que le légat avait été retenu dans cette ville par l'état de sa santé. En effet, ainsi qu'il le déclare lui-même, les préoccupations de toute nature, les fatigues corporelles, les privations, les souffrances morales avaient profondément altéré sa constitution. Avant son départ, il réclama des indemnités pour les pertes qu'il avait éprouvées et pour toutes les peines que sa légation lui avait causées; chaque chanoine et chaque abbé lui remit dix florins du Rhin, chaque chapelain trois ou quatre (2).

On conçoit, dit Herbenus (3), dans quelles tristes pensées Onufrius regagna cette ville de Rome où il avait espéré rentrer après une mission heureusement accomplie. Pour comble de

---

(1) Dans DE RAM, pp. 231-232.

(2) JEAN DE LOOZ, p. 63.

(3) Dans DE RAM, p. 361.

douleur, Paul II le reçut froidement et ne lui accorda même pas les honneurs publics avec lesquels on reçoit d'ordinaire les légats à leur retour dans la Ville éternelle (1). La cause du mécontentement du pape n'est pas bien connue. Herbenus semble insinuer qu'il provenait simplement de l'insuccès de sa mission; mais peut-être, le bruit d'une accusation plus grave, répandue par le parti bourguignon, était-il arrivé jusqu'à Rome. On disait — Philippe de Commines et d'autres historiens ont relevé complaisamment cette rumeur (2) — qu'Onufrius aurait excité les Liégeois à la révolte contre Louis de Bourbon et Charles de Bourgogne, par ambition personnelle et pour devenir lui-même évêque de Liège. « Mais, dit M. de Villenfagne (5), si l'évêque de Tricaria, trahissant ses devoirs, eût fomenté la sédition à Liège, comment supposer que le duc de Bourgogne, si irrité, lui qui n'avait pas craint de retenir son roi prisonnier, comment supposer, dis-je, qu'il lui eût fait rendre les honneurs qui lui étaient dus comme envoyé du siège apostolique? et comment se persuader qu'il eût voulu, après l'admettre à son audience? Remarquons encore, ajoute cet écrivain, que tous nos auteurs, loin de dépeindre l'évêque

---

(1) « Erat summus pontifex vehementissime legato infensus, ita ut ne publico honore quo legati assolent, in Urbem recipitur. » (Herbenus, *ibid.*)

(2) « Ce dit légat, excédant sa puissance, et sur espérance de soy faire évesque de la cité, favorisoit le peuple, et leur commanda de prendre les armes et se deffendre, et d'autres folies assez. »

(3) *Mélanges*, 1810, p. 365. De Gerlache, *Hist. de Liège*, p. 283, note, réfute également cette accusation.

de Tricaria comme un ambitieux, le représentent comme un homme sensible, qui fit ce qu'il put pour détourner l'orage qui allait fondre sur la ville de Liège. En effet, il est certain que le légat plaida inutilement la cause des Liégeois dans les termes les plus éloquents et fit les efforts les plus énergiques pour émouvoir le duc et lui arracher leur pardon. »

Quoiqu'il n'eût rien à se reprocher, Onufrius prit à cœur de se justifier complètement auprès du pape (1). A cet effet, il jeta les yeux sur un poète italien alors célèbre, Angelus de Curribus Sabinis, de Viterbe (mort entre 1471 et 1500), le chargea d'écrire l'historique de sa mission (2), et lui adjoignit un prêtre attaché à sa personne, très versé dans la théologei et la littérature, nommé Matthias Herbenus (3). Ange y consentit

---

(1) Voici, suivant HERBENUS, p. 361, les motifs de cette décision : « Quia humana judicia plerumque ab eventis ac casibus rerum fortuitarum pendent, idcirco fit ut cum unus quidem multorum criminibus virtute par esse nequeat, in eumdem omnium delinquentium peccata impingantur. »

(2) « Accivit ex omni Italia doctissimum poetam Angelum Viterbiensem, qui heroïco carmine rem omnem ab egressu urbis luculenter perscriberet. » (HERBENUS, dans DE RAM, op. cit., p. 361.)

(3) « Usus est autem vicissim mea opera in hoc labore legatus. » (HERBENUS, dans DE RAM, Documents, etc., p. 361. Cfr. ibidem, introduction, p. XVI.) Mathias Herbenus, mort vers 1505, était écolâtre de la collégiale de St-Servais, à Maestricht. Il composa en vers un argumentum pour chacun des six livres du poème d'Ange de Viterbe, et en fit faire plusieurs copies qu'il adressa à différents personnages, notamment à Henri de Berghes, évêque de Cambrai. En tête figure une épître dédicatoire dans laquelle il raconte brièvement le sac de Liège; elle est surtout intéressante à cause des renseignements qu'elle contient sur la personne d'Onufrius. M. DE RAM l'a publiée dans ses Documents, etc., pp. 556 à 362.

et écrivit, sous l'inspiration du légat, un véritable poëme
épique en six livres, comprenant près de six mille vers hexa-
mètres, que Martène et Durand publièrent sous le titre de *An-
geli de Curribus Sabinis, poetæ laureati, de excidio civitatis
Leodiensis libri sex* (1). Il était terminé lorsque Paul II, auquel
il était déjà dédié, vint à mourir subitement, le 28 juillet 1471.
Or, c'était pour recouvrer ses bonnes grâces qu'Onufrius
avait entrepris cette œuvre laborieuse. On peut juger du cha-
grin et du découragement qu'il éprouva. Cette contrariété,
jointe aux fatigues et aux angoisses de sa mission, lui occa-
sionna une maladie mortelle (2). En vain Sixte IV qui venait
de succéder à Paul II, reconnaissant ses mérites, lui promit-il

---

(1) *Amplissima collectio*, tome IV, col. 1380 à 1500, d'après un manuscrit du baron de Crassier. M de Villenfagne, dans ses *Mélanges historiques
et littéraires*, Liège, 1810, pp. 338 à 379, en a donné une mauvaise analyse
que M. de Ram a reproduite dans ses *Documents*, etc., pp. 255 à 260. Ce
dernier eût fait chose plus utile en publiant une traduction complète de
ce poëme qui, en bien des endroits, est d'une intelligence difficile. Au
même titre que les rapports du légat, avec lesquels, du reste, il se rencontre et se confond pour ainsi dire en bien des endroits, l'œuvre d'Ange
de Viterbe est pour nous du plus haut intérêt. Il l'est même pour les faits
étrangers à l'histoire de Liège, notamment pour ceux du règne de Charles
le Téméraire. Malheureusement, l'intervention du merveilleux, qu'il
emprunte au paganisme, les longs discours et les longues descriptions
poétiques en rendent la lecture fatigante. Le manuscrit n° 1675 de la
bibliothèque du Vatican contient, au folio 173, les *Leodinæ historiæ* d'Ange
de Viterbe. (Voyez les *Bulletins de la Commission royale d'histoire*,
2ᵉ série, t. X, p. 30.)

(2) « Contigit Honofrio, partim languore animi, partim laboribus atque
anxietatibus in legatione perpessis, in gravissimam ægritudinem incidere,
unde etiam consumptus est. » (Dans DE RAM, p. 361.)

le chapeau de cardinal (1). Sa santé était ruinée, et, le 20 octobre, trois mois après Paul II, il descendit lui-même dans la tombe. Enterré à Rome, dans l'église de Ste-Marie de Publicolis, on grava sur sa tombe l'inscription suivante :

AMISSVM TELLVS SI FLEVIT ROMVLA BRVTVM,
    SI CVRIVM ET SCAVROS, SI CICERONA PATREM;
PVBLICOLÆ VITA DEFVNCTVM CORPVS HONOPHRI
    ECCLESIA OB MORES ET BENE FACTA FLEAT :
PRO QVA BIS GALLOS, BIS RHENI FLVMINA VIDIT,
    PRO QVA, NIL FVGIENS, PLVRIMA DAMNA TVLIT.
TRICARIVS PRÆSVL REFERENDI ET MVNVS HABEBAT,
    ROMANVS PATRIÆ FAMAQUE MAGNA SVÆ.
DENIQVE LEGATVS LATERIS TRANSMISSVS AD VRBES
    BELGAS, BVRGVNDI PREMAT VT ARMA DVCIS.
CVM BELLO RVERENT LEODINÆ MOENIA GENTIS,
    AVT POPVLI, AVT DOMINI SORTE DOLENDA SVI,
TANTVM CONCEPIT GENEROSA MENTE DOLOREM,
    STAMINE QVOD VITÆ RVPTA FVERE SVÆ.
NON ANIMO QVISQVAM MAJOR NON APTIOR ALTER
    CONSILIIS PATRIÆ CVLTOR ET ECCLESIÆ.
ELOQVIO ET LINGVA POLLEBAT, CLARVS IN OMNI
    HISTORIA ET NOTVM JVRIS VTRVMQVE GENVS (2).

---

(1) « Agnoscens magnanimitatem atque in rebus agendis viri dexteritatem. » (Dans DE RAM, p. 361.)

(2) Cette épitaphe, tirée d'UGHELLI, *Italia sacra*, Venise, 1720, t. VII, p. 154, a été reproduite par M. DE RAM, *Documents*, p. XVII.

Ange de Viterbe, ayant vu mourir les deux seules personnes qui, pour le moment du moins, pouvaient attacher
quelque prix à son poëme, le conserva par devers lui. A sa
mort, nul ne s'en préoccupa et on ne sut ce qu'il devint. Plusieurs années après, Mathias Herbenus, qui s'intéressait à ce
travail, d'abord parce qu'il justifiait son maître d'imputations
odieuses, ensuite parce qu'il avait trait à des évènements dont
son pays natal avait été le théâtre, et qui sait, regrettant peut-
être, en sa qualité de collaborateur, que le fruit de tant de
peines fût perdu pour la postérité, se mit à la recherche du
manuscrit égaré et finit par le découvrir; selon toute proba-
bilité, ce fut seulement dans les premières années du
XVIᵉ siècle.

Mais est-ce bien l'œuvre du poëte de Viterbe qui devait
être remise au pape, ou bien n'était-elle destinée qu'à agir
sur l'opinion publique? Le document qui fait l'objet de la
présente publication est là pour répondre. Onufrius avait eu
soin de rédiger lui-même, dans une forme plus grave, je dirai
plus officielle, le mémoire justificatif de sa mission : *Ad beatis-
simum Pont. Max. Paulum secundum Honofrii, Tricaricensis episcopi, de rebus in sua legatione germanica gestis et
civitatis Leodiensis excidio comentarium.* On peut se demander s'il est jamais parvenu entre les mains de Paul II. Comment, alors, serait-il sorti des archives du Vatican? C'est là un
problème que je ne saurais résoudre. Le cahier in-4° qui le
contient faisait partie d'un recueil de pièces réunies par la
reliure et dont il a été arraché. Il présente tous les caractères
d'un manuscrit original, écrit par un secrétaire, mais avec

des corrections qui peuvent être attribuées à Onufrius lui-même.

Les renseignements qu'on vient de lire sur la personne du légat donnent de ses capacités une opinion très favorable et montrent son caractère sous un jour des plus sympathiques. Cet homme devait être doué d'une grande énergie et d'une fermeté peu commune. Souvent il fait preuve d'un véritable courage. De plus, il est toujours sincère, loyal, dévoué; on le sent incapable d'une action basse, et les accusations dont il fut l'objet ne résistent pas à cette impression. Les peines qu'il s'est données pendant sa longue et difficile mission, les déboires, les fatigues, les souffrances qu'il a endurés pour épargner à nos ancêtres et à notre vieille Cité une effroyable catastrophe, l'esprit de conciliation et de paix, le profond amour du bien qui ne cessèrent de l'animer, le dévouement et l'abnégation dont il fit constamment preuve doivent rendre sa mémoire chère aux Liégeois. A ce titre déjà, notre publication sera accueillie avec faveur par nos concitoyens. Elle le sera encore pour un autre motif : c'est qu'elle nous donne sur un des faits les plus mémorables de nos annales, des renseignements que l'on chercherait vainement parmi les nombreuses sources que l'on possède sur cette époque (1). Enfin, si jamais document fut d'une authenticité indiscutable, c'est bien celui-ci, puisque l'auteur, merveilleusement placé pour bien voir, ne relate que ce dont il a été témoin, et raconte, pour ainsi dire jour par jour, sa propre histoire.

---

(1) Philippe de Commines, Jean de Haynin, Olivier de la Marche, etc.

Son récit méritait donc d'être publié. Mais, par une étrange fatalité qui semblait s'attacher aux mémoires justificatifs du légat, de même que le poëme d'Ange de Viterbe fut longtemps perdu, la relation originale d'Onufrius resta longtemps égarée. En 1818, un célèbre historien danois, le Dr H.-Fr.-J. Estrup, conseiller d'État, la découvrit chez un libraire de Rome. En homme habitué à juger du premier coup de l'importance d'un document, M. Estrup en fit l'acquisition. De retour chez lui, il l'étudia de plus près, la compara avec d'autres sources contemporaines, et acquit bientôt la conviction qu'elle contenait, au point de vue de l'histoire, des données précieuses, inconnues jusqu'à ce jour. Il s'entoura alors de tous les renseignements qu'il put recueillir et publia, en 1828, dans les *Annales historiques, littéraires et artistiques du Nord* (1), un travail étendu basé sur la relation du légat.

Cette étude attira l'attention du public lettré de la Belgique (2), et lorsque notre Commission royale d'histoire fut instituée dans le but de mettre au jour les sources de nos annales, la relation d'Onufrius fut de suite désignée comme devant y figurer au premier rang. C'est M. Ad. Borgnet qui, le premier, en 1856, fit des démarches pour obtenir en communication le texte original. Il s'adressa à M. Ch.-Chr. Rafn,

---

(1) *Nordisk Tidskrift for Historie, Literatur og Konst, udgivet af Christian Molbech*, t. II, pp. 169-218 et 329-351. Ce travail a été réédité dans les œuvres complètes d'Estrup, *Estrups samlede Skrifter*, Copenhague, 1851, t. II, pp. 405-480. C'est M. Engelstoft, évêque d'Oldensée et parent de M. Estrup, qui a soigné cette édition.

(2) Et aussi de la France. M. Férussac en rendit compte dans le *Bulletin des sciences historiques*, Paris, 1829, t. XIII, p. 381.

membre de l'Académie royale de Belgique, qui lui-même pria M. C-F. Wegener, vice-président de la Société royale des antiquaires du Nord, archiviste intime du royaume de Danemark (1), et M. le professeur Aug. Rothe, de Sorö, de s'occuper de cette affaire. Malheureusement, le Dr Estrup était mort depuis 1846, et les recherches les plus obligeantes pour découvrir le manuscrit restèrent sans résultat.

A la fin de l'année 1858, M. Fr. Schiern, professeur d'histoire à l'Université de Copenhague, présenta spontanément ses services pour se livrer à de nouvelles investigations (2). Son offre fut acceptée avec empressement, mais sans doute il ne réussit pas dans ses recherches, car on n'en eut plus de nouvelle.

Chargé, en 1876, de présenter à la Commission d'histoire un programme pour la formation d'un corps de chroniques liégeoises inédites, je m'occupai à mon tour du Commentaire d'Onufrius et, grâce à la bienveillante intervention de M. le chevalier F. de Bertouch, veneur de la cour de S. M. le roi de Danemark, qui habite notre pays, M. Wegener s'occupa de nouveau du même objet. Il supposa que le manuscrit pourrait se trouver dans les châteaux de Kongsdal en Sélande ou de Skaffögaard en Jutlande, appartenant tous deux à la famille Estrup; mais ces efforts demeurèrent encore une fois infructueux.

---

(1) Auteur d'une Vie de Charles le Bon, comte de Flandre.
(2) Voy. les *Bulletins de la Commission royale d'histoire*, 2e série, t. XII, p. 17, et 3e série, t. I, p. 290.

Puisque donc il semblait évident qu'il fallait renoncer à mettre la main sur le texte original du légat, il ne restait plus qu'à mettre à profit l'analyse que M. Estrup en avait faite. Déjà M. Borgnet avait eu cette pensée et, à cet effet, il en avait fait faire, par M. le Dr Liebrecht, la traduction littérale. Après avoir remanié ce premier travail, je sollicitai et obtins de S. Exc. M. Jacques B.-S. Estrup, président actuel du Conseil des ministres du Danemark et fils du conseiller d'État, l'autorisation d'en faire l'objet d'une publication pour la Société des Bibliophiles liégeois. Puis, grâce aux bons offices de M. de Bertouch et de son parent S. Exc. M. le baron de Rosenörn-Lehn, ministre des Affaires étrangères, je fus mis en rapport avec un employé de ce ministre, qui voulut bien vérifier l'exactitude de la traduction.

C'est ainsi que parut, en 1881, la 24e publication de la Société des Bibliophiles liégeois, sous le titre : *Liégeois et Bourguignons en 1468, étude historique de M. le Dr H.-F.-J. Estrup, conseiller d'État à Copenhague, d'après les rapports du légat Onufrius, traduction du danois avec une introduction par S. Bormans*, etc. Liège, 1881, in-8° (1).

Cependant M. Jacques Estrup n'avait pas perdu de vue la demande qui lui avait été faite au sujet du manuscrit original. Je n'y pensais plus moi-même, lorsqu'au mois d'août 1884 l'éminent homme d'État me fit savoir qu'il venait d'être retrouvé. Je le priai aussitôt de vouloir bien me l'envoyer en

---

(1) Cet ouvrage, conformément aux statuts de la Société, n'a été tiré qu'à 50 exemplaires.

communication et de m'autoriser à le livrer à la publicité. Il accéda de la manière la plus gracieuse à ma prière et, le 5 novembre, je déposais le précieux volume sur le bureau de la Commission royale d'histoire. L'impression par mes soins en fut décidée séance tenante (1). Si elle a été si longtemps retardée, la faute n'en doit être imputée ni à moi ni à la Commission. Celle-ci de même que le Gouvernement belge ont adressé à M. Estrup leurs remerciements pour le service qu'il a rendu à notre histoire. Je suis heureux d'y joindre les miens par un hommage public rendu à sa parfaite obligeance.

J'ai reproduit le texte du manuscrit — malheureusement incomplet d'un ou de deux feuillets — dans toute son intégrité, même avec ses fautes. On constatera qu'il présente aussi un certain intérêt pour les philologues. Si je suis parvenu à expliquer, dans les notes, certains passages difficiles au double point de vue de la langue et de l'histoire, je le dois, je me plais à le déclarer ici, au concours bienveillant de mes amis M. le doyen Schoolmeesters, M. le professeur L. Roersch et M. le chevalier C. de Borman.

---

(1) *Bulletins de la Commission royale d'histoire*, 4ᵉ série, t. XII, p. 137.

MÉMOIRE

LÉGAT ONUFRIUS

SUR

LES AFFAIRES DE LIÈGE (1468).

_____

*Ad Bealissimum Pont. Max. Paulum secundum Honofrii
Tricaricensis episcopi de rebus in sua legatione germanica
geslis el civilalis Leodiensis excidio comenlarium* (1).

Pollicitus sum aliquibus litteris meis ex Aquisgrani scriptis
ad Sanctitatem tuam, beatissime Pater, me scripturum comen-
tariolum fidelem et verum quemadmodum excidium et miserabile incendium insignis olim civitatis Leodiensis, sancte
Romane ecclesie peculiaris filie, successerit : tempestivum est
ut debito honori et justitie Sanctitatis tue et apostolice sedis,
ac voluntati aliorum multorum qui rem gestam nosse deside-
rant, faciam satis et me absolvam promissione mea, ut
omnibus innotescat Sanctitatem tuam per suos ministros recte
et sancte, ut angelum Dei decet, in hac re processisse, etsi
in vindictam nimis atrocem per alios excessum est vel medi-
cina modum excessit (Deus et ipsi videant!). Non quod in scriptis meis aliquem calumpniari, judicare vel condemnare velim

_____

(1) Le manuscrit ajoute *primum.* Il n'est pas probable qu'il y ait eu un
second mémoire. En tout cas, comme nous ne possédons que celui-ci, j'ai
cru qu'il fallait faire disparaître ce mot du titre.

(cum id sacro tue Sanctitalis judicio reservctur), sed ut rci
veritatem deducam in publicam notionem quæ a plerisque,
suos affectus privatos sequentibus, ut sentio, variis nugis (1)
labefacta est et in auribus hominum inique et obscure, ne
dicam false, diffusa. Desideravi plurimum, insteti et pulsavi
frequentius apud aures illustrissimi principis Caroli, Burgun-
dionum, etc., ducis, qui tante civitatis ruine et incendii auctor
et patrator extilit (et ad quem, pro ejusdem civitatis et jurium
Romane ecclesie salute, per Sanctitatem tuam missus fui, et
qui, me jura ecclesie secundum jussa tue Sanctitalis prosequente, una cum serenissimo L. (2), Francorum rege, ad dicte
civitatis excidium venit et eam, per me absque bello oblatam, subcendit, destruxit et depopulatus est), propter multorum vaniloquia garrientium, magnatum et plebeiorum,
opinantium se scire que nesciunt, ut convocatis proceribus et
optimatibus suis, audirent me omnia hæc coram (3) verba pro-
ferentem, cum plurima scirem que ipsis erant et adhuc sunt
ignota, et multi tunc adessent qui pluribus in ea re gestis
interfuerant, maxime cum tunc recentior rerum gestarum
memoria et acutior spiritus in eis explicandis existeret. Incertum autem habeo cur id dissimulatum fuerit; immo, primo
per plures ex consiliariis, demum vero per ipsum illustrem
principem, ipsis presentibus, mihi dictum non oportere me
actendere (4) nec moveri inanibus vulgi verbis et hominum
deditorum ad predam, qui non solum de hominibus et ipso
principe eorum, sed etiam de Deo male loqui consuescunt,
cum ipsemet certus foret me omnes labores, curas et dili-
gentias exibuisse ad pacem et concordiam perficiendam, sed

---

(1) *Nugæ* paraît avoir ici le sens de mensonges.

(2) Scilicet *Ludovico.* Louis XI.

(3) *Coram* (adverbe), ouvertement.

(4) Sic. L'écrivain transforme en *c* le premier *t* dans les verbes où cette
dernière lettre se trouve redoublée : *mictere, obmictere,* etc.

ipsorum Leodiensium parvicatiam (1) et inconstantiam igno-
rasse, et nimis eorum promissionibus prestitisse fidem. Unum
scio quosdam, privatim et semotis arbitris, mihi dixisse non
posse fieri quin in sermone et narratione mea multos notarem
et culpas eorum detegerem; et hanc suspicor fuisse causam
evitandi vel refugiendi publicum colloquium. Subticuissem
fortasse tunc plura, ex hac causa ne aliquos ledi aut forte
perditum iri contigisset ob sermones meos, quoniam apud
plerosque ipsorum id rectum vel iniquum putatur quod secundum vel contra eorum fit vel dicitur voluntatem. Nunc vero
nihil omnino tacendum est vel obmictendum, et vestre Sanctitati et sacro reverendissimorum dominorum cardinalium
collegio ea fide qua teneor recte veritas enarranda, cum ex
inuncto (2) mihi ordinis mei et legationis officio vera referre
tenear et debeam, postposito amore, timore vel odio, et coram
illo verba facturus sim qui ejus qui summa veritas est vices
gerit in terris. Loquar igitur veritatem puro corde et rudi
sermone, obmisso elegantiori stilo cujus ignarus sum omnino;
nec erit mendatium in ore meo, illeque Paraclitus qui a veritate procedit mentem meam illuminet et inducat sicut ejus
promisit Filius in ipsam veritatem.

Sed antequam narrationis exordium sumam, delectat me
nimis apostolici sermonis reminisci, videlicet doctoris gentium
beati apostoli Pauli, cum presente rege Agryppa inquit :
« Beatum me existimo, Agrippa rex, cum apud te loquturus sim
hodie qui optime nosti que apud nos sunt consuetudines et
questiones, propter quod obsecro ut me patienter audias (3) ».
Convertam ergo hunc sermonem ad Sanctitatem tuam, beatissime Pater, qui optime nosti dissensionum harum causas et
maximam partem eorum que dicturus sum, que, licet apud

---

(1) Lisez *pervicaciam*.
(2) Lisez *injuncto*, comme plus loin *objicientes* au lieu de *obicientes*, etc.
(3) Act. Apost., c. XXVI, v. 2. (Vulgate). La citation n'est pas textuelle.

Sanctitatem tuam replicare supervacuum videatur, propter
eos tamen quibus rei fundamentum et initium ignotum est,
summatim a principio aliqua breviter perstringere summe
videtur necessarium esse, et ad universos legentes sermonem
dirigere ut ex notariorum actis collectum est dictim scriptis.

Narratio.

Assumptus est ad regimen Leodiensis ecclesie, per resigna-
tionem Joannis Heynsbergh tunc vacantis, per felicis recorda-
tionis Calistum iij^m, pontificem maximum, reverendus pater et
illustris genere Lodovicus de Borbonio (1), etate tunc juvenis,
licet morum nobilitate preditus; qui in sui episcopatus pri-
mordio, cum nimis, ut Leodienses asserunt, imperiose et
preter aliorum temporum et pontificum consuetudinem,
populis, civitati et oppidis patrie Leodiensis amici (2) et adherentes sibi preesse concupiscerent (3), exorta est grandis et
cruenta dissensio inter ipsum episcopum ex una, et seniores
civitatis et oppidorum patrie Leodiensis, quos burgimagistros
vel consules appellant, ex altera, super gladii potestate et ani-
madversione in facinorosos homines : quod merum et mixtum imperium leges nominant(4); consulibus seu magistratibus
municipalibus obstinate contendentibus non ad solum episcopum, sed etiam ad eos hanc jurisditionem (5) seu imperium
pertinere; obicientes etiam episcopo quod, cum decem fere

---

(1) Jean de Heinsberg résigna l'évêché le 22 novembre 1455, en faveur
de Louis de Bourbon, qui était âgé de 18 ans. Calixte III ayant approuvé
ce choix le 9 mars 1456, la bulle de confirmation arriva à Liège le 10 mai.
Le nouvel évêque fit son entrée dans sa cité épiscopale le 13 juillet suivant.

(2) Lisez *amicos*.

(3) Lisez *concupisceret*.

(4) C'est surtout dans les *records* des échevins de Liège publiés à cette
époque que l'expression *merum et mixtum imperium* est employée. Ces
records ont été analysés par HENAUX, *Histoire du pays de Liège*, édit. de
1874, t. II, pp. 77 et suiv.

(5) Sic; et de même *satisfacio* pour *satisfactio*, etc.

annus (1) Leodiensi ecclesiæ præfuisset, nondum sacris ordinibus foret insignitus. Quamobrem, cum multa hinc inde
scandala, proscriptiones, incarcerationes, confiscationes et direp-
tiones bonorum, ac multorum cedes et supplicia privatim et
publice suborta essent, episcopus, ut suam jurisditionem et
imperium (ut asserunt) tueretur in omnia, civitatem et oppida
eidem adherentia interdixit sacris et comunione privavit,
asserens hoc sibi licere juxta canonicas sanctiones (2); et pro
seculari bracchio ac temporali presidio implorando, confugit
ad illustrissimum principem Filippum, Burgundie, etc., ducem,
avunculum suum (5); qui episcopi (nepotis ex sorore) defensione suscepta, aliquibus, levibus tamen, præliis cum Leodiensibus initis et agris multis vicissim incensis antequam publico
bello decertaretur, placuit duci et episcopo causam ipsam
controversiarum harum deducere ad apostolice sedis examen
et ad felicis memorie Pii II (4), pontificis maximi, cognitionem
et judicium remictere. Qui Pius pontifex, considerans quanta
inter principes et subditos exorte discordie discrimina afferant,
cupiensque votis illustris Philippi Burgundiæ ducis annuere
(qui personaliter iturus tunc, cum grandi maritimo et terrestri
exercitu, in favorem catholice fidei expeditionem preparabat
in Thurcos), ac ut civitas Leodiensis et patria, submotis dissi-
diis, optata pace frueretur ac preservaretur a noxiis, reverendum patrem dominum Petrum Ferrici, tunc palatii apostolici

---

(1) Lisez *annos.*
(2) L'interdit fut lancé le 29 octobre 1461. L'acte se trouve dans
DE RAM, *Documents relatifs aux troubles du pays de Liége sous les
princes-évêques Jean de Horne et Louis de Bourbon.,* p. 484. Pie II con-
firma l'interdit le 1er mai 1462 (*Ibidem,* p. 503).
(3) Louis de Bourbon était fils de Charles, duc de Bourbon, et d'Agnès,
fille de Jean sans Peur, duc de Bourgogne.
(4) Calixte III était mort le 6 août 1458. Pie II (Eneas Sylvius Picco
lomini) avait été élu le 19 août suivant.

causarum auditorem, nunc vero Tyrasonensem episcopum (1),
ad eas regiones transmisit ut dissensionis causas intelligeret,
interdictum sacrorum relaxaret ad tempus, et quoad posset
dissidia tolleret, et partes ipsas dissidentes ad concordiam et
pacis dulcedinem revocaret; alioquin, cause cognitionem juris
ordine susciperet et summi pontificis judicio decidendam
referret. Qui, cum partes ipsas, primo per se solum, demum
una secum accito me Honofrio, Tricaricensi episcopo (tunc ad
partes Germanie supra Renum per eundem Pium pontificem,
ob dissensiones que tunc in Maguntina (2) ecclesia vigebant,
misso, eo etiam existente collega), ad pacem et concordiam
pluries verbo et litteris invitatas et suasas reducere nequivis-
sent (3), necessarium fuit ut idem Petrus causam ipsam equo
libramine et juris ordine tractandam sumeret, sedis apostolice
judicio referendam. Et quoniam Leodienses interim, contra
eorum promissa (quibus etiam jurejurando, sub triginta milium
florenorum Renensium penis, se obligaverant lite pendente
nihil innovare), castrum vocatum Reyde (4) nedum invaserunt
ob capturam aliquorum civium Leodiensium, sed equarunt
solo, iterum per eundem Petrum sacris interdictum est (5), et
prescriptam penam incidisse declarati (6), reliquo principalis

---

(1) *Tyraso*, Tarazona, ville d'Espagne. Le bref est daté du 12 janvier
1463. (Voy. De Ram. *Op. cit.*, p. 512.) Pierre Ferriz, dit Ferrici, arriva à
Aix-la-Chapelle le 31 mars. (Voy. Adrien de Veteribusco, dans l'*Amplissima collectio* de Martène et Durand, t. IV, col. 1258.)

(2) Sic, pour *Moguntina*, et de même plus loin.

(3) Lisez *nequivisset*.

(4) Rheidt, sur la Neers, aux environs de Gladbach. La garnison du
château se rendit le 11 juillet 1464. Voir, dans la *Revue de numismatique
belge*, 1873, pp. 87-92, un article de M. le baron Jules de Chestret.

(5) Ferri se transporta à Trèves pour prononcer sa sentence, le 10 septembre 1464. Paul II, dans l'espoir que l'on pourrait arriver à un accommodement, suspendit l'interdit pour quatre mois, par un bref du 6 mars
1465, adressé à Louis de Bourbon.

(6) *Declarati* se rapporte à *Leodienses*.

cause processu diligenter instructo, ad sedis apostolice deci-
sionem remisso.

Inter hec, cum summus pontifex Pius vita defunctus esset   Mors Pii papc.
antequam reverendus pater Petrus, tunc auditor (1), Germania foret egressus, ad sanctissimi patris domini nostri Pauli
secundi, pontificis maximi, successoris ejus (2), sacrum judicium reservata est hujus dissensionis decisio; qui, ut pius
pater in cæteris rebus solet, equitatem rigori justitie prefe-
rens, audita relatione ejusdem Petri tunc Tyrasonensis electi,
legatis ambarum partium contendentium apud sedem apostolicam constitutis, bis quatuor mensium spatio ad concordiam
ineundam indicto, et ipsis ad partes remissis sub spiritualibus
et temporalibus penis ne interim aliquid innovarent : nedum
pax sequta, sed multa interim paci adversa, diabolo insti-
gante, gesta sunt (3). Quamobrem, sanctissimi patris domini
nostri Pauli secundi, pontificis maximi, sententie promulgatio sequuta est in hunc qui sequitur modum et effectum :

« Verum et plenum dominium, omnimodam jurisditionem   Sententia in favo-
in spiritualibus et temporalibus, ac merum et mixtum impe-   rem episcopi per
rium per civitatem Leodiensem et oppida de Sancto-Trudone,   s. d. n. Paulum
de Asselt, Loscastri, Beringen, Eyk, Stockhem, Brede, Blisia,   data.
Tongris, Herk et alia loca totius comitatus Lossensis et patrie
Leodiensis, institutiones villicorum, scabinorum ceterorumque
officiatorum jurisditionis temporalis, ad episcopum et ecclesiam Leodiensem spectasse et pertinuisse ac spectare et pertinere; quodque ipsa civitas et patria Leodiensis comitatusque
Lossensis prædicti sunt sub dominio et jurisditione spirituali

---

(1) Auditor causarum Sedis apostolicæ.

(2) Pie II mourut à Ancône dans la nuit du 15 au 16 août 1464. Paul II
fut élu le 31 du même mois et consacré le 16 septembre.

(3) Cette phrase est rendue obscure par un anacoluthe, le verbe dont
qui est le sujet se trouvant compris dans nedum, etc. Il faut entendre : il
ne peut obtenir la paix, etc.

et temporali episcopi et ecclesie Leodiensis, ac eisdem subiciuntur; eaque omnia et singula præfato episcopo suisque successoribus et eidem ecclesie Leodiensi adjudicanda fore et adjudicavit (1); necnon magistris civium, rectoribus, juratis, consiliariis, commissariis quibuscunque, ac toti comunitati civitatis Leodiensis et burgimagistris, scabinis, rectoribus, juratis et consulibus dictorum oppidorum et locorum, adversariis (2), comuniter et divisim, tanquam talibus nullum penitus jus in eisdem dominiis, imperiis et institutionibus competiisse seu competere; omniaque contra hanc jurisditionem et imperia per eos gesta et impedimenta prestita illicita fuisse nec fieri licuisse, ac revocanda, irritanda et cassanda, et in statum pristinum reponenda constituit. Offensas, injurias, damna, expensas et interesse juxta extimationem et moderationem per Sanctitatem suam decernendam reficiendas jussit; pena quinquaginta milium florenorum Renensium, in favorem catholice fidei adversus Turchos convertendorum mulctavit; sacris interdixit et comunione fidelium privavit quoad omnia male gesta revocaverint, paruerint et satisfecerint cum effectu. Super his vero que pro parte comunitatis Leodiensis et aliorum oppidorum adversus episcopum in actis cause (3) deducuntur, cum ab his requisitus fuerit, justitiam se administraturum, auctore Domino, pollicitus est (4). »

Tractatus pacis in partibus ante sententiam latam.

Cum hec sententie promulgatio Rome, x° Kalendas januarii,

(1) La sentence porte : *et adjudicamus.*

(2) *Adversariis* est mis ici d'une façon absolue : contraires, opposés.

(3) *Acta causæ*, les pièces du procès.

(4) Le texte de cette sentence de Paul II, du 23 décembre 1465, a été publié par De Ram dans ses *Documents*, etc., p. 546, et par moi dans le *Recueil des Ordonnances de la principauté de Liège*, première série, page 602. Cette sentence arriva trop tard pour apaiser les esprits; en effet, Louis de Bourbon avait été déclaré déchu par les États, le 22 mars 1465, et les Liégeois s'étaient alliés à la France le 17 juin suivant.

id est 23 decembris, anno lxv° facta esset, et apud patriam Leodiensem et loca finitima inter Filippum ducem et ejus filium
Carolum ac Leodienses, hoc medio tempore, multe agrorum
et villarum depopulationes, desolationes et incendia mutuo
sequuta essent : excelsi et insignes viri Vincentius, comes de
Meurs et de Sanubarde, ac Jacobus comes de Huerne, dominus d'Athena (1), ne penitus patria desolaretur, componende
pacis sumpsere negotium; et apud Philippum ducem in oppido
Bruxellensi cum diutius pertractassent, tandem, Deo propitio,
in has pacis conditiones eis indictas Leodienses consensere;
que, convenientibus apud Sanctum-Trudonem (2) episcopo
et deputatis civitatis et patrie Leodiensis ac ipsius ducis Philippi et Caroli filii consiliariis, una ante sententiam latam die,
id est xxij decembris, conclusa et sigillata extit (3) in hunc
modum (4) :

« Illi civitatis, oppidorum et patriarum Leodiensium et Los- Articuli concordie.
sensium, ad perveniendum ad finem pacis cum metuendissimo
domino duce Burgundie et Brabancie, facient et adimplebunt
puncta, articulos et res que sequuntur (5) :

---

(1) Vincent comte de Meurs et de Saerwerden, et Jacques comte de
Horne, seigneur d'Altena. Ces deux personnages remplirent plus d'une
fois l'office de négociateurs entre les Liégeois et les ducs de Bourgogne.
(Voy. mon *Cartulaire de Dinant*, t. II, p. 162.)

(2) L'écrivain donne aussi la forme *Sanctus-Trido*. Saint-Trond, ville
de l'ancien comté de Looz, au pays de Liège.

(3) Lisez *extitit*

(4) Le texte des articles est précédé de cette réflexion que je crois devoir
placer en note : « Earum pacis conventionum tenor ad verbum talis
sequitur, si quis clarius desideraverit noscere. Quod si prolixitas earum
legenti fastidium afferat, breves summulas in margine scriptas cursim
perlegere poterit ».

(5) Ici se présente la traduction, en latin, du traité connu sous le nom
de *Paix de Saint-Trond*, et conclu, le 22 décembre 1465, entre le pays de
Liège (les villes de Huy et de Dinant exceptées) et le duc de Bourgogne.
Comme ce document se trouve imprimé dans la *Collection de documents*

« 1° Petent veniam illi de civitate in magno numero et
» certo modo;

» 2° Similiter facient illi de patria;

» 3° Similem emendam facient domino de Carloys, filio
» ducis;

» 4° Quod fiet cappella certo modo et ubi placebit domino
» duci, pro animis occisorum;

» 5° Quod subditi ducis qui consueverunt recurere (1) ad
» Leodium pro sensu .... (2), deinceps erunt exempti;

» 6° Quod Leodienses nunquam armabunt se vel ligas
» facient sine scitu d. ducis, sub penis, etc;

» 7° Quod renunptiabunt ligis factis cum aliis;

» 8° Quod recipient d. ducem et successores suos duces
» Brabantie ut gardianos et defensores rerum et persona-
» rum, etc.;

» 9° Quod illi de civitate et patrie assurabunt d. ducem
» de duobus milium florenorum Renensium annuis, ratione
» gardianatus, et assistent sibi;

» 10° Quod solvent d. duci, pro dampnis et interesse,
» trecenta et quatraginta milia florenorum Renensium;

» 11° Quod d. dux habebit liberum transitum per flumen
» Mose;

» 12° Quod monete d. ducis habebunt cursum per patriam
» Leodiensem;

» 13° Quod non poterunt Leodienses oppida clausa vel
» fortellitia construere de novo;

---

inédits de M. Gachard, t. II, p. 285, et dans le *Recueil des ordonnances
de la principauté de Liège*, 1ʳᵉ série, p. 590, que j'ai moi-même publié
en 1878, je crois pouvoir l'omettre ici, me bornant à reproduire les sommaires qui se trouvent en marge. — Cette paix, signée définitivement le
23 janvier 1466, ne fut proclamée à Liège que le 1ᵉʳ mars suivant.

(1) Lisez *recurrere*.

(2) Un mot (*capitali?*) a été emporté par le ciseau du relieur. Dans le
texte français il y a *par chief de sens*. Cfr. le n° 22 de la p. 18.

» 14° Quod Leodienses obedient d. episcopo Leodiensi et
» facient sibi emendam honorabilem ad arbitrium ducis et de
» Charloys, et reddent sibi ablata, salvis juribus Ecclesie et
» franchisiis civitatis et patrie;

» 15° Concluditur pax, exceptis illis de Dynanto;

» 16° Comprehensi in pace revertentur ad bona sua in
» statu in quo illa invenient immobilia;

» 17° Quod omnia predicta debent ratificari per tres Status
» civitatis et patrie. »

Similis quoque satisfationis obligatio facta est illustri Carolo comiti de Carloys (1), unico Philippi ducis filio, sicut in superiori tractatu fieri debere declaratum est; et ultra hæc, pro interesse et damnis guerrarum sibi motarum, captione quoque castri sui de Fallaix (2) et incensione basse curie castri sui de Montaigri (5) per Leodienses facta, ac injuriis et inhonestis verbis contra personam suam prolatis, promiserunt civitas et tota patria Leodiensis solvere eidem Carolo, ducis filio, summam centum et nonaginta milium florenorum Renensium, in opido Lovaniensi, infra duos annos a die date superiorum litterarum incipiendos, certis terminis intra id biennium distinguendos; quibus elapsis, si in solutione defecerint, singulis diebus ultra terminum pene nomine decem nobilia solvere pacti sunt, datis obsidibus et fidejussoribus, numero quindecim, cum equis et servitoribus singulis, ac omnium rerum suarum obligatione,

Satisfactio prestita domino de Charloys filio ducis.

---

(1) Le comte de Charolais.

(2) La terre de Falais, au pays de Liège, était une propriété particulière du comte de Charolais. Il en avait hérité, en 1462, de Jean II de Wesemael, seigneur de Westerloo, maréchal héréditaire de Brabant (voir Miræus, *Op. dipl.*, t. I, p. 458). Vers le mois de juillet 1405, les Liégeois s'emparèrent du château de Falais; mais il fut restitué à la fin de la même année au fils de Philippe le Bon (Cfr. Bouille, *Hist. de Liège*, t. II, p. 89, et les *Bullet. de la Commission royale d'histoire*, 1re sér., t. XIII, p. 74).

(5) Montaigle, château dont les ruines existent encore, et dont on peut lire une description dans les *Annales de la Soc. archéol. de Namur*, t. VI.

et submissione in quoscunque judices ecclesiasticos vel seculares, omniumque legum et exceptionum presidio plene et expresse renunctiantes.

Renovatur prelium ex causa Dinantensium et aliis infrascriptis.

Firmatis his pacis conventionibus, paululum a tumultibus bellicis quievere animi, et satisfactum per Leodienses brevi tempore pluribus hujus pacis conditionibus. Sed quoniam dux contra insigne oppidum Dinantum (1), non comprehensum in tractatibus pacis ob certa maledicta (2) convitia in personam Caroli, filii sui, turpiter jactata, moveret exercitum : veriti Leodienses magni et pulcri oppidi ac sotiorum (3) excidium, cum putassent ducem potius ad injuriarum emendam quam opidi desolationem intentum, nec ipsum, interpositis mediis, potuissent avertere : iterum pro sotiorum defensione arma sumpsere, et acrius ac magis cruentum revixit bellum; ex quo, multis vicissim datis et acceptis cladibus, tandem Dinantum oppidum vi expugnatum est, bonis spoliatum, funditus eversum et solo coequatum, templis omnibus et domibus penitus dirutis, et omnibus fere incolis interfectis qui in potestatem hostium devenere, sine sexus aut etatis discretione (4).

Reintegratur pax prima sub certis conditionibus.

Hac tam grandi clade accepta, Leodiensium animi ad prelium irritati, aciebus hinc inde contra ducis exercitum bellico ordine compositis, cum jam classica signa (5) ad certamen expectarentur, iterum Leodienses, comunibus amicis mediantibus, ad primas pacis conditiones rediere, ac pro ea observanda datis obsidibus decenti (6) numero, et remissa ad Philippum ducem et Carolum ejus filium omnium controversiarum

---

(1) *Dionantum*, Dinant, ville de l'ancien pays de Liège, dans l'Entre-Sambre-et-Meuse.

(2) Suppléez *et*.

(3) Sic. L'auteur écrit de même *juditium, commertium, speties*, etc.

(4) La ville de Dinant s'était rendue le 25 août 1466. Le comte de Charolais y entra le lendemain avec son armée.

(5) *Classica signa*, le signal donné par les trompettes.

(6) Lisez *ducentis?*

inter episcopum et eos decisione, ac restitutione ablatorum
episcopo durante guerra, et honorabili injuriarum et offen-
sionum emenda ad ducis arbitrium, civili tamen et pecuniaria,
non tangendo personas, salvis etiam juribus, privilegiis, franchisiis et libertatibus civitatis et oppidorum patrie Leodiensis
que justa fuerint; hoc etiam adjecto quod apostolicum interdictum relaxetur (1) et aliqui cives, xvj vel viginti numero, qui
post ultimum bellum de civitate ad episcopum confugerant et
quorum consilio cuncta se fecisse Leodienses asserebant, nullo
modo in civitatem redirent, tanquam omnium malorum auctores extitissent. Has conditiones cum episcopus omnino recusaret, nec interdictum relaxari permicteret aut quovis modo
civitatem ingredi sine illis xx civibus vellet, Leodiensibus e
contra renitentibus ac dispositis potius extrema pati quam
illorum civium permictere reditum : majores ob hoc difficultates exorte sunt. Suadebant Philippus dux et Carolus filius
episcopo ut publicum bonum preferret privato, et ne propter
aliquos particulares cives pacem cum omnibus et patria tota
Leodiensi perficere differret, ac interdictum tolli permicteret,
maxime cum Leodienses offerrent omnia ad ducis arbitrium
imperata facturos, his duabus rebus gestis. Quæ cum episcopus obstinatius contra ducis sententiam recusaret, et ob hoc
multi Leodiensium amici, quos vocant *van der groener tenten*,
de viridi tentorio vel tinctura (2), ad numerum quatuor milium,
in eorum auxilium in patria convenissent, agros finitimos popu-
lantes et omnia extrema temptaturi : visum est Philippo duci et

---

(1) Lisez *relaxaretur.*
(2) « Multi ex primoribus civibus qui se *socios Virduræ* nuncupabant,
quod nos vernaculo sermone exponimus *van der groenre tenten* », dit
HERBENUS, dans DE RAM, *Documents,* etc., p. 358. Sur ces « compagnons
des vertes tentes », aussi appelés *couleuvriniers,* voy. CHAPEAVILLE, *Gesta
pont. Leod.,* t. III, p. 157, et cfr. GACHARD, *Collection de documents inédits concernant l'histoire de la Belgique,* t. II, p. 435, note.

Mictit dux legatos ad papam pro confirmatione pacis, petens etiam ut legatum mictat papa propter obstinationem animi episcopi, etc.

Carulo (1) filio, per suos legatos Gulielmum, episcopum Tornacensem, et Jacobum de Hostende, provincie Flandrie Heremitarum Sancti-Augustini provincialem ministrum (2), et quosdam alios, hec omnia ad apostolice sedis et summi pontificis Pauli secundi deducere notionem, ac sue Sanctitati supplicare ut prescriptam pacis inite formulam auctoritate apostolica roboraret, legatumque ad partes ipsas de latere suo celeriter micteret, sue Sanctitati domesticum et familiarem ac partibus ipsis gratum, qui pacem inter episcopum et suos subditos civitatis et patrie Leodiensis apostolica auctoritate tractaret, episcopum a sua duritie et animi obstinatione compesceret, ac ad ea perficienda induceret que circa interdicti relaxationem et civibus illis pro tunc in civitatem non reducendis Philippus dux et Carolus filius pro comuni bono et pace suadebant; offerentes se duces ipsi, pater et filius, eidem legato mictendo efficaciter adherere, ac tam in tractandis et componendis quam exequendis rebus ipsis, omnem assistentiam et auxilium præstituros.

Cum Jacobus de Ostende provincialis solus primo cum his mandatis ab ipsis principibus, patre et filio, dimissus ad summum pontificem Paulum Romam jam devenisset, paucis post lapsis diebus Philippus dux, xiiij die mensis junii anni LXVIJ, vita defunctus est (3). Post cujus mortem, illico Gulielmus Tornacensis episcopus per Carolum, filium, successorem ducem (4), ad summum pontificem missus est post Jacobum provincialem, pro rebus eidem conmissis celeriter exequendis. Qua de re, cum periculum grande et gravitas ipsa negotii summam cele-

Filippus dux moritur.

---

(1) Sic.

(2) Guillaume Filastre, évêque de Tournai de 1460 à 1473. Quant à Jacques d'Ostende ou de Hostende, son vrai nom était Jacques Roudolf (ou Raudolf). Il était conseiller de Philippe le Bon. Le P. A. Keelhoff donne sur lui quelques renseignements dans son *Histoire de l'ancien couvent des ermites de Saint-Augustin*, Bruges, 1869, p. 195.

(3) Le duc Philippe mourut à Bruges le 15 juin.

(4) Lisez *ducis?*

ritatem exposcerent, placuit pontifici maximo Paulo ipsius ducis petitiones, potissime circa confirmationem pacis inite in Sancto-Tridone, deferre ad consilium sacri senatus reverendissimorum sancte Romane ecclesiæ cardinalium; qui cum minime confirmandam sed potius infirmandam judicassent, presertim in punctis et articulis dominium, proprietatem, jurisdictionem et auctoritatem Leodiensis ecclesie concernentibus, maxime cum nec episcopus aut capitulum (1), clerus aut populus ipsam confirmari peterent : ne ducem ipsum aut inclitam Burgundie domum ex ipsa revocatione lacesseret aut offenderet, statuit potius pontifex ipse maximus consultationi (2) judicio legatum ex latere suo ad partes ipsas et ducem, juxta ejus petitionem, transmictere, qui pacem inter episcopum et suos subditos componeret, interdictum relaxaret, clericos et laïcos ab ecclesiasticis censuris absolveret, privatos restitueret ad honores, dignitates et bona, alteram partium concordie repugnantem censuris et bracchio seculari compelleret, ducem ipsum exortaretur et moneret ut ab Ecclesie se contineret injuria vel offensa, et solum his que sua essent contentus esset, et alia faceret que sacris continentur legato traditis rescriptis.

Recusat papa confirmationem pacis, etc., infrascriptis et statuit legatum mictere.

Injunxit hoc legationis onus pontifex maximus Paulus II Honofrio de Sancta-Cruce, Tricaricensi episcopo, urbe Roma oriundo, qui (ut supra memoratum est (3)) alias, unacum Petro Ferrici, tunc palatii auditore nunc vero Tyrasonense epyscopo, tempore Pii pontificis maximi in Germania degentes, huic discordie componende manum apposuerant (4). Hic, cum ad hanc legationem designatus esset, ipsa die beati Augustini penultima mensis augusti (5), et confestim se ad-iter accingeret,

Nomen legati deputati.

(1) Le chapitre de la cathédrale de St-Lambert, à Liège.
(2) Lisez *consultationis?*
(3) Voir ci-dessus, page 6.
(4) Lisez *degente... apposuerat.*
(5) La fête de saint Augustin tombe le 28 août.

Renovatur bellum ex causa inscripta. suborta est altera conmotio grandis ob hanc causam, que legati recessum ad tempus suspendit, justis ex causis pontifici maximo notis et sibi. Leodienses enim et eorum sotii, conspicientes episcopum obstinato animo preter ducis judicium nolle in civitatem suam regredi, pacem cum eis habiturum, ac existimantes, ut publice predicabant, ad hec pravorum et inimicorum ipsorum consilio inductum episcopum (1), castrum de Hoyo vi expugnare statuerunt, ut episcopum (qui tunc ibi residebat) in civitatem reducerent, et de ipsorum hostibus sumerent ultionem. Quo vi expugnato et in deditionem recepto (2), cum episcopus cum suis domesticis noctu ad ducem confugisset, dux, cohacto grandi exercitu ad Leodiensium impetus comprimendos, opidum insigne Sancti-Trudonis, sotium Leodiensium et suo dominio Brabantie finitimum, obsidere statuit. Quod cum diebus duodecim, usque ad xxvii diem mensis octobris, obsedisset et machinis expugnaret, Leodienses, grandi etiam exercitu comparato, in sociorum auxilium concurrerunt, et inito cum Burgundis prelio in vico de Bruischem (3), Sancto-Tridoni proximum circiter mille passibus, ingens clades et hominum strages sequta est (4). Profligatis enim Leodiensibus, ultra tria Leodiensium et sotiorum milia cesa et in campis diu prostrata jacuerunt. Hac insigni clade accepta, Leodiensium socii comitatus Lossensis, Tongrenses et Sancti-Trudones (5), et alia decem que supra nominavimus sotiorum opida (6), veriti ne dux offensus, potens et victor, cuncta ferro

Conflictus leodiensium magnus et deditio oppidorum.

(1) Supprimez *episcopum*.

(2) Huy fut prise dans la nuit du 16 au 17 septembre 1467. Depuis 1458, Louis de Bourbon avait établi sa résidence en cette ville, la seule qui lui fût restée fidèle.

(3) Brusthem, près de Saint-Trond.

(4) La défaite des Liégeois à Brusthem eut lieu le 28 octobre. (Voy. GACHARD, *Collection de documents inédits*, etc., t. II, p. 186.)

(5) Sic, pour *Trudonenses*.

(6) Voir ci-dessus, page 7.

et igne vastaret, ut vulgo ferebatur, sub certis modis et conditionibus infra describendis ad voluntatem ducis et arbitrium
se dediderunt.

Receptis in deditionem opidis, dux cum toto exercitu ad
civitatem expugnandam, diripiendam et penitus delendam
conversus, in monasterio Sancti-Laurentii (1) muris civitatis
proximo castrametabatur. Cujus forti potentie se non posse
resistere cum Leodienses conspicerent, supplices se ipsos et
civitatem ad ducis arbitrium submiserunt, hoc salvo ut ne
civitas exponeretur in predam aut traderetur incendio; et
traditis duci civitatis clavibus, ipsum cum toto excercitu in
civitatem receperunt (2); quos dux ea lege in deditionem suscepit, parsurus direptioni et incendio civitatis si ea perficerent
que infra sequuntur, ad longum prius et sumatim demum
margine inscripta :

Carolus, Dei gratia, etc. (3).

« 1º Abolentur et annichilantur omnia offitia civitatis in per-
» petuum;

» 2º Omnia privilegia Leodiensium confiscantur;

» 3º Ordinatio et potestas scabinorum;

» 4º Judicabunt scabini secundum leges et non secundum
» consuetudines;

*Deditio leodien-
sium et civitatis.*

*Lex data per du-
cem leodiensibus
victis.*

---

(1) Ancienne abbaye, servant aujourd'hui de caserne.

(2) Le duc, à la tête de son armée, et accompagné de Louis de Bourbon,
entra dans la cité le mardi 17 novembre. (Voy., dans Gachard, *Collection*, etc., t. I, pp. 154-182, les lettres de Charles le Téméraire au magistrat d'Ypres touchant sa campagne contre les Liégeois, en 1467.)

(3) De même que plus haut, Onufrius donne ici le texte (incomplet), traduit en latin, et signé J. Gros, de la sentence prononcée contre le pays de
Liège par le duc Charles de Bourgogne, le 18 novembre 1467. Ce document
ayant également été publié par M. Gachard, dans sa *Collection de documents inédits*, t. II, p. 457, et par moi dans le *Recueil des ordonnances
de la principauté de Liège*, 1re série, p. 615, je me borne à transcrire de
nouveau les sommaires des articles.

» 5° Jurabunt scabani in manibus ducis vel suorum depu-
» tatorum, in Lovanio, modo inscripto;

» 6° Scabini non judicabunt ultra Mosam nec in patriis
» ducis, sed solum intra civitatem, etc.;

» 7° Transfertur curia spiritualis de Leodio ad tria oppida
» subjecta duci;

» 8° Consuetudines burgesie sunt abolitæ;

» 9° Triginta duo ministeria sunt abolita;

» 10° Omnes confederationes leodienses sint omnino casse;

» 11° Deponitur perro sive columpna de foro civitatis, et
» traditur duci;

» 12° Aboletur offitium firmariorum (1);

» 13° Abolentur consuetudines contra libertatem et emu-
» nitatem (2) Ecclesie;

» 14° Inhibentur episcopo et civibus impositiones super
» flumen Mose;

» 15° Confiscantur omnia bona exulum, partim duci et
» partim episcopo;

» 16° Banniti in dominio ducis erunt etiam banniti in patria
» Leodiensi, et e contra;

» 17° Abolentur prave consuetudines in favorem crimino-
» sorum;

» 18° Confiscantur episcopo omnia feuda contrariorum et
» inimicorum sibi;

» 19° Restituentur omnia capta in Huyo;

» 20° Restituentur omnia dampna episcopo, ad arbitrium
» ducis;

» 21° Confirmatur sententia pape;

» 22° Declaratio de resorto et capitali sensu (3);

---

(1) En français les fermeteurs, c'est-à-dire les percepteurs de l'impôt
dit de la fermeté, perçu sur le roulage et appliqué à l'entretien des chaus-
sees et des ponts de la cité.

(2) L'immunité.

(3) Le ressort et le chef de sens, c'est-à-dire l'appel.

» 23° Hedificabitur cappella in memoriam occisorum;

» 24° Non poterunt Leodienses fabricare arma sine licentia
» ducis;

» 25° Renuntiant Leodienses colligationibus jam factis cum
» aliis;

» 26° Recognoscunt ducem et successores in gardianos et
» advocatos;

» 27° Advocatie particulares cessent;

» 28° Solvent Leodienses duo milia annuatim duci pro
» advocatia;

» 29° Liber transitus erit duci per flumen Mose, cum armis
» et sine;

» 30° Moneta ducis curret per patriam Leodiensen sicut
» in suis;

» 31° Solvent pro pena et dampnis Leodienses soli centum-
» viginti milia leonum, qui faciunt Renenses clxxx^m;

» 32° Muri et porte civitatis diruentur ad planitiem;

» 33° Non poterunt hedificari castra nec fortellitia sine con-
» sensu ducis;

» 34° De modo officialium et justitie in patria Leodiensi;

» 35° De appellatione seu resorto, etc.;

» 36° Non contribuent alie ville cum Leodiensibus;

» 37° Non poterunt Leodienses deferre arma nec reparare
» muros;

» 38° Non poterit rehedificari villa Sancti-Petri prope Tra-
» jectum sine consensu ducis, que tamen est episcopi Leo-
» diensis;

» 39° Trajectenses non citabuntur Leodii in curia spiri-
» tuali;

» 40° Trajectenses erunt exempti a theloneis civitatis Leo-
» diensis;

» 41° Mandata Leodiensium facta contra Trajectenses sunt
» cassa;

» 42° Non contribuent Trajectenses cum Leodiensibus in
» collectis;

» 43° Capitulum Trajectense manebit liber ratione villarum
» suarum in patria Leodiensi consistentium ;

» 44° Dux recipiet reditus thelonei pontis Amaricordis;

» 45° Dux eliget xii personas de civitate Leodiensi, cum cor-
» poribus et bonis;

» 46° Annullantur sententie late per Leodienses contra fau-
» tores episcopi ;

» 47° Confirmantur omnes articuli facti alias aput Sanctum-
» Trudonem ;

» 48° Conclusio. »

Continuatio nara-
tionis.

Hac lege per victorem principem victis, ut fieri solet, indicta,
et per Leodienses, ut necessarium erat suscepta (1), contendebant episcopus et capitulum ut summi Pontificis et apostolice
sedis auctoritas servaretur in his articulis qui jurisdictionem et
dominium Leodiensis ecclessie concernebant, prout in alio pre-
scripto pacis tractatu aput Sanctum-Trudonem edito contine-
tur (2). Sed cum dux ipse nullam exceptionem admicteret, sed
simpliciter acceptari postularet, consensere plerique ex canonicis cum episcopo, propter grande instans periculum contradicere non ausi, sed protestatione seorsum coram notario
facta se metu ad consentiendum inductos, et omnia que ad

Protestatio episco-
pi et cleri.

Ecclesie dominium et jurisditionem pertinerent ad summi
pontificis et apostolice sedis juditium remictere, prout hec et
multa alia verbo et litteris legato secrete retulerunt, in primo
ipsius adventu, episcopus, prelati et nobiles totius patrie.
Preter eas prescripte pacis conditiones, indicta sunt singulis
aliis sotiorum Leodiensium oppidis, mulcte nomine, aliis dena,
aliis vicena, plerisque tricena aureorum milia, infra trimestre
tempus manualiter duci vel suis numeranda; et pro veteribus
patri et sibi debitis pecuniarum summis, videlicet quingentis

---

(1) Les Liégeois acceptèrent les conditions de cette paix le 26 novembre.

(2) Voir ci-dessus pages 9-11. — *Aput* pour *apud.*

et triginta florenorum milibus; impositum est novum et insue-
tum in tota patria vectigal super omnibus et usui et comertio
humano necessariis, cujus annui summa est centum milium florenorum Renensium; a quo nec juri (1) ecclesiastici nec etiam
seculares qui partes episcopi sequuti fuerant, immunes exis-
tunt. Exigenda sunt hec vectigalia ab exactoribus ducis quoad
de integra debitorum summa sit factum satis, absque sortis
diminutione, sub certis formis inter eos conventis. Fidejus-
sores quoque requisiti accessere pro laïcis omnia ecclesiarum
capitula, monasteria et collegia civitatis et patrie Leodiensis,
obligantes omnia ipsarum ecclesiarum bona, data facultate Fidejussio clerico-
vendendi ipsa si statutis temporibus in solutione defecerint;   rum pro laïcis
quorum maxima pars jam vendita fuerat ante legati adventum,
ad summam florenorum quatraginta milium, cum potestate
redimendi quando id ecclesiis libuerit et fuerit commodum.
Muri insuper civitatis et aliorum decem opidorum insignium Demolitio muro-
penitus ab ipsis fundamentis, ut jussum erat, demoliti sunt.   rum.
Dux igitur, ipse jam victor, sublatis et concisis vel exustis
omnibus civitatis et opidorum privilegiis, et translato tribu- Exequutio tracta-
nali curie spiritualis ad tria illa loca ditionis sue in tractatu   tuum et grava-
concordie nominato (2), ac sublata columna cum quatuor eneis men.
statuis super ea impositis ex foro Leodiensi, quam vulgares
perronem vocabant et ea Brugis delata (3), duodecim quoque
civium Leodiensium corporibus juxta unum ex concordie articulis ad ducis voluntatem electis, et ex his novem securi per-
cussis : cum omni suo exercitu abiens, Brugis reversus est,
ductis secum e civitate et opidis patrie obsidibus non mediocri
numero; dimisitque in patria Leodiensi legatum sive vices suas

(1) Lisez *viri*.

(2) A savoir : Maestricht, Louvain et Namur.

(3) M. Henaux a écrit une notice sur le perron liégeois. Une gravure
représentant cette colonne se trouve dans le *Recueil des bourgmestres
de Liège*, p. 187.

gerentem et hujus tractatus conservatorem et exequutorém, insignem militem Guidonem de Humbercourt, natione Piccardum, unum ex camerariis et consiliariis suis (1), ac alium ex suis consiliariis Burgundum, laïcum et conjugatum, in consilio episcopi presidentem, sine cujus nutu et assensu nil agebatur (2). Post ducis recessum, hi qui ejus nomine in patria Leodiensi presidebant ac tributorum et vectigalium exactores, multipliciter et seve in miseros, clerum et populum, crassabantur (3), uti in primo legati adventu diversis rumoribus et multorum querelis et auxilii precibus ad eum delata sunt; nam qui vectigalia procurabant, in diversis locis exactissime compellebant, nullo habito personarum delectu, clericus an laïcus, amicus antea vel hostis fuerit; ac pro stipendiis propriis aureos centenos diebus singulis absorbebant; pro summa vero trecentorum et sexaginta milium vel circiter florenorum que infra duos menses in promptu exsolvenda erant juxta prescriptam concordie formam, tanta exercebatur exactio ut non carceribus, non suppellectilium aut animalium et quorumcunque mobilium distractionibus parceretur, campanas quoque ecclesiarum que in opidis et villis erant, quoniam ad arma contra ducis exercitum populos suo sonitu convocaverant, asserentes ea (4) ducibus exercitus confiscatas, deponebant ex ecclesiis, et rursus ab incolis redimi eas cum effectu procurabant. Et quoniam, ex conventione, muri civitatis et opidorum nedum demoliri, sed fossata repleri et complanari debebant propriis incolarum manibus aut sumptibus, infra breve tempus,

---

(1) Gui de Brimeu, seigneur de Humbercourt, lieutenant général du duc de Bourgogne dans le pays de Liège.

(2) Ce président du conseil de l'évêque était déjà, sans doute, Jean Postel, cité en cette même qualité dans une charte de la cathédrale du 20 mars 1469. (Inventaire du chartrier de Saint-Lambert, n° 1055.)

(3) Sic, pour *grassabantur*.

(4) Lisez *eas*.

eis fere impossibile propter murorum in multis opidis vetustam
fortitudinem : si, vel parvo tempore, terminum in demolitione
transegissent vel terminum sibi prorogari postulassent, ex mora
preterita magnis pecuniarum summis mulctabantur et ulteriorem dilationem aliis pecuniarum summis redimere necessarium erat. Jurisdictio insuper temporalis ad episcopum et ecclesias alias pertinens, eo contradicente, invito et contempto, per
presidentes in patria ducis nomine penitus usurpata concul-
cabatur ; et indies gravamina gravaminibus accedebant. Qua
de re undique miserorum ad celum clamor et gemitus, fuga et
per orbem dispersio, ob ingentes calamitates in patria consistere non valentium, episcopi, ecclesiarum et clericorum meror
jugiter excrescebant.

His igitur frequentibus rumoribus et querelis excitus et pie *Recessus legati ab Urbe et summa mandatorum ejus.*
motus, pontifex maximus Paulus II legatum ab Urbe celeriter
discedere jussit, episcopi et ecclesiarum calamitatibus potissime subventurum, mandans ci ut super etiam relatum est (1) :
pacem inter episcopum et subditos suos componere, interdictum ecclesiasticum prout sibi videbitur relaxare, clericos et
loïcos ab ecclesiasticis censuris et omnibus delictis absolvere,
privatos vero ad honores, dignitates et bona restituere, alteram
partium concordie repugnantem censuris et seculari brachio,
si opus fuerit, compellere, et alia facere que sacris apostolicis
rescriptis continentur, inferius ad verbum insertis, si quis aper-
tius quesiverit nosse :

« Paulus episcopus, servus servorum Dei, venerabili fratri *Bulla seu facultas legati.*
» Honofrio, episcopo Tricaricensi referendario et cum potestate
» legati de latere in Coloniensi, Treverensi, Leodiensi, Torna-
» censi et Trajectensi civitatibus et diocesibus, ac etiam aliis
» quibuscunque locis ad que, occasione tractande et compo-
» nende pacis, te declinare contingerit (2), nuntio et oratori

---

(1) Voyez ci-dessus page 14.
(2) Lisez *se declinare contigerit*.

» nostro, salutem et apostolicam benedictionem. Cum nihil sit
» quod pro comuni Christi fidelium salute mentem nostram
» magis excitet et ex desiderio cordis nos tam sollicitos reddat
» quam ut pro viribus ad ea intendamus per que dissidentes
» inter se ecclesiarum prelati, principes et populi christiani
» possint in debita componi amicitia et a dissensionibus ad
» pacis dulcedinem revocari, cogimur, more pii patris, ex
» benignitate apostolice sedis, hoc maxime necessario tempore
» quo ad comunem fidei orthodoxe causam sedulo sumus in-
* tenti, nonunquam ea concedere atque fieri mandare que jus-
» titie ordo interdicit, ut quos conscientia propria ab offensis
» non retrahit, saltem ipsa Dei clementia ad cor suum redire
» compellat. Intuentes itaque, non sine dolore, paternis oculis
» nostris, jandiu (1) sic vexatas nonnullas ex supradictis eccle-
» siis et patriis, et maxime Leodiensem, inter alias cathedrales
» ecclesias non posteriorem sed insignem, eisque condolentes
» plurimum, et ab intestinis bellis quibus retroactis temporibus
» miserabiliter attenuate sunt et devastate, quamprimum,
» etiam cum aliquali jactura nostra et sedis predicte, pacem
» sibi dari aliquando affectantes : fraternitatem tuam, longa
» experientia, integritate vitæ, moribus et singulari doctrina
» ac in rebus agendis summo studio nobis comprobatam, ad
» Coloniensem, Trevirensem, Leodiensem, Tornacensem ac
» Trajectensem civitates et dioceses, et quevis alia loca ad que,
» occasione tractande et componende pacis, accesseris, et que
» etiam ad eam ineundam quicquam adjumenti et favoris
» conferre poterunt, cum potestate plena legati de latere,
» numptium et oratorem nostrum et angelum pacis destinare
» decrevimus, firma spe tenentes ac plene in Domino confi-
» dentes, gratia ejusdem tibi assistente propitia, missionem
» hanc de te, frater episcope, decretam, et ipsis ecclesiis atque
» aliis principibus, proceribus, nobilibus, comunitatibus, uni-
» versitatibus ceterisque singularibus et privatis personis, et

(1) Sic, pour *jamdiu.*

» presertim dissidentibus, contendentibus quibuslibet, ad
» pacem et quietem plurimum collaturam. Atque, ut ea in
» re conficienda facilius prosperári valeas, supremi pastoris
» officium liberaliter exibemus, concedendo tibi, harum serie
» litterarum, ex certa nostra scientia, plenam et liberam
» potestatem ac facultatem consentiendi, auctoritate nostra, in
» conventiones, capitula quecunque inter quoscunque dissi-
» dentes, in civitatibus, diocesibus et locis supradictis, et pre-
» sertim inter venerabilem fratrem nostrum Ludovicum de
» Borbonio, episcopum Leodiensem, ex una, ac dilectos filios
» burgimagistros necnon juratos, consules, officiatos, cives,
» singularesque personas civitatis Leodiensis, opidorum,
» patriarum et dominiorum predictorum, partibus ex altera,
» ratione certarum differentiarum, tam ratione jurisditionis
» aliarumque rerum, ac etiam sententiarum latarum et per
» nos confirmatarum, quomodolibet concepta seu concipienda,
» inita et inienda (1), (quorum omnium et singulorum tenores,
» ac si de verbo ad verbum insererentur presentibus, haberi
» volumus pro expressis), seu etiam illa, eadem auctoritate,
» cum moderationibus et limitationibus de quibus tibi videbi-
» tur, acceptandi, roborandi, confirmandi de novoque faciendi,
» componendi et confirmandi, necnon omnes et singulos
» defectus, si qui forsan intervenerint in eisdem, supplendi,
» ipsisque burgimagistris, juratis, consulibus, officiatis, civibus
» aliisque singularibus personis predictis, et maxime decanis
» et capitulis secundariarum ecclesiarum dicte civitatis Leo-
» diensis, humiliter petentibus, omnem indignationem nostram
» et etiam rancorem in eos propter rebellionem et inobedien-
» tiam ipsorum per nos quomodocunque conceptam, dicta
» auctoritate deponendi et remictendi; tollendi preterea, si
» expediens fuerit et tibi ita videbitur, atque relaxandi simpli-
» citer interdictum ac omnes et singulos processus ac senten-
» tias, censuras et penas quomodocunque et qualitercunque ac

(1) Lisez *iniunda.*

» sub quibusvis verborum formis, etiam in die Cene Domini,
» a nobis vel sede predicta aut legatis vel numptiis ejusdem
» contra predictos eorumque subditos, fautores, complices,
» adherentes, sequaces ac eis participantes seu auxilium, con-
» silium vel favorem prestantes, in genere vel in spetie
» quomodobilet, ex quibuscunque causis, urgentibus et neces-
» sariis, emanatas et habitas ac latas et promulgatas, etiamsi
» de eis habenda esset mentio specialis, specifica et individua-
» lis; burgimagistros, consules, juratos, cives et alios predictos,
» necnon omnes et singulas alias ecclesiasticas, seculares et
» quorumvis ordinum regulares atque laïcales personas cujus-
» cunque dignitatis, status, gradus, nobilitatis vel preeminentie
» fuerint, que eorundem predictorum adherentes, fautores vel
» partes fuerint vel adhuc sint, vel interdictum hujusmodi
» nostrum violaverint, etiamsi earum vel alicujus ipsorum
» absolutio ex quavis causa nobis tantum vel successoribus
» nostris specialiter esset reservata, a processibus predictis
« necnon singulis excomunicationis, anathematis et maledi-
» ctionis eterne, privationis quoque et aliis quibusvis sententiis,
» censuris, juramentis et penis, si quibus ipsi quavis occasione
» vel causa, et presertim predicti ac sui in hac parte fidejus-
» sores, ratione inobedientie et rebellionis vel cujuscunque
» alterius contumacie, inlaqueati vel innodati sunt; necnon ab
» omnibus et singulis aliis excessibus, criminibus, transgres-
» sionibus, perjuriis, juramentis et peccatis, etiam quantum-
» cunque enormibus ac talibus que de jure exprimi et speci-
» ficari nobis deberent, de quibus tamen corde contriti et ore
» confessi fuerint, dummodo id humiliter petierint in forma
» Ecclesie prout unicuique opus erit, ac etiam qui propter
» metum corporis et bonorum interdictum minime servarunt,
» nullam maculam irregularitatis incurrisse, prout secundum
» Deum et justitiam tibi videbitur (super quo tuam conscientiam
» oneramus), declarandi; necnon predicto (1) ab obligatione

---

(1) Lisez *predictos.*

» quacunque, eadem auctoritate absolvendi, predictos quoque
» rehabilitandi, ipsos denique ac alios premissos et quemlibet
» ipsorum ad honores, dignitates, officia, beneficia, privilegia,
» dispensationes, indulta, feuda, homagia, obedientias, civitates,
» terras, castra, bona et jura omnia, spiritualia et temporalia,
» quocunque nomine seu titulo nuncupentur, necnon ad gra-
» tiam nostram et sedis prefate ac alias in pristinum ac in
» eum statum in quo antequam dicti processus et sententie
» adversus eos emanarent et ferrentur quomodolibet existe-
» bant, ac etiam perinde ac si nunquam emanassent, integra-
» liter restituendi et reponendi, actaque et gesta per eos valida
» fuisse et esse declarandi, etiamsi occasione differentiarum
» hujusmodi ad eorum vel alicujus ipsorum privationem, ino-
» bedientia et rebellione eorum ita exigente, predicta vel alia
» quavis auctoritate quomodocunque jam processum (1) extitis-
» set, dummodo in eis non sit alicui specialiter jus quesitum ;
» cum ecclesiasticis insuper, secularibus et quorumvis ordinum
» regularibus super irregularitate quacunque, etiam divinis se
» inmiscendo aut alias quomodocunque vel qualitercunque
» contracta, quodque in susceptis per eos sacris ordinibus,
» etiam in ministerio altaris ministrare, seu ad ulteriores
» ordines vel etiam sacros omnes et presbiteratus ordines alias
» rite promoveri et obtenta retinere, ac quecunque alia eccle-
» siastica cum cura et sine cura beneficia se invicem compa-
» tientia, etiamsi prioratus, prepositure, canonicatus et pre-
» bende, dignitates etiam abbatiales necnon personatus (2)
» administrationes vel officia in cathedralibus, etiam metro-
» politanis vel collegiatis ecclesiis, et dignitates ipse in eisdem
» cathedralibus, etiam metropolitanis, post pontificales ma-
» jores, seu in collegiatis ecclesiis hujusmodi principales, ac

---

(1) Lisez *processus.*
(2) *Personatus,* cure, bénéfice.

» prioratus et prepositure ipse conventuales, vel officia clau-
» stralia fuerint, et ad illa consueverint qui per electionem as-
» sumi eisque cura (1) imineat animarum, si sibi alias canonice
» conferantur, recipere et quoad junxerint (2) retinere, illaque
» et etiam obtenta, simul vel successive, simpliciter vel ex
» causa permutationis, quotiens sibi placuerit dimictere, et loco
» dimissi vel dimissorum aliud vel alia, simile vel dissimile,
» aut similia vel dissimilia, beneficium seu beneficia, ecclesias-
» ticum vel ecclesiastica quecunque se invicem compatientia,
» similiter recipere et quoad vixerint retinere libere et licite
» valeant, gratiose prout unicuique expediens fuerit dispen--
» sandi, omnemque inhabilitatis et infamie maculam sive
» notam per ipsos et quemlibet eorum premissorum vel alia
» quavis occasione vel causa quomodolibet contractam, abo-
» lendi; posita interdicta et juramenta quecunque, presertim a
» quibusdam religiosis clericis, de presentando se conspectui
» nostro vel alias qualitercunque prestita, relaxendi et tollendi;
» vices tuas, prout tibi videbitur et expediens fuerit, aliis
» idoneis, cum limitata facultate, conmictendi; ac omnia alia
» et singula, ad effectum tractande pacis atque concordie,
» hujusmodi necessaria seu quomodolibet oportuna, ac etiam
» partem nolentem concordare compellendi prout, secundum
» Deum, salutem animarum, qualitatem temporum et quietem
» populorum, consciencie tue expedire videbitur, faciendi,
» gerendi, disponendi et exequendi, ac, secundum tenorem
» dictorum capitulorum et moderationem per te faciendam,
» necessaria fuerint quomodolibet et oportuna, ac per alios
» ydoneos tuo nomine in premissis factis, gestis, dispositis et
» executis, auctoritatem nostram et plenum firmitatis robur
» tuis litteris concedendi vel apponendi, et premissa omnia,
» sub censuris et penis de quibus tibi videbitur, inviolabiliter

---

(1) Lisez : *et ad illa que per electionem assumi consueverint?* La phrase paraît tronquée.

(2) Lisez : *vixerint.*

» observari mandandi et faciendi, seu ad voluntatem partium
» in melius, si opus fuerit, conmutandi; contradictores etiam
» quoslibet et rebelles per reincidentiam et alias ecclesiasticas
» censuras, necnon oportuna juris remedia, eadem auctoritate,
» appellatione postposita, compescendi et, si opus fuerit,
» auxilium brachii secularis invocandi, et alia faciendi etiamsi
» talia essent que plenius a nobis de jure mandatum require-
» rent, quam per presentes tibi sit concessum, vel propter
» que nos aut sedes predicta essemus omnino consulendi, non
» obstantibus quibuscunque constitutionibus, ordinationibus,
» statutis, decretis, litteris et indultis apostolicis, sub quibusvis
» verborum formis et clausulis, etiam derogatoriarum deroga-
» toriis ac aliis insolitis, necnon expressam mentionem de
» verbo ad verbum requirentibus, a nobis vel sede predicta
» quomodocunque concessis et emanatis, quibus omnibus
» illorum tenores presentibus similiter pro sufficienter
» expressis habendo, in quantum effectum presentium, in toto
» vel in parte, retardare possent, vel illi quomodolibet obviare,
» eadem auctoritate specialiter et expresse derogamus, ceteris-
» que contrariis quibuscunque. Datum Rome, apud Sanctum-
» Marcum, anno incarnationis dominice millesimo quadrin-
» gentesimo sexagesimo septimo (1), tertio idus februarii, pon-
» tificii nostri anno quarto. »

Eadem quoque facultas et potestas legato tradita est per *Extensio facultatis legati.* alias litteras, inter quoscunque principes aut civitates vel nobiles cum episcopo Leodiensi vel suis subditis controversias aut contentionem, causam vel litem habentes.

Scorsum vero legato injunctum est ut illustrem Carolum, *Pars instructionis legati pertinens ad rem Leodien- sem.* Burgundie ducem, rogaret, exortaretur et moneret ut ab Ecclesiæ se contineret offensa, ac tam insigne totius corporis Ecclesiæ membrum sicuti est episcopus et Leodiensis ecclesia, cum suis juribus et dominiis devastari per se vel suos, aut

(1) 1468.

perire non sineret, ne claritatem et decorem sue inclite domus
Burgundie hac inficeret macula. Omnia vero que in præscriptis
conventionum formulis continentur, preter ea que Ecclesie
dominium, auctoritatem, jurisdictionem vel libertatem concernerent vel lederent, de partium consensu duci concederet et
auctoritate apostolica confirmaret.

Progressus itineris
legati.

Celeriter igitur cum his mandatis discedens Urbe, legatus,
die penultima mensis februarii anni sexagesimi octavi, viginti
quinque equitibus, sotiis et ministris comitatus, inter quos
venerabilis Villielmus, abbas monasterii de Tuitio prope Colo-
niam, ultra Renum (1), et eximius doctor Henricus de Lovenborch, canonicus Leodiensis, patria Juliacensi (2), viri utique
religiosi et in agendis prudentes, et alii graves scribe et sacerdotes, cum his per Coriolos et Suevos (3) festinus Maguntiam
devenit; ibique cum egritudine, licet levi, detentus et paululum remoratus esset, supervenit etiam, jussu pontificis, clarissi-
mus doctor Raymundus de Marigliano, alias Philippi ducis Burgundie et postea Lodovici Leodiensis episcopi consiliarius (4);
quem, jussu pontificis, legatus in suis agendis pro fideli consi-
liario secum recepit. Ingravescente demum egritudine, legatus

---

(1) Guillaume Laner de Breitbach, abbé de Deutz. (Voy. LACOMBLET,
Archiv für die Geschichte des Niederrheins, t. V, pp. 304-306.)

(2) Henri de Lovenberg ou Loevenborch, originaire de Lemnich, au
diocèse de Cologne, docteur en droit. Il fit son testament le 1er juillet
1485. (Voy. DE THEUX, *Le chapitre de St-Lambert, à Liège*, t. II, p. 282.)

(3) Le Tyrol et la Souabe. ANGELUS DE CURRIBUS SABINIS, dans
l'*Amplissima collectio*, t. IV, col. 1404, décrit tout au long son voyage, et
nomme les villes par où il passa. Cf. ADRIEN DE VETERIBUSCO, dans la
même *Amplissima collectio*, t. IV, col. 1326.

(4) Raymond de Marliano, docteur en droit de l'université de Padoue,
fut d'abord marié. Il fut successivement conseiller de Philippe le Bon et
professeur à l'université de Louvain. Après la mort de sa femme, il entra
dans les ordres et devint chanoine de St-Lambert, à Liège. Il mourut le
20 août 1475. (Voyez DE THEUX, *op. cit.*, t. II, p. 306.)

cum his sotiis, ne sui expectationem faceret, Agrippinam Colo-
niam navigio devectus, ibi primarios patrum ecclesiarum et
patrie Leodiensis nobilium, sexaginta equitibus comitatos,
avide se expectantes reperit. Sed cum adhuc gravius legati egri-
tudo fere usque ad mortem succresceret, ingens legatis Leodiensium meror et mentis perturbatio inerat, rerum desperatione
turbati, suo potius infortunio et calamitati hoc ascribentes.
Facta ergo mora dierum octo vel decem, usque ad legati
meliorem convalescentiam, in Agrippina Colonia, et vertente
tunc dissensione maxima, usque ad armorum motus, inter
Ropertum Colonie archiepiscopum (1) et suos cives ac patrie
barones et nobiles, qui ei bellum indicere post quatriduum
statuerant : rogatus ab archiepiscopo et suo consilio, qui se
juditio legati et justitie submictebat ut vi et bello obstine-
rent (2), legatus, una cum episcopi et Leodiensium oratoribus,
negotium tractande pacis assumpsit (3), licet lecto decubans; et
compresso paulisper furentium militum et bella (4) impetu,
modo vehiculo, modo navigio per Mosam devectus (5), ob minus
firmam valitudinem, tandem ad monasterium Cartusiensium,
muris civitatis Leodiensis proximum, flumine tantum Mose et

(1) Rupert, comte palatin du Rhin. Voyez MERING und REISCHERT, *Die
Bischöfe und Erzbischöfe von Cöln*, Cöln, 1838-43.

(2) Lisez *submictebant .... abstinerent*.

(3) Sur ces faits voyez ENNEN, *Geschichte der Stadt Köln*, t. III,
et K. MENTZEL, *Diether von Isenburg, Erzbischof vou Mainz*, Erlangen,
1868, etc.

(4) Lizez *belli*?

(5) De Cologne, Onufrius se rendit par Juliers à Aix-la-Chapelle, où il
s'arrêta quelques jours pour s'assurer que l'évêque et le peuple étaient
disposés à bien accueillir les avertissements du St-Siège. De là il alla à
Maestricht, où il vénéra les reliques de St-Servais. Puis il s'embarqua et
remonta la Meuse jusqu'à Jupille, où une foule nombreuse, accourue de
Liège, le reçut avec de grandes démonstrations de joie et l'accompagna
jusqu'au couvent des Chartreux. C'était un jeudi, 28 avril. (PICCOLOMINI,
dans DE RAM, *Documents*, etc., p. 373 ; ANGELUS et ADRIEN, *loc. cit.*).

(32)

Applicuit legatus aput Cartusium extra portas civitatis Leodiensis.

ponte intermedio (1), ductus est, occurrentibus e civitate omnibus utriusque sexus et status personis, humiliter pio fletu pacem et misericordiam implorantibus. Et facta ibi trium dierum mora ad ordinem et formam rebus agendis dandam, hæc in effectu gesta sunt. Convenientibus enim sequenti die in eum locum episcopo cum universo clero ac maxima civium multitudine, venerabilis sacre theologie doctor magister Robertus, Leodiensis ordinis carmelitarum (2), episcopi et civitatis nomine latino sermone, Alexander Baral (3) vulgari gallico, ac Jodocus de Marcha, officialis Leodiensis (4), omnium ecclesiarum et populi nomine, insignes habuere sermones et orationes ad rem ipsam congrue pertinentes, cognoscentes et fatentes eorum reatus et propter inobedientiam ad apostolicam sedem multa incomoda, calamitates et dampna fuisse perpessos; cujus sententie et mandatis, tam pontificis maximi quam ipsius legati, humiliter se parituros spoponderunt publicis documentis. Episcopo quoque cum eis et pro eis supplicante, genibus etiam flexis, veniam pro conmissis dari, interdictum sacrorum relaxari, clerum et populum a censuris absolvi, penitentiam salutarem injungi, ac sibi de omnibus inobedientiis, damnis et injuriis plene satisfactum esse publice affirmante; pro civitate Leodiensi et omnibus aliis opidis, clero et populo, qui sententiis et censuris apostolicis et aliis penis irretiti erant, usque ad integram satisfactionem omnium publico etiam documento promisit : inter quas una grandis obligatio extat octuaginta milium florenorum auri, in subsidium catholice fidei contra

---

(1) Sur la Chartreuse de Liège, voy. le P. STEPHANI, *Mémoire pour servir à l'histoire monastique du pays de Liège,* t. I, p. 64.

(2) Je n'ai pu me procurer aucun renseignement sur ce personnage.

(3) Alexandre Bérard, échevin de Liège. (Voy. le *Recueil héraldique des bourgmestres de Liège,* pp. 181, 182.)

(4) Josse ou Judoc, comte de La Marck, docteur eu droit, fut reçu chanoine de St-Lambert le 10 octobre 1444. (Voy. DE THEUX, *op. cit.,* t. II, p 247.)

(**33**)

Turcos convertendorum, civitatis et aliorum opidorum nomine
adimplenda. Conscripta sunt super his omnibus centum fere
et viginti publica documenta, ab opidis singulis legato tradita.

His apud monasterium Cartusiensium civitati proximum *Ingressus legati in civitate Leodiensi.*
summa celeritate peractis, legatus, ultima mensis aprilis die,
post meridiem, ingenti pompa et omnium populorum concursu maximo, in civitatem receptus, toto sibi assistente
patrum ecclesiarum cetu et universo clero, in ipsis civitatis
portis (1) interdictum sacrorum substulit et, quadam brevi
cedula que super hac re confecta erat publice lecta, relaxavit,
ac cum clercis (2) contumacibus, ut divinis interesse et ea ministrare possent, dispensavit. Sequutus est post hec illico omnium
civitatis campanarum sonus, que jam triennio fere siluerant,
aperta templa que per idem tempus extiterant clausa (paucis
admodum qui partes episcopi sequuti fuerant post devictam
civitatem, patentia); sequuti etiam magni sed pii et dulces ob
ingentem leticiam clamores et gemitus, ac tam frequens concursus et festa ut vix longo et diserto sermone exprimi possent, nunc obmictenda, aliis gravioribus explicandis intenti.

Celebravit episcopus sequenti die, prima maii, cum summa *Festa in civitate post legati ingres-sum.*
sollemnitate missam, que prima (saltim publice) fuit, et sacrum
Christi corpus circa ecclesiam et forum propriis manibus detulit, universo clero et populo sequentibus. Hoc idem sequenti
festo Pentecostes legatus egit, seniorum fretus consilio, ut
ferox populus, armis assuetus, frequenti religione mulceretur.

Hoc medio tempore, cum legatus una cum cleri et patrie
senioribus reformationi rerum et male ablatorum invicem
restitutionibus ac aliis particularibus rebus intentus esset, con-
veniebant successivis diebus ad eum episcopus et ecclesiarum
patres ac civitatis et opidorum patrie primates, plerique palam,

---

(1) Il s'agit probablement de la porte d'Amercœur. JEAN DE LOOZ, dans
DE RAM, *Documents*, etc., p. 56, donne *porta aurali cordis*.

(2) Lisez *clericis*.

multi vero clam de multiplicibus gravaminibus ultra superius
nominatis miserabiliter questi, asserentes qui litteras norant
hoc eis contingere quod Galliarum principibus civitatum apud
Cæsarem contigit, cum Ariovisti Germanorum regis, qui tunc
Gallias occupabat, sevitiam et potentiam extimescerent : querelas contra eum apud Cesarem facere veriti, non minus id contendere et laborare nitebantur ne ea que dixissent palam
enumptiarentur quam uti ea que cuperent impetrarent, pro-
pterea quod si enumptiatum esset summum in cruciatum se
venturos viderent; potissime autem inter eos Sequanorum
gravior miseriorque fortuna erat, quod soli nec in occulto quidem conqueri nec auxilium implorare auderent, absentisque
Ariovisti sevitiam velud (1) si coram esset horrerent (2). His ergo
exemplis promoti, licet plures palam apud legatum multiplices
querelas exponerent, alii se a juramentis metu prestitis absolvi,
alii vectigalium exactionem et solutionem interdici, omnes
vero unanimiter per legatum sibi mandari ut ab ulteriori
murorum demolitione cessarent instantissime postulabant ;
quos omnes blandis ut melius potuit verbis legatus compressit
animosque eorum confirmavit, hanc rem summo pontifici
Paulo cure esse magnamque spem habere se ducem in melius
multa moderaturum et suorum injurias represurum (5) cum
ipsius pontificis maximi sententiam et voluntatem intelligeret,
quam ejus nomine duci expositurus erat.

Recessus legati de Leodio versus Brugas. Impulsus igitur episcopi et cleri ac primatum civitatis et
oppidorum populi precibus et crebris requisitionibus, legatus,
octava die junii Leodio discedens, cum suis comitibus Brugis
proficiscebatur, sicuti etiam super hoc a duce scripta susceperat; sed multi diversarum nationum et voluntatum legato in
via occurrentes, ipsum variis persuasionibus a suo itinere

---

(1) Sic, pour *velut*. Ailleurs l'auteur écrit *aput* pour *apud*.

(2) Cæsar, *Bell. Gall.*, I, 31 et 32. Arioviste, roi des Suèves, vaincu par
Jules César vers l'an 59 avant Jésus-Christ.

(3) Lisez *repressurum*.

divertere nitebantur, firmiter asserentes in consilio ducis decretum esse in suis dominiis ipsum ut legatum recipi non debere, nec ducis conloquium sibi concedi si de Leodiensibus verba facturus esset; quibus per legatum responsum est se pro justis cleri et ecclesiarum Leodiensium querelis verba facturum, et si ut legatus non reciperetur, fines dominii ducis non ingressurum, sed illico rediturum ad eum qui se misit; quod tamen secum actum est, nam dux summo cum honore legatum Brugis recipi jussit, cum ipse levi infirmitate detineretur.

Triduana expectatione Brugis facta, legatus publice habito primum cum duce congressu, et demum seorsum diversarum rerum jussu pontificis maximi ei exponendarum, grato et dulci conloquio; cum tandem ad rem Leodiensem deventum esset, instabat dux ipse solus primo, postea etiam vocato suo cancellario, ut « que gesta erant apud Sanctum-Trudonem prius, tempore Philippi ducis patris sui, et demum per ipsum in civitate Leodiensi post eorum expugnationem apud vicum de Brüschen (1) Sancto-Trudoni proximum, superius enarrata, per legatum apostolica auctoritate suis litteris confirmarentur ».

Primum conloquium legati cum duce et ipsius petitio.

Ad que omnia legatus, cum diu ante prescivisset has futuras ducis petitiones et cum suis et multis aliis justiciam zelantibus de his etiam antea pertractasset, breviter respondit « se paratum esse omnia confirmare que conmuni partium consensu gesta essent aut imposterum gerenda forent, ad rem ducis pertinentia, videlicet securitatem patriarum suarum a Leodiensium incursionibus et omnium damnorum per Leodienses sibi vel suis inlatorum et inpensarum in proximis habitis bellicis expeditionibus integram satisfactionem, prout in superioribus conventionum scriptis continentur; rejectis tamen aut in melius reformatis omnibus articulis et punctis lesionem et prejudicium auctoritatis, jurisdictionis, dominii et proprietatis epi-

Responsio legati.

---

(1) Lisez *Brusthem.* Cfr. plus haut, p. 16.

scopi et ecclesie Leodiensis qualitercumque concernentibus, sicut in conventione apud Sanctum-Trudonem habita hec omnia excepta fuerant et summi pontificis juditio reservata; que omnia cum ad pontificis maximi Pauli notitiam per ducem ipsum deducta essent et ejus nomine confirmatio postulata, nedum pontifex ipse maximus confirmare recusavit, sed potius infirmanda fore consulto senatus reverendissimorum dominorum sancte Romane ecclesiæ cardinalium decretum est, in his que actingunt jurium Ecclesie lesionem : quod tamen pontifex maximus facere tunc distulit quoad dux ipse de his fieret certior, ne ipsum aut inclitam Burgundie domum offenderet; nec ex his ducem mirari aut moveri debere si Ecclesia quod suum est tueatur et repetat, cum omnia que ad ipsius ducis statum, securitatem et damnorum satisfationem spectant liberaliter offerat : maxime cum dux ipse in proxima civitatis Leodiensis expugnatione, per omnes ducatus Brabantie ecclesias publice predicari fecerit se in Ecclesie auxilium et favorem, jussu pontificis maximi, contra Leodienses arma sumpsisse et coegisse exercitum; multa vero nedum Ecclesie prospera sed adversa nimis et damnosa, preter et contra pontificis summi sententiam, gesta fuisse et quotidie fieri deteriora manifestium (1) est; gravamina quoque inferri maxima (que supra connmemoravimus) adversus clerum et populos, in honoris ipsius ducis offensam et contra ejus ut credunt voluntatem; que in melius reformari et demum confirmari sit necessarium, ut res diutius permansura sit et stabilienda perpetuo; nam in eo statu quo tunc essent Leodiensium res difficillimum et pene impossibile esse diutius posse consistere. » Hec legatus duci.

Responsio ducis.   His a legato intellectis, dux ipse paululum secum consistens, et demum cum suo cancellario brevi habito seorsum conloquio, hec breviter legato respondit « quantum ad rem Leodiensem spectant, intellexisse se que ab eo dicta essent; et

---

(1) Lisez *manifestum*.

quoniam res arduas valde in se continerent, eas ad suum consilium referri opportere: quod infra dies paucos acturus foret;
et gratum Deo, Ecclesie et pontifici summo responsum daturus».
Quamobrem duci per legatum gratiæ acte sunt, et ut quam
celerius fieri posset responsum daretur instanter petitum.

Supervenerunt interim due precipue morarum maxime
cause. Prima fuit maximus pompe nuptiarum apparatus. Illustris enim Margarita, Eduardi Anglorum regis soror, ipsi duci
jam nupta, ad proximum Brugis litus maris, navibus decem
et octo et magna utriusque sexus principum et nobilium multitudine comitata, jam venerat; que summo honore et pompa
suscepta fuit (1). Item, ingens belli apparatus et exercituum
coactio adversus Ludovicum, inclitum Francorum regem, qui
cum magno etiam exercitu in finem Piccardorum jam deve-
nerat, ducem ipsum ut suspicabantur invasurus; contra quem,
exactis nuptiarum pompis, dux ipse festinus occurrere properabat. Ob quas causas bimestre tempus effluxum est ad responsum legato dandum, allatis continue harum grandium
occupationum et impedimentorum excusationibus, et discussis
interim conventionum superiorum articulis qui lesionem
Ecclesie contingebant, corrigendis aut in melius reformandis.
Relata sunt hec omnia Leodiensi episcopo, qui Leodii erat, per
ipsius legati et aliorum amicorum suorum litteras; qui repente
ex Leodio Brugis venerabilem magistrum Riccardum Tronzi-
glion, canonicum Leodiensem, secretarium suum (2), ad legatum misit cum mandatis pluribus, sed precipue ut eum ad
Ecclesie sue tuitionem excitaret, et suscepti jam pii operis
prosequeretur effectum, ab eo etiam litteras ad legatum deferens: que quum ad rem ipsam maxime spectant, visum est
earum tenorem ad verbum inserere.

*Impedimenta res-
ponsi, videlicet
nuptie ducis et
apparatus belli
contra regem
Frantie.*

---

(1) Marguerite d'Yorck débarqua à Damme le samedi 2 juillet. Charles
arriva le lendemain à Bruges, où la cérémonie de mariage eut lieu.

(2) Richard Troncillon ne fut reçu chanoine de Liège qu'en 1472. (Voy.
DE THEUX, t. II, p. 289.)

Littera episcopi Leodiensis.

« Reverendissime in Christo pater, domine ac fautor hono-
» rantissime (1), cordiali reconmendatione premissa cum affe-
» ctibus obsequiosissime complacendi. Quam exultanti recepe-
» rim animo gratissimas v. r. p. (2) litteras, audita dissertissime
» (3) vestre benivolentie nedum laude digna verum etiam exac-
» tissima apud illustrissimum principem dominum ducem etc.,
» in rebus oportunis et juribus Ecclesie, civitatis et patrie mee
» Leodiensis atque conservatione jurium ad Ecclesiam ipsam
» pertinentium, ecclesiastice quoque libertatis observande
» diligentia, nequeo satis litteris exprimere. Redorque (4) non
» mediocriter actonitus qualiter tante dignationi vicissitudi-
» nem agam benemerite recompense quemadmodum optarem
» toto conamine gratis (5) cordis; quamvis autem inpresentia-
» rum prompta mea voluntas non sufficiat, ad condignum vita
» tamen comite gratus ero. Reverendissimam vestram pater-
» nitatem efflagitans salutifere caritatis ardentissimo deside-
» rio, quatenus paternis incepit affectibus incohata continuet,
» ac pro consequendis ad hec conducentibus oportunis insistat
» provisionibus atque remediis, velut ipsius vigilantissime
» sollicitudinis circumspectissima sagacitas et industria discer-
» tissima censuerit occurrendum ; quoniam et indies, non
» obstante mea possibili resistentia (que, quod dolenter refero,
» parvi penditur a plerisque), dietim ad ulteriorem demoli-
» tionem meniorum et turrium dicte civitatis et patrie proce-
» ditur, ac ad alia pleraque jurisdictionis et jurium prescri-
» ptorum prejuditia laboratur, atque gravaminibus gravamina

(1) Lisez *honoratissime*.
(2) *Vestræ reverendissimæ paternitatis.*
(3) Lisez *disertissime.*
(4) Lisez *reddorque.*
(5) Lisez *grati.* Le mot *conamine* est douteux.

» cumulantur, prout hec secretarius meus magister Ricchar-
» dus ipsi r. p. v. poterit latius declarare; ut etiam apud
» consiliarios domini ducis et dominum de Humbercourt
» instare dignemini, quatinus (1) vestre benignitatis durante
» prosecutione, ab ulteriori demolitione cessetur et aliis pre-
» judiciis ante actis, quoniam magis expedire videtur ut hec
» ab ipsis et disertissima v. p. quam a me ipso procedant;
» quibus, nisi per medium auctoritatis apostolice et occulatis-
» sime vestre prudentie viis congruis obsistant, non video
» quis alius pro currente qualitate temporis consolabitur vel
» tante desolationi nobilissime quondam Leodiensis ecclesie
» consulet, ne totali desolationi subjaceat et ruine. Hec itaque
» confidenter significo tanto presuli, cujus tam sinceram expe-
» rior operam utique necessariam, optatissimos cordialesque
» labores, quem ob hoc tam hujus Ecclesie quam patrie patrem
» et conservatorem convenit appellari. Cujus in his prosequen-
» dis vota dirigat Altissimus ille qui non deserit prosequentes
» opera pietatis. Ex civitate mea Leodiensi, mensis julii
» die xiiiᵒ.

    E. (2) *V. R. P. Ludovicus episcopus Leodiensis.*
    Manus (3) propria : Ludovicus. »

Cum finis julii mensis instaret et dux in Hollandiam proficisci pararet, quam nondum post mortem patris fuerat ingressus, accersitus a duce legatus, sperans sibi finale responsum et
finem gratum, rebus loquutis, dari aliter evenit. Nam dux
seorsum legatum rogavit ut post tam longam perpessam
moram non gravaretur adhuc Brugis decem vel quindecim
expectare diebus quoad ex Hollandia rediret, gratum in suo

Recessus ducis in Hollandium, dimisso legato Brugis absque responso donec redeat.

---

(1) Lisez *quatenus.*
(2) *Eminentissimæ?*
(3) Lisez *manu.*

reditu responsum daturus. Interim vero aliqua pontifici maximo Paulo per legatum scribi mandavit satis ardua, sicut et factum fuit.

Annuit ducis petitioni legatus, licet jam longa expectatione defessus animo, maxime cum satis intelligeret evidentibus signis et amicorum relatione ducem nihil de superioribus conventionum articulis inmutaturum; consensit tamen adhuc morari paululum potius quam re penitus infecta discedere. Nihilominus omnia pontifici maximo Paulo, primo per dominum Raymundum de Marigliano superius nominatum, ac demum per reverendum patrem Stefanum Trentinum, Lucensem episcopum (1), ad Urbem tunc ex Anglia redeuntem, verbo et litteris denunctiare curavit, scribens etiam pontifici maximo ea omnia que dux scribenda mandaverat post ejus a Brugis discessum. Sequenti die dux per domesticum familiarem suum legato dici jussit se non Brugis sed Bruxellis ex Hollandia rediturum, itaque non opportere expectare Brugis sed Bruxellis, que in recto itinere Leodium redeuntibus sita est. Quamobrem illico Brugis discedens legatus, cum suis Bruxellis profectus est, ducis ex Hollandia reditum expectaturus. Constituto tempore dux ex Hollandia Bruxellis rediens, cum exercitus Francorum regis ut suspicabatur ipsum urgeret, cum suo etiam grandi exercitu adversus regem exire properabat. Aderat tunc secum reverendus pater Karolus, archiepiscopus Lugdunensis et episcopi Leodiensis frater (2), a rege Francorum ad ducem pro pace tractanda missus; qui summo conatu ducem ipsum ab incursu bellico reprimere nitebatur, ostendens non contra ipsum sed ad alios fines exercitum regis esse coactum, quinymo Francorum regem paratum esse super omnibus controversiis que inter ipsum et Brittanie ducem, aut Carolum fratrem ejus, tunc Bituricensem nunc vero Aquitanie ducem, quoquo-

Reditus ducis Hollandia.

---

(1) Étienne de Trenti, évêque de Lucques.
(2) Charles de Bourbon, archevêque de Lyon.

modo vigerent (1), velle ducem Burgundie constituere arbi-
trum et cuncta sua (2) decisioni submictere; que cum dux, sive
diffidentia sive alia quavis ratione motus, omnino recusaret,
nihil apud eum Lugdunensis archiepiscopus perficere valuit,
licet tam ipse quam etiam legatus apud ducem et excelsam
ducissam ejus matrem multis super hoc exortationibus et piis
precibus institissent.

Cum rursus ad rem Leodiensem sermo rediisset et legatus
quid super illis dux decrevisset instanter expeteret, gratum ut
pollicitus fuerat responsum expectans, iterum « confirmationem
priorum tractatuum simpliciter ut stabant universum fere ducis consilium et demum dux ipse personaliter a legato summopere expectebant (3), nihil in his Ecclesie juribus adversum aut
dampnosum, sed utile et propitium esse firmiter attestantes;
et si qua in his inmutanda essent, inhonestum fore duci et suo
consilio aliquid inmutare, altera parte cujus interest absente,
cum ea gesta essent Leodii, presente episcopo et Ecclesie
patribus et totius patrie statibus ut moris est, nec posse ducem
ipsis absentibus cum suo honore aliquid innovare ». Ad hec
legatus, eadem fretus ratione, respondit « se cum suo honore
non posse approbare vel confirmare illa que conmuni consensu
acta essent, uno tantum confirmationem petente, aliis vero
tacentibus aut omnino ut melius possunt reclamantibus; quod
si episcopus et Ecclesie patres una cum patrie statibus, ut moris
est, hanc confirmationem petiissent aut peterent et jure juran-
do firmarent ea conducere ad Ecclesie statum et non dampnosa
existere sed utilia, se confirmationem minime negaturum, immo
prompto animo et hylari corde exibiturum simpliciter, nulla in-
mutatione in his facta ». Approbavit illico dux legati responsum

Rursus tractatum
de re Leodiensi
per legatum apud
Bruxellas et con-
clusive.

---

(1) Sur ces faits, consultez DE BARANTE, *Histoire des ducs de Bourgogne*, édit. de M. Gachard, t. II, pp. 280 et suiv.

(2) Lisez *sue*

(3) Lisez *expectabant*.

et eum bene et rationabiliter loqui attestatus, celeriter numptium ad episcopum Leodiensem qui Leodii erat evocandum ut
Bruxellis veniret transmisit. Quo post dies paucos adveniente,
cum multi sermones primo inter legatum et episcopum seorsum,
et demum vocato archiepiscopo Lugdunensi fratre suo, peracti
esset (1), tandem die decima mensis augusti dux cum legato,
archiepiscopus Lugdunensis et episcopus Leodiensis soli simul
in parvo cappelle ducis oratorio convenerunt. Quibus sic solis
seorsum stantibus, dux primo ad legatum conversus ipsum
interrogavit an in eadem sententia permaneret quam pridie
obtulerat, scilicet confirmaturum se auctoritate sua, ymmo
verius apostolica, ea que conmuni ipsius ducis et episcopi et
patrie Leodiensis consensu petita essent; quo rursum ut prius
dixerat affirmante, interrogavit dux episcopum quidnam ipse
responderet et an ipsius concordie confirmationem petere
vellet vel in aliquo contradicere. Ad hec episcopus paululum
trepidus respondit se cuncta peracturum que seniores Ecclesie
et status patrie Leodiensis, ut moris est, sibi recte consulerent.
Rursum dux paulisper conmotus ad episcopum : « Non parum,
» inquit, miror cur nunc tu et seniores Ecclesie tue sapien-
» tiores esse velitis quam tunc fueritis cum hec omnia apud
» Leodium agerentur, maxime cum vexatio que tunc aderat
» majorem vobis prestare debuisset intellectum; meminisse
» enim debes ea omnia apud Leodium tuis et tuorum precibus
» per me acta fuisse, veluti patriæ et Ecclesiæ tue ac tibi
» utilia, ad ferocem populum edomandum; nunc autem quid
» sibi velit aut unde prodeat hec ambiguitas vel exitatio (2)
» satis demiror ». Iterum episcopus ad ducem : « Intelligo,
» inquit, clarissime princeps, legatum jurejurando a nobis
» sciscitari velle an in his omnibus capitulis pure consense-
» rimus, et an omnia concernant Ecclesie honorem, utilitatem

Venit episcopus Leodiensis Bruxellis vocatus a duce.

Conclusio cum duce et episcopo, presente archiepis-copo Lugdunense per legatum.

---

(1) Lisez *essent.*
(2) Lisez *excitatio.*

» et libertatem; cum de his sub jurisjurandi religione adjurati
» fuerimus, utique necessarium erit ut veritatem exprima-
» mus ». Hec auditus, dux vehementer incensus et fere balbu-
tiens hec inter multa gallico sermone velocissimo protulit :
« Jam, inquit, intelligo has fore versutias et deceptiones
» Ludovici Francorum regis, cui mos est per protestationes
» rescindere postea que prius scripto et jurejurando statuerat
» et fuerat pollicitus. Ejus vestigia nunc sectari niteris, Ludo-
» vicus de Borbonio; sed sive confirmentur hi articuli sive
» non, parum mihi erit cure. Ego sententiam meam quam
» semel decrevi et recepta est, si quis eam violare temptaverit,
» hoc ense tuebor. » Et his dictis, apposita manu ad ensis
capulum, equos sibi adduci jussit adversus regem cum suo
exercitu profecturus. Stabant actoniti duo fratres Lugdunensis
et Leodiensis presules. Sed cum legatus verba ducis se non
intellexisse diceret, gallice et tam festine prolata, archiepiscopus
Lugdunensis primo, demum vero ipse dux eidem (1) legato
latino sermone interpretati sunt.

Quibus verbis intellectis, legatus ad ducem conversus : « Non
» male, inquit, loquutus est episcopus, gloriose princeps;
» patere ut episcopus, seniores Ecclesie et patrie nobiles super
» his libere suas sententias proferant. Permicte ut ipse et ego
» hæc ab eis seorsum sciscitemur et rem agamus. Firmiter
» spero hanc rem cum Dei et Ecclesie honore et sine tuo
» incomodo taliter perficiemus, quod merito gratissimum tibi
» erit; nam ex quinquaginta fere articulis quos ea pax con-
» tinet, decem vel duodecim tantum aliter reformandi et in
» melius inmutandi sunt, qui sapiunt Ecclesie lesionem; quos
» taliter ordinabimus quod comunis Ecclesie et tua justitia
» et honestas salva et inlesa manebunt. Et ut hoc gravius et
» maturius perfici possit, placeat tue celsitudini duos ex tuis
» consiliariis mecum et cum episcopo Leodium mictere,

Responsio legati ad ducem.

(1) Lisez *eadem?*

(44)

» nobiscum hec omnia tractaturos. » Quibus auditis, dux paululum secum consistens et vocato seorsum legato, hec breviter retulit : Non videri sibi nec conducere rei sue ut consiliarios suos Leodium cum eis mictat; nam si hoc ageret, facile extimari ab aliis posset ipsum a prioribus tractatibus velle discedere; sed ipse potius, ut comunis legatus, per se ipsum ab episcopo et clero apud Leodium intelligeret quidnam in eis articulis peterent corrigi vel reformari, et ea sibi nota faceret; sed nihil inmutaret eo inconsulto. Assensit legatus ducis voluntati et firmiter pollicitus est « ea omnia se diligenter acturum, et rediturum ad ipsum si eo tempore non longius abesset : nam fama erat ipsum in Gallias profecturum. Sin vero, duos ex canonicis Leodiensibus missurum ad eum ubicunque foret, cum suis et eorum petitis. Que ut benigne dignaretur accipere in Ecclesie favorem, supplex ducem legatus exoratus est.

Recessus ducis adversus regem. Hoc brevi sermone cum legato semotum habito, dux ab eo valefaciens, illico signa dari jussit, adversus regem cum suo exercitu profecturus; quem, licet recusantem et ob modestiam renitentem, legatus ad aliquot mille passus comitatus est, grato et multarum rerum suavi conloquio secum per viam semper habito. Sequenti vero die legatus cum episcopo ex Bruxellis

Recessus legati cum episcopo versus Leodium. simul recedentes, per Lovanios et Tungros vicesima secunda die mensis augusti Leodium reversi sunt.

Tractatus habitus in Leodio inter legatum, episcopum et capitulum. Congregatis omnibus Ecclesie patribus postero die in sacram beati Lamberti edem, presentibus legato et episcopo, notum eis factum est quid apud ducem actum esset et que conclusio habita per legatum, presente et absente episcopo; et quoniam res admodum grandis esset et ad jus Ecclesie maxime pertinens, requisiti sunt per legatum episcopus et ecclesie patres ut super ea graviter et recte consulerent quid agendum quidve confirmandum, infirmandum vel reformandum esset. Multis vero ex eis pre nimio timore tacentibus, aliis vero ambigue loquentibus et legato supplicantibus ut eos ad respondendum

super his non cogeret ne in majores inciderent calamitates, sed
ipsemet ex suo officio corrigeret que corrigenda essent, cum
satis notorie apparerent ea que concernerent juris Ecclesiæ
lesionem : intellexit legatus fide digno relatu aliquos inter
Ecclesiæ patres existere in ducis voluntatem pronos nec in
minimo quidem sibi contradicere ausos ; quorum princeps erat
Robertus de Molreaumeo, Leodiensis ecclesie unus ex archidiaconis (1) ; plures vero status Ecclesie zelatores, Deum timentes,
pro veritate loquendi cupidos, veritos tamen ne dicta eorum
palam foris ennunciarentur subsistere. Quamobrem legatus,
consilio etiam episcopi et aliorum plurium inductus, ab eo
prius et demum ab aliis jusjurandum exegit, prout astricti
erant in suarum susceptione dignitatum, et anathematis penam
ac alias canonicas censuras indixit ut quisque suum pro tanta
re liberum proferret juditium, neve palam efferret quod ab eo
vel aliis diceretur, sed secreti tenax esset. Re igitur sic peracta,
multorum voces libere prolate sunt, generaliter negotium
ipsum contingentes ; sed ut res ipsa majori gravitate et examine
perficeretur, deputatis sex canonicis auctoritate inter eos et
jure peritioribus, qui articulos ipsos diligenter inspicerent et
que reformanda in his essent ad Ecclesie restitutionem discu-
terent et examinarent, ac legato in scriptis traderent, octo
dierum spatium pro his exequendis petitum et datum est. Quo
adveniente ad legatum reversi, hos ei reformandos articulos
exibuerunt infra descriptos, quoniam ad rem nostram maxime
pertinere noscuntur ; qui etiam per magistrum Johannem de
Serannio, decanum majorem Leodiensem (2), paucis post diebus coram publico ejus notario ad manus legati traditi sunt
prout sequuntur :

---

(1) Robert de Morialmé. (Voy. DE THEUX, *op. cit.*, t. II, p. 270.)

(2) Jean de Seraing, doyen depuis l'an 1436. (Voy. DE THEUX, t. II, p. 235.)

Articuli reformandi
traditi per clerum
legato.

Articuli reformandi traditi per clerum d. legato.

« Ad primum articulum : videtur quod expedit quod judices
seu officiati dicti *les aloens* et *les six del fore* debeant remanere ad dispositionem solam reverendissimi domini Leodiensis
et capituli, quoad suos allodiales; quod sic debere fieri pre-
sumitur ex secundo articulo, per quem in abolitionem judicum
et officialium civitatis, illi de civitate debebant (1) restituere
cartas et privilegia sua, etc.

Ad secundum : transit, quia sortitus est effectum et quia
solum concernit civitatem et non prejuditium domini nec sue
Ecclesiæ.

Ad quartum, ex quo merum imperium dumtaxat in patria
Leodiensi spectat ad dominum Leodiensem, tam ex sentencia
pape quam alias de jure et antiquissima consuetudine : videtur
quod est solius domini Leodiensis approbare vel improbare
consuetudines secundum quas esset judicandum.

Ad quintum : non videtur transibilis prout jacet, nec de loco
nec de forma juramenti; sed videretur sufficere quod jurarent
in loco solito, videlicet capitulo Leodiensi, juxta antiquam formam; hoc addito quod nihil actemptarent aut judicarent in
prejuditium domini ducis et patriarum suarum Brabantiæ et
Limburgie.

Ad sextum : videtur quod de resorto in patria Leodiensi sit
in arbitrio (propter superiorem (2) et regalia) reverendissimi
domini Leodiensis.

Ad septimum : manifeste est gravis et in prejuditium Ecclesiæ,
cujus est jurisdictio, non opidi; et sic, propter malitiam populi
et inhabilitatem ejus, non debet Ecclesia pati jacturam in jure
suo.

---

(1) Lisez *debebunt*.
(2) Lisez *superioritatem*, souveraineté.

Ad nonum : restringitur per istum articulum facultas domini Leodiensis.

Ad xij^m : videtur expediens quod omnes pecunie que venient ex fermeturia remaneant pro rcedificatione viarum et pontium.

Ad xix^m : provideatur similiter de bonis personarum ecclesiasticarum prout de bonis ecclesiarum.

Ad xxij^m : videtur totus prejuditialis ecclesie Leodiensis, maxime in locis dominii comunis; et etiam quoad resortum, vel saltem similiter eximerentur loca patrie domini Leodiensis a resorto fiendo in patriis ducis.

Ad xxiiij^m : provideatur expresse per verba competentia ut soli contravenientes illi articulo, quoad guerram movendam et ligam faciendam, incurrant penam inibi descriptam, sine eo quod tota patria aut innocentes exinde puniantur aut impetantur. Quoad arma vero et instrumenta bellica facienda, provideatur etiam auctoritate et per medium domini. Leodiensis, veri domini patrie, quod fieri possint arma pro tuitione et conservationes (1) domini, cleri et patriæ.

Ad xxvj^m : videtur potius contra juris dispositionem et in prejuditium Ecclesie; sed constituatur defensor contra potentiam majorem requisitus, vel fiat perpetuum fedus inter dominum episcopum et ecclesiam Leodiensem.

Ad xxviij^m : quantum loquitur de advocatia, videtur dicendum ut in xxvj° articulo dictum est; posset tamen in casu federis (fedus non reprobant jura sed advocationem cum pluribus nominibus) pretacti aut defensoris ratio de pecunia haberi.

Ad xxix^m articulum : est nimium prejuditialis reipublice, nisi per successum fieret transitus et sine prejuditio locorum per que fiet transitus.

Ad xxxj^m, in fine, ubi mentio fit de advocatia : provideatur ut supra in xxvj° articulo.

Ad xxxij^m : provideatur, quoad demolitionem, ne ulterius ad

(1) Lisez *conservatione*.

illam procedatur; et quod civitas et alia loca patrie possint
taliter muniri ut dominus et clerus tute et secure possint Deo
servire atque evadere incursus hostium.

Ad xxxiiij^m: provideatur ut supra (1) scabinis Leodiensibus.

Ad xxxvij^m: provideatur ut supra tactum est in xxxij° articulo; et quod dominus Leodiensis possit dare licentiam defendendi arma (tam spiritualis quam temporalis hoc tangitur) (2).

Ad xxxviij^m: reservetur expresse totalis jurisdictio meri et
mixti imperii domini Leodiensis in loco de quo in articulo,
prout sententia domini pape continet et habere consuevit ab
antiquo; et quod idem dominus Leodiensis possit dare licentiam reedificandi. Addito quod delinquentes in Trajecto non
essent tuti in dicto loco et e contra.

Ad xlvij^m: addatur quod presens articulus locum sibi non
vendicet in his que essent prejudicialia in alia pace seu
tractatu. »

His articulorum punctis patrum sententia reformandis
legato exibitis, statutum est conmuni legati, episcopi et patrum
decreto, ut hi omnes in publicam formam scripto redigerentur,
et duo ex canonicis Leodiensibus micterentur ad ducem, juxta
recessum cum eo in Bursella (3) conclusive factum (qui tunc
apud Perronam, Piccardie oppidum, cum suo exercitu castrametabatur), ut eis visis, corrigi in melius pateretur sicut a patribus
reformati erant, sine suo incomodo et Ecclesie lesione. Sed, sive
iniqua Leodiensium sors sive alia quevis occulta hominibus
causa, Dei autem juditio et providentie nota, missioni huic
impedimentum attulerit incertum est; nam cum his duobus
canonicis deligendis et mictendis ad ducem ecclesiarum patres
intenti essent, numptii celeres undique ad civitatem advolant,
numptiantes Leodiensium exules (sive ut ipsi nominant fugi-

Sequitur ingressus exulum in civitatem et omnimoda rerum turbatio.

(1) Ajoutez *de.*
(2) Les mots entre parenthèse sont raturés.
(3) Lisez *Bruxella.*

tivos) maximo numero in Arduenam silvam civitati proximam
latitari, nocturnis predis et clandestinis spoliis ad eorum
victum necessarium perquirendum sollicitos, ac ut civitatem
.et alia oppida muris nudata ingrediantur intentos, conspira-
tione cum multis patrie incolis inita. Ad quos perquirendos
diversis locis exploratoribus missis, licet ob silvæ densitatem
et magnitudinem non inventos, canonicorum duorum deputatorum ad ducem recessum paululum retardavit.

Sancte (1) igitur hac delliberatione super correptione (2) **Adventus exulum ad civitatem.**
horum capitulorum et de mictendo duos canonicos ad ducem
juxta promissa sibi facta in Bruxella per legatum et episcopum
Leodiensem (qui dux tunc erat in Piccardia cum suo exercitu
contra exercitum d. Francorum regis), supervenit turbatio
maxima in civitate Leodiensi die nona mensis septembris,
legato existente in Leodio pro expeditione premissorum, et
domino Leodiensi in opido suo Trajectensi cum certis suis
nobilibus cum quibus celebrabat certas dietas more patrie
pro statu Ecclesie et dominii sui. Circa meridiem enim
ejus diei exules Leodienses facti per d. ducem in sententia
prædicta, qui erant in Francia et locis circumvicinis, assumptis
capitaneis illustri Vincentio de Buren(3), comite, et Joanne der
Wilde (4), milite de partibus Gelrie, Cosuino de Stralen (5)

---

(1) Lisez *Stante?*

(2) Sic, pour *correctione?*

(3) Vincent de Bueren, fils de Guillaume, sire de Bueren, et d'Ermen-
garde de Lippe.

(4) Ce nom est mal écrit : On peut aussi lire *de Riuilde*. Ailleurs,
Onufrius l'appelle *Dervild*. Philippe de Commines le nomme *de Ville*, et
Chapeaville (*Gesta pont. leod.*, t. II, p. 269) *Villanus*. Il s'agit de Jean de
Horne, dit le Sauvage (en flamand *de Wilde*), seigneur de Kessenich.
M. le baron de Chestret a consacré à ce personnage une intéressante notice
dans le *Bulletin de l'Institut archéologique liégeois*, t. XIII, p. 5.

(5) Les frères Eustache et Goswin de Straile étaient fils d'un ancien
bourgmestre de Liège. (Voy. le *Recueil des bourgmestres de Liège*, p. 148,
et le *Bulletin de l'Inst. archéol. de Liège*, t. XIII, p. 11.)

cum fratre, nobilibus Lossensibus, et quibusdam aliis,
intrarunt civitatem cum magno terrore omnium, cum vexillis illustrissimi d. regis Franciæ et signati crucibus albis
impectore (1) rectis, signo ut aiebant ejusdem regis in armis
consueto, adclamantes sermone gallico : « Vivat rex et france-
gios! » id est liberi Leodienses; quibus illico tota civitas adhesit,
interfectis aliquibus sibi contradicentibus, licet paucis, ad numerum sex vel octo infra (2) civitatem, fugientibus vero extra civitatem captis, et omnimodo interfectis aut submersis in Mosam
tanquam eorum hostibus, ad numerum (ut fama fuit et postea
signa apparuerunt) fere ducentorum. Et statim omnes utriusque
sexus in civitate existentes sumpserunt signum crucis albe
recte in pectoribus, prout exules reversi habebant. Qui primo
fuerunt trecenti numero, postea ad noctem usque ad mille,
demum singulis diebus centeni et milleni adaucti sunt, usque
ad decem milia, ex opidis et pagis et vicis finitimis, omnibus
officialibus civitatis, scabinis, locatenentibus ducis et aliis
nobilibus, equestribus et pedestribus, de civitate turpiter
fugientibus; qui si vel paululum restitissent, omnium judicio
compressissent impetum primorum et subsequenter sequen-
tium aliorum.

Exorto hoc tam magno turbine, accurrerunt ad monasterium
Sancti-Jacobi, ubi legatus morabatur, fere omnes curiales
forenses qui in civitate erant, metu mortis; inter quos dominus Gisbertus de Venrode, collector apostolicus (3), cum sociis
suis, quidam familiares reverendissimi domini cardinalis de
Ursinis et aliquorum aliorum d. cardinalium oriundi de
partibus inferioribus, quidam consiliarii domini Leodiensis
et nonnulli religiosi; quos omnes idem legatus protexit et
nutrivit usque ad eorum recessum. Et multis suadentibus ut

Fuga multorum ad legatum et aliquorum ab eo.

Ingressus exulum in civitate et modus.

---

(1) Sic. — *Crux recta,* par opposition à la croix de Bourgogne, qui était en sautoir.
(2) Lisez *intra.*
(3) Je n'ai trouvé ailleurs aucune trace de ce personnage.

legatus caperet fugam per Mosam, mutato habitu, quoniam
Leodienses exules, per censuras apostolicas et alias persequu-
tiones irritati, ipsum cum omnibus suis interficerent, et hoc
firmiter asserentibus; alii vero, et precipue monachi sacri
ejusdem monasterii, viri religiosi, contrarium affirmabant,
dicentes legatum non debere nec posse recedere sine periculo
suo et suorum omnium, nec se dubitare quin omnes cives
eundem sibi honorem exhiberent quem facerent s. d. n. (1) si
præsens adesset. Stante hac concertatione, et dubia sententia,
idem legatus retraxit se in ecclesia; et videns forum et pontes
fluminis plenos armatis, et sentiens pene omnes fugientes e
civitate fuisse occisos, nec palam nec clam sine manifesto
periculo posse recedere : convocatis omnibus suis et aliis qui
secum erant, declaravit eis se velle manere ; et si voluntas Dei
esset ut offendi debeat aut ledi, se preeligere offendi in hoc
sacro monasterio et suo habitu, quam in agris aut silvis ipso
mutato. Ad quam responsionem reverendus pater abbas Tui-
tiensis cum tribus sociis, et dominus Enricus de Lovenborch
doctor (2), qui secum a principio in Brugis et in Leodio semper
fuerant, et de fuga legato consilium dederant, dixerunt se velle
recedere timore mortis, veniam de recessu postulantes; quibus
legatus hoc solum respondit : « Fuistis mecum in gaudiis, nup-
» tiis et conviviis, et nunc in tribulatione receditis. Maledictus
» homo qui confidit in homine. Ite in pace. » Qui illico recesse-
runt. Sed in portis civitatis fuerunt capti; sed cogniti postea
pro familiaribus et amicis legati, liberati sunt a morte, sed
privati equis eorum omnibus ad aliquos dies, donec legatus
fecit eis restitui.

Inclinante jam ad occasum sole, antequam tenebre supervenirent visum est legato et aliis qui secum erant ut micterentur aliqui ad forum, jam repletum armatis, ad conloquium

Mictit legatus ali-
quos de suis ad
capitaneos exulum
existentes in foro.

(1) *Sanctissimo domino nostro*, c'est-à-dire : au pape.
(2) Guillaume, abbé de Deutz, et Henri de Lovenberg. Voy. ci-dessus,
p. 30, notes.

cum capitaneis et intelligendum quid intenderent. Igitur missis
duobus ex sacerdotibus cappellanis suis, una cum duobus religiosis monachis populo magis notis, quibus loqui mandatum
est in hac sententia : « Ipsos debere scire legatum esse in civitate et continuo tractasse et tractare concordiam universalem
totius patriæ, jamque esse deductam ad bonos terminos;
mirari sese de hac novitate et tam grandi tumultu; cupere se
scire qui essent, unde venirent, quæ esset eorum intentio. Si
tractatus concordie ipsis ingratus sit, et si presentia ejus in
civitate vel patria Leodiensi esset eis molesta, se libenter dis-
cessurum ad peragenda alia sibi negotia conmissa. » Quibus
nunptiis ab ipsis cum omni veneratione receptis, habito inter
se seorsum conloquio, hoc in effectu responsum est :

« Se esse cives et nobiles civitatis et patriæ Leodiensis, diu
jam a patria exules; jam se esse fame, siti et nuditate confectos,
nec posse amplius pati exilium ; rediisse ad patriam, domos,
uxores et filios proprios; intentionis eorum fore esse obedientes
sancte sedi apostolice et s. d. n. pape et persone d. legati
tanquam personam s. d. n. representanti, necnon ipsorum
supremo domino episcopo Leodiensi, pro quo bona, vitam
et corpora exponere parati erant; sed ut eximeret se ipsum et
eos ab intollerabili servitute, presentiam domini legati nedum
ipsis fore molestam sed gratissimam et summe necessariam;
ymmo si absens a civitate esset, ipsum super eorum capita ad
civitatem delaturos. Et quoniam intellexissent eum suspica-
tum fuisse de aliqua lesione vel offensa sibi vel suis inferenda,
declarare se dispositos ad supplicium de uno quoque sumen-
dum qui vel minimam injuriam domui vel familiæ ejus intu-
lissent. » Et hoc idem illico per duos ex primoribus civibus ad
legatum missis replicarunt, supplicantes ut in crastinum hora
ipsis capitaneis assignaretur qua omnes simul ad legatum
venire possent.

Consolati sumus omnes in verbis istis, et ipsis conlaudatis
de bono eorum proposito ad obediendum s. d. n. pape et
Ecclesiæ, obtulit legatus se efficaciter laboraturum ad impe-

trandam gratiam episcopi Leodiensis et aliorum principum quos desiderarent, dummodo in hoc bono preposito (1) persisterent, assignata eis in crastinum hora post missam veniendi ad eum.

Congregati in unum sequenti die post missam ad numerum forsan quadraginta ex principalioribus tam capitaneis quam civibus, venerunt ad monasterium Sancti-Jacobi, convocatis etiam per legatum aliquibus ex canonicis majoris et secundarum ecclesiarum monachisque ipsius monasterii, necnon reverendo p. d. Joanne Soreth, generali ordinis carmelitarum (2), qui paucis ante diebus Leodium venerat cum duobus sacre theologie magistris, uno Leodiensi, alio Britone: quos postea semper legatus pro interpretibus et predicatoribus ad populum et in locis oportunis semper habuit secum, una cum venerabili viro Joanne Altfast, decano Treverensis diocesis (3), cappellano suo, utriusque lingue gallice et germanice perito. Replicata sunt in effectu per legatum ea quæ dicta per monachos eis fuerant suo nomine, et ultra conmemorate strages et afflictiones et damna que antea passi fuerant ob similes eorum tumultuationes et potentia (4) principum cum quibus contendere habebant, d. generali prudenter omnia interpretante et efficaciter in sua lingua omnia bona suadente. Replicatum est per eos in effectu, responsum prius monachis datum, prolixiori sermone per os Amelii de Velrois (5), civis

Veniunt capitanei et primaces civium ad legatum.

Verba legati ad cives.

Responsio civium.

---

(1) Lisez *proposito*.

(2) Le bienheureux Jean Soreth, l'illustre fondateur d'une foule de maisons de son ordre, notamment de celle de Liège en 1457.

(3) Doyen de Mares, dit plus loin l'auteur (voy. p. 54).

(4) Lisez *potentiam*.

(5) Amel de Velroux, un des chefs des Liégeois révoltés, joua un grand rôle dans les faits exposés ici. (Voy. le *Recueil des bourgmestres de Liège*, p. 179, le *Bull. de l'Inst. archéol liégeois*, t. XIII, p. 9, etc.) ADRIEN DE VETERI BUSCO, col. 1333, assure que, le 1er octobre 1467, le légat, en l'absence de l'évêque, établit Gilles de Lens et Amel de Velroux bourgmestres de la cité. Cette particularité n'est pas mentionnée dans le *Recueil* susdit.

Leodiensis inter eos primo constituti; et insuper rogarunt legatum ut impetraret salvum conductum a domino Leodiensi pro
viginti personis ex ipsis, quia volebant ad ipsum accedere et
ea omnia in presentia legati eidem exponere; supplicantes
eidem legato ut non gravaretur ipse etiam accedere et secum
ipsos ducere ad d. Leodiensem, et impetrare pro eis gratiam in
patria remanendi, et ipsum ad civitatem suam redducere (1);
promictentes omnia se facturos que alii cives fecerant ipsis
absentibus, antequam reddirent. Que omnia legatus optulit
libenter se facturum et procuraturum, et illico misit ad domi-

Mictit legatus ad
episcopum. num Leodiensem pro salvo conductu, et ad exponendum
hæc omnia reverendum patrem abbatem Tuitiensem supra
nominatum, quem relaxari jam fecerat, et d. Joannem Alth-
fast, decanum in Mares (2), diocesis Treverensis, cappellanum
suum, et duos ex canonicis majoris ecclesiæ Leodiensis. Qui
euntes, redierunt in crastinum cum acceptatione dietæ per
dominum Leodiensem et pleno salvo conductu; et illico delli-
beratum est quod in crastinum bono mane disponerent se ad
iter legatus cum predictis viginti civibus Leodiensibus versus
Trajectum, ubi episcopus erat (3).

Suspitio contra
legatum. Cum sero jam esset et legatus disponi faceret res suas pro
recessu matutino, venit ad legatum quidam religiosus sibi satis
fidus et domesticus, significans sibi qualiter rumor erat in
civitate quod ipse recedebat animo non redeundi, et quod nisi
provideret de signis redditus (4), esset periculum alicujus futuri
scandali, forte rerum aut personarum, propter homines incor-
reptos (5); et ita verum esse apparuit de mane cum receddere

---

(1) Sic pour *reducere*. Et de même, à la ligne suivante, *reddirent* pour
redirent, etc. — Deux lignes plus bas, lisez *obtulit* au lieu de *optulit*.

(2) Lisez *Maris*. Mersch, dans le grand-duché de Luxembourg.

(3) Louis de Bourbon s'était retiré à Maestricht après la prise de Huy,
le 17 septembre 1467.

(4) Lisez *reditus*, et plus loin, *recedere* au lieu de *receddere*, *rediturum*
au lieu de *redditurum*.

(5) Lisez *incorrectos*?

vellent, quia proceres civitatis manifeste dixerunt legato quod
nisi promicteret bona fide prelati se redditurum, non permicterent ipsum receddere, sed potius soli irent: excusantes quod
omnino essent desperati si carerent presentia sua. Ob quam
causam prius famam fecerat legatus se velle ire per Mosam
cum quatuor aut sex ex suis tantum, dimissis omnibus aliis
familiaribus, equis et omnibus aliis bonis, preter admodum
paucis ad usum navigii et victus, prout fecit, data tunc eis
publice fide et promisso de redeundo; et ita fecit. Intrarunt
naves tres, unam legatus cum suis et aliquibus canonicis et
religiosis supranominatis, et alias duas cives cum sociis eorum, Recessus legati
cum civibus ad
episcopum.
stante universo populo utriusque sexus super ripas fluminis,
cum gaudio et lachrimis exorantes et acclamantes pacem.

Descendentes per alveum fluminis Mose, passim reperie- Mandat legatus se-
pelliri corpora oc-
cisorum.
bantur cadavera submersorum, lacerata ab avibus et canibus;
quare applicatis navibus ad ripas villarum supra flumen, vocari
ad se fecit legatus sacerdotes et curatos ecclesiarum villarum
vicinarum, mandavitque eis corpora sepellire, gratum opus
utrisque contendentibus.

Circa medium itineris inter Leodium et Trajectum, ad leucas Invaduntur naves
legati a dominis
castri de Argen-
teal.
duas ab utroque distans, est castrum Argental super lapide,
videlicet scopulum flumini iminens, cujus domini partim feuda
tenent ab episcopo Leodiensi partim a domino duce Burgundie (1). Qui videntes naves has tres per Mosam descendentes,
emissis machinis, bombardis et balistis contra nautas et naves,
pene perdiderunt legatum et omnes qui in eis navibus erant,
cum maximo omnium periculo, donec decanus Leodiensis et
alii canonici qui cum legato erant, clamantes designarent legatum cum suis esse, ad tractandum pacem cum episcopo et
civibus Trajectum descendere; vix eis credentibus, oportuit

---

(1) Voir une *Notice historique sur le château et les anciens seigneurs
d'Argenteau* dans Ernst, *Tableau historique et chronologique des suffra-
gans ou co-évêques de Liège*; Saumery, *Les délices du pays de Liège*, t. IV,
p. 55, etc.

ad proras legatum se demonstrare et ad terram naves subdu-
cere et cum eis conloqui de causa accessus; et sic transivimus
non sine timore et periculo. Quia vero opidum Trajectense
pro indiviso est episcopi Leodiensis et ducis Burgundie, non
fuit securus episcopus intromictere Leodienses in opidum,
propter Burgundos; sed ipse exivit ad conventum Fratrum
Minorum de Osservatione, prope Trajectum ad mediam leucam
fundatum in suo territorio Leodiensi (1), cum suis nobilibus
et consiliariis in multitudine copiosa; et ibi audivit eos et
respondit ut infra.

Petitiones Leodien-
sium ab episcopo.

Petitio Leodiensium fuit :

« Primo, replicatio eorum que in civitate legato dixerant,
ut supra narratum est, cum omni subjectione et humilitate,
genibus flexis et effusis lacrimis, concludentes et supplicantes
episcopo ut ad suam civitatem reddiret (2), ipsis veniam daret,
permicteret impatria (3) et in suis domibus permanere, se esse
paratos ad omnem obedientiam et subjectionem ut alii cives
promiserant et fecerant; et super omnibus stare judicio legati
et suo super quibuscunque dubiis emergentibus, salva semper
sententia s. d. n. pape, cui contradicere nullo pacto intende-
bant; sed multa fuisse facta preter illam sententiam, ipsis et
Ecclesiæ nimis gravia et insupportabilia, que reformari in
melius necesse foret. »

Responsio episcopi
ad cives.

Quorum petitionibus episcopus respondit in hanc sententiam, datis cedulis scriptis gallico et latino sermone :

« Primo, omnes exules qui redierunt, exibunt et recedent ad

---

(1) Il s'agit du couvent de Lichtenberg fondé en 1452 et appelé plus
tard *Slavanten*, nom qui paraît être une corruption du mot flamand
Observanten, sous lequel on désignait alors une certaine classe de reli-
gieux franciscains observant plus strictement la règle primitive (Voy. les
Publications de la Soc. hist. et archéol. dans le duché de Limbourg,
t. VII, pp. 68, 134, 140, 202.)

(2) Lisez *rediret.*

(3) Sic, pour *in patria.*

unum ex duobus locis eorum arbitrio, Aquisgrani vel Reken (1),
et dominus Leodiensis assecurabit eos in eundo, stando et
redeundo de dictis locis, usque ad certum conveniens tempus,
in bonis et personis; quo tempore medio, d. Leodiensis habebit advisamentum super impetratione gratiæ et remissio-
nis predictorum, medio domini legati, taliter quod predicti
rationabiliter habebunt occasionem se laudandi de ipso domino
Leodiensi.

Secundo, illi de patria Leodiensi qui junxerunt se prædictis
exulibus, dantes ipsis favorem, retrahent se ad loca sua pacifice cum eadem securitate, continuando opera et negotiationes
suas.

Tertio, postquam hec gesta fuerint et utrique retraxerint
se, venient omnes de civitate in campis, depositis vexillis et
armis quæ resumpserant, et ea omnia consignabunt ad manus
d. Leodiensis; et hoc facto, ipse intrabit civitatem suam Leodiensem ad beneplacitum suum et fruetur suis dominio et
jurisdictione sicut prius. »

Dans hinc inde cedulis in utroque sermone, d. episcopus
Leodiensis cum sua comitiva rediit Trajectum; legatus remansit in conventu Observantum (2) pro civium tutela et persua-
sione ad acceptandum petita, securitate data; quos omnes
legatus pavit, nullo audente ipsis necessaria ad victum ven-
dere. Durus visus est eis hic sermo; nihilominus populo hec
referri debere et persuaderi, tam per ipsos quam per legatum.
Suasit eis legatus ut redirent ad civitatem et petita populo
exponerent, et quantum possent ea persuaderent pro bono
pacis; ipse autem remaneret Trajecti cum domino episcopo
Leodiensi ad continendum ipsum ab invasione armorum, quoniam intelligebat multos apud ipsum esse incitantes eum ad

Confecte sunt ce-
dule hinc inde
super petitionibus
mutuis

(1) Aix-la-Chapelle ou Reckheim; cette dernière localité fait aujour-
d'hui partie de la province de Limbourg.
(2) Lisez *Observatium*.

prælium, magisque esse utilem pro nunc moram suam apud Trajectum quam in Leodio. Ex causa jam dicta cepere suspicari legatum non habere animum redeundi obtestarique eum ut cum ipsis reddiret (1), nec esse ausos reverti ad civitatem sine ipso, timentes suplicium et lacerari a populo.

Redeunt oratores Leodiensium ad civitatem soli sine legato.
Confortatus (2) est eos legatus ut irent sine timore et ut bono animo essent, disponerentque se ad bonum pacis et obedientiæ, ac jurejurando pollicitus est se redditurum si ita rectius cives judicassent, seque non remanere nisi ex causa jam dicta; itaque pluries persuasi, paulo post meridiem ascensis eorum navibus, reddierunt versus civitatem.

Capiuntur legati civitatis ab invasoribus castri Argental.
Circa principium noctis ecce nunptius celer ad legatum ex villa supra Mosam venit significans legatos Leodiensium esse captos a dominis de castro Argental, famamque esse ipsos aut submersos aut jugulatos esse. Quali tunc animo legatus fuerit quisque prudens consideret, maxime cum mane nunptius capitulorum ecclesiarum civitatis cum litteris ad legatum venerit significans « ob hanc causam in civitate maxime tumultuatum, alios vocare legatum proditorem, qui contra promissa non redierit. et cives passus fuerit capi et occidi, alios plures cucurrisse ad ecclesias minarique clericis et familiaribus legati qui in civitate remanserant, quod si hii mortui essent, aut si vivi et non relaxarentur continuo, se omnem clerum et familiares legati occisuros aut submersuros, ecclesias spoliaturos et combusturos ». Hæc suis licteris nunctiabant patres ecclesia-

Diligentia legati pro liberandis captivis.
rum tam legato quam episcopo Leodiensi. Hanc rem legatus indigne ferens, ut par erat, tam pro honore suo quam suorum familiarium et ecclesiarum periculo et salute, tres illico nunctios misit cum litteris, unum civitati et capitulis, alium ad castrum de Argental, tertium episcopo Leodiensi; civitati et capitulis hoc in effectu, videlicet : « dolens vehementer de hoc facto, excusans et offerens se ad redditum ad civitatem et

----

(1) Lisez *rediret*, et de même plus loin *redituram*, *redierunt*, etc.
(2) Lisez *conhortatus*?

agendum omnia que ex auctoritate sua cum justitia posset pro liberatione eorum, usque ad brachium seculare » ; dominis castri monens et mandans « ipsos relaxari et corrigi quod turpiter egerunt in dedecus legati et d. Leodiensis, sub quorum protectione et salvo conductu pro pace venerant : alioquin providere necesse erit per modos justitie et armo-rum non eis gratos, sed forte multum damnosos eis et patrie eorum » ; domino Leodiensi « ut provideret taliter quam honor comunis salvus esset et familiares legati et clerus non peri-rent ; quod si non faceret, non fore mundum a suspicione scitus hujus facti et proditionis, legatumque oportere providere modis quibuscunque posset pro eorum liberatione et honore suo tuendo et familiæ sue et ecclesiarum salute ».

His litteris acceptis a civibus et capitulo, mitigati sunt cives erga murmura in legatum, maxime cum intelligerent illos non esse mortuos. Episcopus autem, misso presidente consilii sui Burgundo, excusavit se « preter scitum et voluntatem suam hoc factum esse, nec se aliud posse, cum castrum ipsum esset feudum ducis, licet ville circumjacentes essent sub dominio suo ». Ad hec legatus respondit : « ipsum debere punire eos in feudis eorum sibi subditis, duos vero ex tribus fratribus qui apud ipsum in castris erant capere debere et punire aut legato tradere puniendos ». Quibus rebus intellectis et exami- Relaxantur legati Leodiensium. natis bene per suos, postquam (1) triduum relaxati sunt qui detinebantur, et legato per cives et clericos gratie acte. Accen-debantur utrinque animi ad prælium : episcopus ad invaden-dum civitatem, cives autem ad irruptionem ; sed precibus et reverentia legati permoti, supersederunt usque ad comu-nem (2) cum legato iterum conloquium. Sed neve episcopo, si tunc alterutrum factum foret, inruptio vel invasio... (3).

---

(1) Lisez *post?*

(2) Lisez *commune.*

(3) Cette phrase est incomplète. Il faut peut-être ajouter : *neve civitati profuisset.*

Tractatur de communi loco ubi legatus resideat.

Instantibus post hec maxime clero et populo Leodiensi ut legatus ad civitatem rediret, visum est legato et his qui cum ipso erant, ut antequam civitatem intraret, deputaretur aliquis locus comunis, munitus tamen et tutus, prope civitatem, acceptus ambabus partibus, ad quem legatus demum reddire et partes secum convenire secure possent, ex eo quia (1) nec consiliarii episcopi audebant civitatem ingredi, nec Leodienses ultra ad episcopum accedere, propter violationem securitatis et salviconductus proxime factam. Itaque conventum est et deputatus est locus monasterii monialium de Veteri-Vineto juxta Mosam, in medio itineris inter civitatem Leodiensem et Trajectum (2); ad quem xxª die septembris declinans legatus, consideravit una cum suis amicis locum non esse satis munitum ab invasoribus, nec etiam honestum inter moniales multis necessario habentibus convenire cum eo; itaque facta ibi mora diei unius, vocatus instanter a clero et bonis civibus Leodiensibus pacem affectantibus ut rediret in civitatem, persuasurus populo ut puncta tria illa tradita per episcopum civibus ad eum primo missis acceptarent (quod difficilimum fore asserebant, nisi ejus monitis et persuasionibus) : die xxjª ejusdem mensis legatus in

Revertitur legatus ad civitatem et loquitur populo.

civitatem regressus est, magna populi jocunditate et concursu utriusque status et sexus; et illico, vocatis primoribus civitatis, per illos religiosos theologos multis rationibus suaderi fecit « ut illa acceptarent; et si diffiderent de episcopo Leodiensi ne, armis eorum depositis, velit intrare (prout suspicabantur et asserebant) in manu forti et ore gladii in ultionem, se paratum dari facere per episcopum Leodiensem omnem quam peterent securitatem, quam sciebat episcopum libenter daturum pro

---

(1) Lisez *quod?*

(2) Vivegnis, commune à 8 kilom. de Liège. Sur l'abbaye des Bénédictines qui s'y trouvait, voy. *Les délices du pays de Liège*, t. IV, p. 50; STEPHANY, *Mémoires pour servir à l'hist. ecclésiast. du pays de Liège*, t. I, p. 59, etc.

bono pacis quam sumopere affectabat, honore suo salvo ». Ad
hec dixere « non esse se ausos responsum dare sine assensu
populi; qui si convocaretur in foro et hec publice dicerentur per
legatum, sperare se facile eis persuasurum omnia que vellet;
sed pro nunc non esse tutum sermonem facere de Burgundis,
sed de solo episcopo; illud autem postea fieri posse ».

De consilio igitur horum seniorum civium et canonicorum
omnium ecclesiarum qui in civitate erant et aliorum abbatum
et prelatorum et bonorum religiosorum, indicta est convocatio
populi de mane in platea ante ecclesiam Sancti-Lamberti (1);
quibus in maxima multitudine convenientibus, pleno jam
foro, legatus una cum canonicis indutis vestibus sacris lineis et
aliis prelatis et religiosis civitatis, in quandam domum in medio
fori ascendit et per fenestras ejus, per organum vocis venerabilis in sacra theologia magistri Roberti, ordinis Carmelitarum,
veri ejus interpretis, in hanc sententiam orsus est, licet lon-
giori sermone legato in aures ejus verba inferente, coram
universo populo :

« Nobiles et honorabiles viri, fratres et filii. Videtis quantos Verba legati ad
» labores et curas continuas substinet hic pater legatus, perso- populum.
» nam summi pontificis representans, pro salute vestra, pro
» pace et conservatione hujus civitatis et patriæ; amplectimini
» consilia ejus salubria, agite liberaliter que episcopus vester
» requirit pro honore suo et justa causa, ne deteriora sequan-
» tur; cogitate strages preteritas quas passi estis paucis elapsis
» mensibus, stantibus muris civitatis et opidorum et majori
» populi fortitudine et multitudine; nolite nunc fieri contuma-
» ces, reducti ad paucitatem et muris dejectis, et, quod deterius
» est, inter vos divisi; nolite provocare adversus vos iram
» principum vicinorum, quibus non potestis resistere, facti
» jam debiliores; cavendum vobis est ne hanc inclitam civita-
» tem ponatis in perpetuam ruinam et desolationem; » et multo

---

(1) C'est-à-dire : sur le Marché.

plura alia in hunc effectum : « quod si timerent ne, depositis armis, male tractarentur in ultionem sanguinis per episcopum, cogitarent et peterent quam ipsi velint super hoc securitatem, quoniam illico consequerentur; et si etiam (prout aliqui suspicantur et murmurant) vereantur episcopum hanc fidem violaturum, prout proxime factum fuerat, ex nunc legatum polliceri se omnes censuras et penas quas posset et ipsi peterent adversus episcopum fulminaturum et exequuturum, invocato seculari brachio si necesse fuerit; » et reliqua similia. Eadem in effectu replicarunt Judocus de Marca, canonicus et officialis Leodiensis (1), nomine patrum ecclesiarum, et Amelius de Velrois, civis Leodiensis, nomine primatum qui cum legato erant, licet aliqui ipsum redarguerent quod in sermone suo non excepit eorum privilegia et franchisias.

Seditiosi clamoribus turbant pacem. Ad hæc quidam ex plebe susurrantes, gallice aiebant tacite, prout vero interprete relatum est : « Hic legatus bona verba » habet : ipse verba solum ponit, nos autem jugulum et cer- » vices nostras; arma non deponemus et civitatem non exibi- » mus; si interficiamur in dolo, hic legatus non suscitabit » nos, » et multa similia. Accessit ad hec quidam filius Belial, qui cum primatibus civitatis erat in superiori domo cum legato, nomine Arfasot vel Clerfasot (2), et cum eo Conswinus de Stralem, nobilis, qui extento brachio et tensa manu, ad populum gallice clamans : « Estote constantes et firmi in libertati- » bus et franchisiis vestris, quas recuperastis in gladiis vestris, » nullius alterius ope vel presidio accedente. Vultis ne ita? » Acclamante universo populo : « Hui, hui, hui! (3) » Tunc legatus ad proceres qui secum erant : « Si de franchisiis loquendum

---

(1) Voyez ci-dessus, page 32.

(2) Je ne puis deviner quel nom liégeois se cache sous cette forme, évidemment corrompue.

(3) Oui, oui, oui!

» est contra sententiam apostolice sedis quam unanimiter ac-
» ceptastis, non oportet ulterius tractare de pace. Non enim
» se passurum aliquid detrahi sententie apostolice. » Ad hec
proceres « se non velle infringere apostolicam sententiam
quam semel acceptaverant, sed ultra illam sententiam multa
insubportabilia onera fuisse eis imposita per aliam legem,
que tollerare non poterant, sed emendari et corrigi oportere,
si pax perficienda sit ». Requisiti sunt ut responsum clarum
resolutive darent; tunc, inito inter se consilio, ad legatum vespere redeuntes hec responderunt ad petitionem episcopi :

« Ad primum articulum, ut exules civitatem exirent ad loca
deputata, etc.: ipsos non fore exules factos per sententiam
apostolicam nec per episcopi liberum judicium, sed per sententiam ducis, etc., ut clare apparet; que ipsos astringere non
potest, nunc maxime cum obedientiam episcopo parati sint
exhibere, juxta apostolicam sententiam, et ut alii cives et incole
fecerant ante ipsorum redditum; nec eis tutum esse ad alia
loca sub solius episcopi fide et securitate migrare, cum in ipsius
potestate non esset securitatem dare, multis eorum hostibus
episcopo non subditis apud eum manentibus et prevalentibus
ipso, prout proxime factum fuerat per dominos de Argental,
sub episcopi fide et securitate, captis civibus oratoribus; pro
honore tamen episcopi et reverentia, exules esse paratos trans-
ferre se in partem civitatis que est ultra Mosam (1), et ibi expectare donec per legatum et episcopum delliberatio fieret
super ipsorum restitutione. » Hec exules.

« Ad secundum punctum et tertium, qui comuniter omnes
contingunt de sequestratione aliorum patriotarum et deposi-
tione et traditione armorum et vexillorum : se non consensisse
omnes neque arma sumpsisse contra episcopum et patriam,
sed contra inimicos suos, patriam et ecclesiam opprimentes et
redigentes in perpetuam desolationem et servitutem; et ipsis

---

(1) Dans le quartier qui, aujourd'hui encore, s'appelle *Outre-Meuse.*

armis uti velle usque ad mortem in defensionem Ecclesiæ, episcopi, civitatis et patrie contra omnes hostes; pro quibus omnibus observandis se paratos esse ad legati arbitrium obsides
dare et episcopo omnem securitatem, si de ipsis suspicaretur
quod non oportebat; securitatem autem ab episcopo, eorum
domino, petere indignum eis videbatur, cum non possent nisi
litteràs petere securitatis, et hoc minus sufficiens eis videbatur
ex ratione jam dicta. Quod autem episcopus civitatem intrare
possit ut dominus, hoc justissimum esse; hoc se summe optare
supplicareque pro salute civitatis et patrie ut quantocius faciat,
nullamque esse aliam salutis spem; hoc sentiebant, judicabant
et supplicabant primates civitatis et ecclesiarum patres : ut
episcopus in civitatem rediret. Unum adebant (1) cives ut, postquam episcopus in civitate esset, benigne eos una cum legato
audiret super eorum oppressionibus et gravaminibus, salva
semper apostolice sedis sententia; in ingressu autem suo in
civitatem non duceret secum quosdam nobiles et alios cives, ad
numerum sexdecim, per ipsos nominatos, qui prioribus contentionibus aliquos alios cives, consanguineos aliquorum qui
nunc in civitate erant, privatim occiderant et alios summo
affecerant supplicio publice. Posse autem istos postmodum,
pacatis rebus, ad breve tempus in civitate redduci (2). » Hæc
summa responsi.

Iterum exivit lega-
tus de civitate ad
episcopum cum
responso.

Cum locus non esset mutue conventionis episcopi et civium
propter utrorumque diffidentiam et violatam pridie fidem,
subscepto in se onere tractatus pacis legatus, requisito episcopo, exivit ad tria milia passuum extra civitatem, ad parvam
curiam abbatis premonstratensis nomine Milmort (5); ad quam
etiam episcopus veniens cum suis consiliariis, proceribus et
nobilibus patrie cum suis gentibus ad numerum fere mille,

---

(1) Lisez *addebant*.
(2) Lisez *reduci*.
(5) Milmorte, village à 7 kilom. de Liège.

tractatum est de petitionibus episcopi et responsionibus populi. Suadentibus autem pluribus prelium civitati indicendum, ac uno quem ex civibus Leodiensibus ceperant appenso ad arborem proximam eo tempore quo legatus cum episcopo secretius conloquebantur, graviter eos legatus increpuit, demonstrans eis « paucos ipsos contra multitudinem desperatorum non sufficere; erant enim qui cum episcopo erant in totum forte tria milia peditum et equitum, cum tamen cives exteri jam aucti essent ad numerum decem milium; quorum decem contra viginti inruere non extimuissent obstinatione animi, vixque potuisse legatum cives continere ab irruptione. » Ad hec quieti animi facti sunt eorum, actumque est ut exules ultra flumen Mose se traherent, arma omnia et vexilla non episcopo sed legato traderent, de franchisiis et sexdecim extra civitatem dimictendis tacerent, cum ipsorum non esset legem domino suo imponere.

Regressus est iterum legatus in civitatem, persuasurus populo hec omnia per eosdem quos supra interpretes, longissimo et accurato sermone. Responsum est : « De armis et vexillis parati erant apud legatum in monasterio Sancti-Jacobi deponere, obsidesque quot numero legatus vellet pro fidei observatione tradere legato, mictendos ubicunque libuerit sibi ». Sed hoc legato et suis amicis non visum est cautum aut tutum esse, stante utriusque diffidentia et loco monasterii inmunito, cum ob parvam forte suspitionem exortam inter cives arma pro libito capere (invitis omnibus ex monasterio, legati residentia) potuissent, nullo prohibere valente sine mortis periculo; quod legato et omnibus suis prohibere volentibus iminuisset (1), et si permissi forent arma capere, non sine legat dedecore, injuria et querela justa multorum actum foret; sed ad hoc depositum tam grave fideliter conservandum oportere aliquam arcem munitam in qua legatus tute cum deposito permanere possit.

Redit iterum in civitatem legatus cum replicatione episcopi.

---

(1) Lisez *inhibuisset?*

« Ad alium vero punctum, de sequestratione exulum ultra
Mosam, prout prius obtulerant, acceptarunt; de gravaminibus
(ut aiebant) intollerabilibus, tacere non poterant; de sexdecim
illis civibus non reducendis, se nolle legem episcopo, eorum
domino, imponere, sed consulere ad obviandum scandalis,
quoniam plures sciebant in civitate fore quorum necessarii
et affines per illos fuerant morte (1) traditi, qui etiam si certo
scirent illico se supplicio afficiendos fore, non desisterent quin
data oportunitate illos vel eorum alterum interficerent. Itaque
se illos publice assecurare polliciti, privatim autem ex ratione
jam dicta impossibile fere (2); at ne videantur domino suo
legem imponere, suo arbitrio hoc relinquere; suasisse autem
quod melius eis visum est. » Erat omnium sententia, seniorum
et patrum Ecclesie, ut episcopus hos pro nunc in civitatem non
reduceret, prout alias illustris ducis Burgundie juditium fuit
et suis litteris visum est, ne privata affectio publico bono ante-
poneretur, hancque alias fuisse aiebant dissidii causam in prioribus preliis.

Exivit iterum lega-
tus ad episcopum.

Exivit iterum legatus, convocato episcopo et suis ad locum
vocatum Leers (3), fossis et aquis munitum, prope Tongris,
suadens ei ex omnium seniorum et patrum Ecclesie comuni
sententia et supplicatione, pro civitatis et patrie salute, ut has
conditiones acciperet, civitatem ut pastor intraret, quoniam
oves inveniret, non ut invasor, ne terreret aut irritaret eos
quos ad suam voluntatem habere posset. Repertus est episcopus durior solito, ob quam adhuc nesciebatur causam; quin
imo, existentibus legato et episcopo intra arcem cum suis
consiliariis in secretiori conloquio, gentes episcopi civitatem
agresse, civibus quoque inruptionem facientibus : inito levi
prælio et paucis hinc inde occisis, gentes episcopi terga dare

(1) Lisez *morti.*
(2) Lisez *fore..*
(3) Liers, village à 6 kilomètres de Liège.

coacti sunt; increpitoque graviter episcopo quod stante pacis
tractatu concursus ad prælium per suos fieret, legatus re
infecta ab eo discessit, episcopo se excusante preter scitum
et voluntatem suam id esse factum. Abibat legatus indignans
propter rei novitatem, jurgatus episcopum : « si prelium
cupiebat, quid oportebat derisorie tractatum pacis tenere? »
luce clarius sibi demonstrans « nisi populum ab irruptione
continuisset legatus sub spe concordiæ et hoc pacis tractatu,
jam deties (1) suos omnes fuisse perditos aut interemptos
velut oves a lupis, irruptione per populum facta; seque
amplius nolle frustra pro pace laborare ». Cum paululum
legatus processisset obequitans versus civitatem, episcopus ad
eum misit duos ex primoribus suis, cancellarium suum et
presidentem consilii Borgundum (2), per quos sibi dici fecit
« episcopum velle omnia facere que legato viderentur, obsides
nolle petere ut majus civibus illis testimonium fidutie episcopo
foret, arma ut deponerent in propriis domibus et inermes
obviam in campis episcopo procederent, de franchisiis et
sexdecim extra demictendis pro nunc tacerent. Hac lege se in
civitatem ingredi paratum cum suis armatis. »

Etsi conditiones satis ambigue et non omnimodo faciles
legato viderentur, nihilominus, ne aliquid ommicteret ad pre-
fectionem (3) pacis, iterum Leodium reversus est, reperitque
prope civitatis portas gentes episcopi cum civibus preliantes
inter duos colles, aliosque aliis locis sagittis se impetentes :
quos legatus quiescere parumper rogavit et jussit donec transiret, sicque prelium illa die sedatum est, mirantibus cunctis

Redit iterum ad civitatem legatus et loquitur populo.

---

(1) Sic, pour *decies.*

(2) Le chancelier de Louis de Bourbon, à cette époque, était probablement Herman d'Odeur ou d'Elderen, cité plus loin. Son frère Godenoel
lui succéda en cette même qualité, en l'année 1480. (Voy. DE THEUX,
op. cit., t. IV, pp. 224 et 247.) Quant au président du conseil privé, il
en a été fait mention plus haut, p. 22.

(3) Lisez *perfectionem.*

in civitate quod stante pacis tractatu prelium inire presump-
sissent.

Convocatis igitur primatibus civitatis, ecclesiarum patribus
et universo populo, sermonem ad eos legatus efficacissimum
habuit, eisdem interpetribus et officiali episcopi in vulgari gallico populo exponentibus « quoniam inito inter se consilio
omnia acceptarunt, submictentes se legato cum consilio capituli
super omnibus aliis controversiis, excepta et salva semper
apostolice sedis sententia ». Hec omnia in scriptis redacta sunt

Responsio civium. et episcopo missa. Consilium tamen commune omnium erat
« ut illos sexdecim secum non introduceret episcopus in civitatem; quod si episcopus pacem cum subditis suis inire recusaret et Burgundis perseveraret inherere, in confusionem
suam et Ecclesie omnimodam perditionem; supplicavere populus universus et multi ex clero ut legatus censuras canonicas
in episcopum promulgaret editas contra alienantes jura ecclesiarum suarum, ac ipse, auctoritate apostolice sedis, nomine
s. d. pape gubernacula civitatis et patrie in se sumeret, populum
ab oppressionibus iniquis tueretur, invocaret auxilia finiti-
morum principum qui, a legato per simplices litteras requisiti,
in eorum auxilium venire desiderassent, fulti sedis apostolice
auctoritate, donec s. d. n. de his advisatus aliter disponeret ».
Multi enim ex finitimis Germanie et Galliarum principibus per
religiosos viros legato se offerebant celeriter et prompte Leodium venturos si a legato requirerentur, et eadem faciebant
civibus intimari; quibus per legatum gratie acte et oblationes
grate suscepte, cum oportunum fuerit eorum auxilium et
presidium.

Exivit iterum lega- Opinantibus jam cunctis omnes difficultates fore sedatas
tus ad episcopum pacemque procul dubio conficiendam, episcopum in civitate
deputatus in locum regressurum (ut omnes ecclesiarum patres suis apud eum lit-
conventionis. teris supplicarunt) die xxvi[a] septembris, iterum una cum pluribus canonicis et religiosis exivit legatus ad monasterium
monialium de Veteri-Vineto, prima vice pro conmuni loco

deputatum; ad quem vocavit episcopum cum consiliariis suis, inter quos non obmicteret ducere presidentem cum cancellario, qui ex parte episcopi loqui legato fuerant in recessu de Leers (1). Cumque legatus in monasterio cum suis esset episcopum expectans, septima hora post meridiem hoc ab episcopo responsum accepit :

« Reverendissime pater, etc. Adixeram (2) nocte preterita *Lictera episcopi per*
» me deliberaturum super cedula subditorum civitatis mee *quam conloquium*
» Leodiensis per v. r. p. (3) mihi porrectam. Verum cum *recusat et concordiam.*
» paulo ante dominus meus frater et consanguineus dominus
» dux Burgundie, suis scriptis et demum ipsa (4) continuando
» in instanti (5) mihi propalaverit onus recuperationis civitatis
» mee suscipere velle, ac pro eadem (cum rem ipsam ad
» extremum deducere cupiat) destinare suos ad me pro præ-
» sidio capitaneos cum armatorum comitiva, dominum videli-
» cet Cimacensem (6) et alios, quod dolenter refero, quia quod
» verebar accidit; et sic cedulam ipsam acceptare nec possum
» nec valeo. Reverendissime in Christo pater et domine mi
» singularissime, valete in domino nostro Jesu-Christo. Ex
» villa mea de Fex (7), mensis septembris die xxv.

LUDOVICUS vester, etc. »

His litteris receptis in tenebris noctis, conmoti sunt animi et *Interruptio tracta-*
ipsius legati et omnium qui cum ipso erant, tanquam rupto *tus pacis.*
omni pacis tractatu; datoque per legatum jurejurando ne quis
hæc civitati renunciaret, quoniam nullum erat dubium cives

---

(1) Cf. ci-dessus, page 66.
(2) Lisez *Addixeram.*
(3) *Vestram reverendissimam paternitatem.*
(4) Lisez *ipse?*
(5) Sic.
(6) Jean de Croy, seigneur de Chimay.
(7) Fexhe-le-Haut-Clocher, village de l'arrondissement de Waremme.

inruituros ad prelium contra exercitum episcopi si hæc rescis-
sent, cum proximus civitati esset, inito per noctem consilio,
legatus cum suis summo diluculo Trajectum per Mosam descendit, animo ibi vel Aquisgrani, opido imperiali insigni proximo, permanendi, rei eventum expectaturus; sed consultum
esse (1) visum legato et amicis suis ut ante recessum suum
cum episcopo conloqueretur, saltim (2) ad extremum valefa-
ciendum. Igitur legatus, misso ad episcopum publico numptio
armis summi pontificis Pauli insignito, cum litteris hæc in
effectu continentibus, « ut postquam omnino dispositus erat ad
prelium tractatumque pacis recusaverat, nec dignatus fuerat
ad monasterium Veteris-Vineti pro dietis deputatum accedere,
designaret saltim legato locum aliquem alium ad quem conmode convenire ambo possent ante legati recessum versus
Alamaniam, pro finali conloquio, paratum se illo accedere nec
ipse gravaretur venire ». Ad hec episcopus paululum erubes-
cens quod pridie venire recusaverat, respondit « se paratum
venire ad loca alia ipsi legato libita magis tuta, designavitque
locum quem accole vocant Millem op den Drieschi (3) ».

Conveniunt iterum legatus et episco- pus. Summo diluculo ex Trajecto legatus cum ecclesiarum patribus supra nominatis recedens, que fuit dies mercurii xxviij
mensis septembris, venit ad locum Millen, in quo reperit episcopum sibi obviam procedentem fere cum toto suo exercitu;
accensoque ingenti foco in atrio case proxime propter inten-
sum frigus et gelu, circumstantibus ignem cum legato et
episcopo et eorum consilio, decano Leodiensi Joanne de
Quercu (4), canonico per capitulum cum legato deputatis, ac

(1) Lisez *est?*
(2) Sic, pour *saltem*, et de même plus bas.
(3) Millen, village à 6 kilomètres de Tongres. *Op den driesch*, littérale-
ment : sur la pâture. *Driesch* désignait une pâture dans un terrain sec,
par opposition à *broeck*, indiquant une prairie humide.
(4) Jean de Chesne ou de Herve. (Voy. DE THEUX, *op. cit.*, t. II, p. 263.)

pluribus aliis canonicis et ecclesiarum patribus, nobilibus quoque et armorum capitaneis in copiosa multitudine, in hanc sententiam legatus exorsus est, ad episcopum et suos verba lirigens :

« Extrema jam dies adest, reverende ac venerabiles patres vos- que insignes viri, aut optate pacis (quam Deus nobis donet!) aut perpetue desolationis inclite civitatis et patrie Leodiensis, certe lugende (quam Deus avertat !) Ommicto replicare dis- cordias, bella et clades pristinas, quas utrinque passi estis, quia eque vobis et mihi nota sunt. Sanctissimus dominus noster Paulus II, pontifex maximus, summe pius et clemens paci universi orbis jugiter intendens, misertus calamitatum patrie hujus, misit me (licet insufficientem et minimum inter suo assistentes lateri) ut primo animas eorum et vestras sua pietate et auctoritate ab eterna damnatione eriperem, prout, reverende pater, tuis et aliorum precibus victus feci, nullo vobis onere injuncto. Demum, cum frequentibus querelis tuis et clericorum tuorum ac totius patrie fletibus gravamina intollerabilia, demolitiones murorum, occupationem domi - nii et jurisditionis ecclesie Leodiensis intelligerem, tuis et ipsorum precibus ductus, ad illustrem principem Carolum Burgundie ducem accessi Brugis; apud quem et suos tribus mensibus quas curas, sollicitudines, labores, exortationes habuerim, partim te presente, tu et ipsi (1) optime nosti. Meminisse potes et debes que verba fuerint Bruxellis in parvo oratorio ducis, inter ipsum ducem, te et me, presente domino archiepiscopo Lugdunensi, germano tuo, et quid ibi conclusum fuerit pro recessu nostro; et, postquam a duce simul rediimus Leodium, quid secrete tractatum sit in capi- tulo inter patres majoris ecclesie, presente te et me, igno- rare non potes. Demum, postquam hi qui erant a patria exules ingressi sunt civitatem, quas curas, quos labores

Sermo legati ad episcopum.

(1) Lisez *ipse*.

» sumpserim corporales, et maxime in quatuor dietis more
» patrie proxime celebratis, ut vos a bello reprimerem, ipse
» vidisti et omnes qui tecum sunt : reduxi furentem populum
» et omni pene pacis spe destitutum ad eas conditiones quas
» ipse petiisti : quod neque ego nec tu neque patres ecclesie
» unquam putassent, litteris tibi per me traditis. Cum omnium
» spes jam firma esset future pacis et jocundi ingressus tui in
» civitatem (qui solus omnium patrum sententia summe neces-
» sarius judicatur pro ipsius civitatis et patrie salute ac pro his
» omnibus feliciter conlùdendis), te cum tuis ad monasterium
» Veteris-Vineti convocassem, venire recusasti, ymmo te non
» posse scripsisti nec valere acceptare cedulam ipsam subdi-
» torum tuorum, rationabilem satis, per me tibi tradditam (1),
» quoniam illustris Burgundie dux, frater et consanguineus
» tuus, tibi scripsit se suscepisse onus recuperationis civitatis
» tue ac, pro ea re ad extremum deducenda, certos capitaneos
» cum gentibus ad te mictit. Hic est tenor litterarum tuarum.

» Satis superque admirari non desino quid tantum exercitum
» conmovere et expectare oporteat ad recuperandam cum
» multo sanguine civitatem quam tu non perdidisti vel amisisti,
» etsi perdidisse te putas : solus, jocunde, sine bello, cede vel
» sanguine recuperare potes ; imo, si exercitum expectaveris,
» penitus et in eternum ipsam perditurus es, nunquam eam
» habiturus amplius aut visurus. Scio quid loquor et satis jam
» intellexi, si exercitus ducis iterum venerit, qua sit intentione
» venturus : videre jam videor tetrum vaporem ascendentis
» fumi incendende, proh dolor! civitatis tue Leodiensis ; quod
» atrox spectaculum nec videre possum nec volo, trans Mosam
» in Germaniam abiturus. Quod si te illud spectare delectat,
» procul dubio proxime visurus es ; et si hanc appellas recupe-
» rationem, certe non recte sentis et vehementer erras. Ego
» ab apostolica sede et s. d. n. Paulo II, pontifice maximo, et

_____

(1) Lisez *traditam*.

» pro tue Ecclesie defensore ex causis jam dictis missus sum,
» et ut jura, dominia, libertates et regalia Ecclesie tue Leo-
» diensis tibi vel perdita restituerem, vel acquisita conserva-
» rem, subditos tuos tibi aliquando rebelles Deo prius conci-
» liarem et ad tuum justum imperium et bonam obedientiam
» reducerem, pacemque inter te et ipsos componerem et
» auctoritate apostolica roborarem, partemque concordiam
» recusantem censuris oportunis compellerem, invocato si
» opus fuerit seculari brachio prout ex sacris rescriptis aposto-
» licis (quorum exemplar apud te est) satis intelligere potuisti.
» Si quid autem inter te et subditos tuos ex una, et aliquem
» vel aliquos principes seculares ex alia, tractandum et firman-
» dum sit, hoc subsequenter non principaliter agi oportet :
» quod facillius una tecum quam solus egissem et agerem si
» in civitate mecum esses, cum paulo durius ad omnia que
» illustris Carolus Burgundie dux sua lege indixit conduci
» nunc possint, posse autem indies facilius tua et mea exorta-
» tione conmuni. Horum omnium majorem jam partem feci,
» et quod residuum est perficere paratus sum, ipsis etiam
» petentibus. Si ex aliorum principum secularium judicio
» pendes, qui predam et sanguinem tuarum ovium sitiunt, ut
» pacem oblatam et obedientiam acceptare vel nolis vel non
» possis, quid per me amplius fiendum sit certe non video,
» nisi ut vel abeam ad alia mihi conmissa peragenda negocia
» in Germania et Gallia, vel ultimam facultatis mihi tribute
» partem accipiam ut te ad illum amplectendam et conser-
» vandam compellam Judicassem profecto, cum primum ad
» patriam tuam veni, penis te canonicis inretitum qui (1)
» sanciunt episcopos, dominia, bona et jura Ecclesie sue secu-
» laribus sponte tradentes et submictentes, ab administratione
» spiritualium et temporalium triennio fore suspensos, nisi
» ex verbis et licteris tuis et querelis frequentibus intellexis-

(1) Lisez *que?*

» sem te his sponte non consensisse, immo tacite cum tuis
» fidelibus per publica documenta contradixisse, metuque
» majoris mali contra voluntatem tuam desse (1) litteras sigil-
» latas; evasisti canonicas penas, vel cohacto consensu vel
» certe contradictione tali privata, licet non libera; si iterum
» consensis, non dubites eisdem te et tuos penis inlaqueatum,
» publiceque denunctiari per me potes, te in illas incidisse
» penas. Sed hoc forte summi pontificis judicio salubriori
» reservabo, vel forte, si id consultius videbitur, sapientibus,
» quos evocabo. In insigniori loco constitutus, pro justitia et
» pace conservanda non obmictam facere, nisi forte justam
» causam allegaveris cur id fieri non debeat : quam ex te nunc
» intelligere cupio. Volui hec palam coram te et aliis hic pre-
» sentibus, hoc loco dixisse, pro conservando honore apostolice
» sedis, s. d. n. et meo, et ut totus mundus intelligat pios
» labores et curas pontificis maximi Pauli II et meos ad per-
» ficiendam et stabiliendam perpetuo pacem; deosque et
» homines, celum et terram testes invoco, nec per me neque
» per subditos tuos, sed per te solum et amicos vel consiliarios
» tuos malos, restat et repugnat quominus optata pax fiat. Ecce
» si quid ex officio legationis mee agendum per me vides ad
» perficiendam pacem, dic, et me paratum semper videbis.
» Veni enim pacis auctor, non prelii persuasor. Quod si bellum
» desideras, hoc me presente non ages. Vale et Deus juditium
» suum tibi det et mictat tibi auxilium de sancto. Moneo, rogo
» et requiro vos omnes notarios et scribas hic presentes ut de
» his que per me dicta sunt ad eternam memoriam publica
» documenta conscribatis. »

Confirmant patres verba legati. Continuo episcopus et omnes fere qui aderant effusi in lachrimas, stupidi exitabant (2) quid dicerent aut agerent; judicatumque est a sacris et religiosis viris legatum non suo spi-

(1) Lisez *dasse.*
(2) Lisez *exstabant,* ou *excogitabant?*

ritu sed quadam superna inspiratione fuisse loqutum, ita ut
quidam religiosus sacer carmelita illico coram astantibus
dixerit : « Facula ardens, non lingua carnea loquta est ».

Provoluti ad pedes episcopi cum maximis lacrimis, decanus
majoris ecclesie Joannes de Quercu, canonicus, et alii plures a
patribus ecclesiarum cum legato missi, supplicabant humiliter
proni in faciem « ut episcopus verba legati diligenter actenderet
et mente revolveret, nullamque esse salutis spem civitatis et
patrie nisi ut ipse civitatem ingrederetur, pacem cum suis
subditis habiturus et ad misericordiam et gratiam eos recep-
turus ». Segregati sunt flentes episcopus et primates sui, ad
numerum fere centum, in proximum cubiculum, ad unius hore
spatium, multa inter se agitantes, legato cum patribus illis ante
ignem erectis pre nimio gelu, interim pane et vino se reficien-
tibus.

Exivit episcopus post longum consilium cum suis habitum, et
hec in effectu breviter legato respondit: « Licet, reverende
» pater, scripserim me non valere nec posse acceptare cedulam
» ex parte subditorum meorum mihi per v. r. p. traditam, ex
» causa quam scripsi, ob litteras ab illustri duce Burgundie
» per me receptas : quia tamen juditium vestrum aliter suadet,
» cui obtemperare magis debeo et reputare pro precepto,
» precibus quoque collegiorum ecclesiarum mearum inductus
» et flexus, ecce paratus sum civitatem meam ingredi die
» veneris proxime futura, in prandio, que erit ultima septem-
» bris. » Rogavitque ad partem instanter legatum ut ad civitatem reverti vellet et ordinare ut subditi sui cum debito
ipsum honore, reverentia et humilitate reciperent, de reliquis
postea simul tractaturi cum in civitate fuerint; et super omnibus simpliciter se submisit legati ordinationi. Legatus, etsi
ab (1) violatam alias fidem nullo modo in civitatem reverti
statuisset sed in propinquo aliquo loco morari, adhuc tamen,

Responsum epi
scopi.

_____

(1) Lisez *ob.*

ob bonum pacis et stragem evitandam, consensit in civitate regredi velle; sed episcopum requisivit ut hoc propositum suum in scriptis daret: qui iterum cum suis consilio seorsum inito, ad legatum paulo temporis intervallo rediens, hanc ei parvam cedulam tradidit :

Cedula.

Cedula episcopi firmata manu propria.

« Contemplatione reverendissimi d. legati et Ecclesie sue
» Leodiensis favore, disponit se dominus Leodiensis intrare
» civitatem suam die veneris proxima, circa prandium; et su-
» per singulis stabit dictus dominus Leodiensis ordinationi
» r. d. legati, salva sententia sedis apostolice ac sine prejuditio
» domini ducis Burgundie.

Manus (1) propria : LUDOVICUS. »

Preparatus civitatis ad recipiendum episcopum.

Regressus illico in civitatem legatus una cum illis qui secum fuerant patribus ecclesiarum, tanta fuit omnis sexus et etatis concursus populi et exultatio cum jocundis clamoribus et, pre nimia letitia, lachrimis, ut hec quoque conmemoratio pios fletus excutiat, maxime cum sciscitantes ab ecclesiarum senioribus intelligerent episcopum die proxima fore venturum; alii legato benedicere et ipsum summis extollere laudibus, alii accurere (2) gaudentes, tangere et deosculari legati et sotiorum suorum vestes, alii ornare domos, mundare vicos, sternere porticus et parare incendendas tedas, uti patriæ mos recipiendis summis principibus servari solet; totisque binis diebus universus populus hac occupatione letatus est.

Die veneris, ultimi septembris, re divina per omnes ecclesias pro pace ex legati mandato sollemniter acta, ex seniorum consilio legatus cum primoribus cleri et civium exire obviam episcopo statuit, ut ejus presentia leviores forte homines (sicut

---

(1) Lisez *manu.*
(2) Lisez *accurrere.*

in populorum dissidentium concursu plerunque solet evenire) vicissim convitiis et maledictis abstinerent; statutumque in civitate est, et amelio de Velroys primario civi injunctum ex legati consensu, ut si quis forte insolens ex civibus in aliqua maledicta aut convitia prorumperet, continuo carceri traderetur, debita demum pena plectendus, sibi satellitibus traditis ad hoc exequendum. Sicque legatus cum multitudine civium, capitaneis quoque exulum supra nominatis inhermibus secum conmitantibus, versus portam Sancte-Valpurgis (1) supra montem positam obviam episcopo progressus est.

Cum in medio foro ante portam beati Lamberti (2) legatus cum suis comitibus esset, Petrus de Hannuto decanus Sancti-Petri, et Egidius Bonem canonicus Sancte-Crucis Leodiensis, ab episcopo ex Tongris missi, litteras ad legatum detulerunt continentes episcopum ex legitimis causis differre necesse esse introitum suum in civitatem usque ad diem dominicam futuram. Ad hanc relationem turbatus legatus et omnis civitas cum illo, que jam in plateas et vicos summa jocunditate concurrerat ad recipiendum episcopum et dominum suum. Illico per eosdem legatus rescripsit ut, si civitatem suam salvam cuperet, nullo modo venire differret. Redeuntesque omnes ad domos stupidi cum legato, iterum circa meridiem legatus, eisdem comitibus, obviam episcopo progressus, cum speraret propter suas litteras episcopum fore venturum et ex mutabili factum stabilem et firmum. Alius circa solis occasum supervenit publicus episcopi nunctius, ejus afferens litteras continentes « omnino necessarium fore sibi cum legato et aliquibus ex canonicis, quos legatus eligeret, habere conloquium ante ingressum suum in civitatem; addens quod, licet convenientius foret ut ipse ad legatum veniret, quia tamen materia requirit et ardua est, rogat legatum ut sibi certum locum tutum assignare velit

Vaccillat episcopus ad intrandum civitatem.

----

(1) Une porte de St.-Walburge, dominant la ville, existe encore à Liège.
(2) Le portail de la cathédrale St-Lambert s'ouvrait sur le Marché.

quo secum singula conmunicare possit; et nihilominus ingressum suum ubi et apud quos oportunum visum fuerit excusare dignaretur, usquequo simul haberent conloquium ».

Etsi satis aperte legatus intelligeret animi ejus mutabilitatem et consilio pravorum predam et sanguinem sitientium fore subversum, tamen ad primates conversus, jocunda ut potuit fronte, licet corde sautius (1) : « Non sine maxima, inquit, causa episcopus suum introïtum differt et conloquium desiderat. Ibo et intelligam quenam hec sit causa tam grandis, et procul dubio ipsum in civitatem reducam. » Rescripsitque statim episcopo « se nolle alium designare conloquii locum, nec magis pro nunc tutiorem existimare quam Tongris ubi tunc episcopus cum suis omnibus erat; illo se die crastina, que dominica et secunda octobris (2), hora secunda post meridiem iturum pollicitus est ». Abiere cuncti ad propria tristes, stupidi, plura inter se agitantes : alii simpliciter credere que scripta erant, alii maledictis episcopum lacessere, alii legatum et episcopum conludere clamitabant et simulare pacis tractatum, ut populum ab irruptione continerent in episcopi exercitum, qui ipsorum comparatione debilis erat, donec clarius nosci posset in quam sortem, pacis aut conflictus, res et congregati utrinque exercitus inter Francorum regem et Burgundie ducem inclinarent : quorum conflictus et atrox prelium conmuni omnium sententia aut timebatur in diem aut sperabatur; plerique autem, et hi prudentiores et acutiores ingenio, causam retardationis aut mutationis consilii episcopi ne civitatem ingrederetur, suasionem aut conminationem illustris Burgundie ducis fuisse opinabantur; que causa demum verior comperta est, licet assistentes episcopo aliam fuisse fingerent et divulgarent, videlicet quod Leodienses arma non tradiderant nec machinamenta ex muris deposuerant, ad que Leodienses nulla lege se astrictos dicebant, stante

---

(1) Lisez *saucius*.
(2) Suppléez *erat*.

maxime in opidis proximis Burgundorum exercitu, et oblatione obsidum episcopo facta pro ejus securitate si de eorum armis ipse diffideret, indignumque fore ut episcopus cum Burgundis intraret, maxime signatis cruce sancti Andree transversa cum ipse digniora signa haberet, videlicet crucem rectam et Francorum lilia.

His variis rumoribus passim per civitatem vulgatis, legatus ad episcopum Tongris accedere (ut proposuerat et scripserat) et ad intelligendum quod episcopus novi afferret, se preparabat : cum ecce, prima noctis vigilia, Leodiensium exploratores et excubie die noctuque patriam transcurrentes nova afferunt excelsum et generosum militem Guidonem de Humbercourt, genere Piccardum, unum et (1) ducis Burgundie armorum capitaneis (et in patria Leodiensi locumtenentem ducis constitutum post primum bellum et victoriam per ducem habitam, anno elapso, in villagio Bruschem prope Sanctum-Tridonem (2)), applicuisse cum quinque armatorum milibus eo die ad villam Meffiam (3), quinque ab Leodio leucis distantem, jamque cepisse villas et agros finitimos spoliare et incendere, jussumque sibi fore, ut fama erat, reliquam patriam et ipsam civitatem pari modo spoliis et incendio consumere : ob quam causam major in civitate rumor exortus et undique concursus ad arma, vociferantes se ab episcopo et legato deceptos sub simulato pacis tractatu donec hee (4) et alie ad eos oppinendos (5) gentes supervenirent ; incensisque magnis ignibus ex carbonibus lapideis e terra deffossis (6) (quorum apud eos maxima copia est), ab pluribus portis irruptiones fecerunt. Demum ira et

Tumultus in civitate ob hanc causam.

---

(1) Lisez *ex*.
(2) Voyez ci-dessus page 22.
(3) Meeffe, village à 21 kilom. de Huy et de Waremme.
(4) Lisez *he*.
(5) Lisez *opprimendos*.
(6) Lisez *defossis*.

furore incensi, redeuntes plerique insolentiores, leves et stolidi, in legatum ex causa jam dicta irruere temptabant; sed civitatis primates et graviores, civium ducesque bellantium (ad numerum fere sexaginta) qui in civitate erant supra nominati, ad legatum media nocte venientes pro corporis sui et suorum tutela, « hec omnia a quibusdam levibus et parve conditionis - viris jactata esse legato monstrabant : quorum si tanta esset auctoritas quantus et furor, procul dubio persone sue periculum iminere suspicarentur; sed se ipsos et alios bonos cives mortem subire paratos pro ipsius legati et suorum presidio. »

Ad hec legatus : « se non timere rusticorum hominum inanes cominationes, cupereque ut aliqui introducantur ad se ut suo statim sermone mansuetos redat (1) ». Introductis igitur aliquibus in aulam majorem monasterii beati Jacobi, ubi legatus residebat, nocte media, tedis accensis, hec et (2) eos legatus brevia verba habuit : « Viri, fratres et filii, dixi vobis
» a principio reditus vestri in hanc civitatem, si presentia et
» labores mei ad pacem conficiendam vobis molesta essent,
» dimicterem vos in manibus vestris et irem ad alia negocia et
» loca mihi conmissa. Rogastis me supplices ut agcrem ea
» que usque in hodiernum diem magno labore et summa fide
» confeci. Satis miror inconstantiam et diffidentiam vestram,
» jamque deteriores facti estis Hebreorum populis per deserta
» vagantibus, qui modo Deo et Moysi servo ejus summe
» obedientes erant, modo vero paulo post maxime contumaces.
» Indigne et inique vulgastis per plateas civitatis et vicos per
» episcopum et me vos fuisse proditos et deceptos : ego ad
» hoc non sum missus ut vos decipiam aut prodam, sed
» ut pacem vobis donem celestem et terrenam, quarum unam
» dedi et aliam indefesso labore procuravi; per me non estis
» nec eritis decepti; si alii vos decipiunt aut produnt, et ego

(1) Lisez *reddat.*
(2) Lisez *ad.*

» vobiscum una plane fateor me proditum et deceptum.
» Episcopus vester Leodiensis cum suis nobilibus nudius
» tertius in villagio Millen jurejurando et sub fide episcopi et
» nobilis scripto pollicitus est se civitatem suam externo (1)
» die intraturum : inspicite cedulam ejus manu signatam; cur
» mutato consilio defecerit, incertum est mihi. Ibo ad eum et
» intelligam si causa legitima sit : que si rationabilis fuerit,
» acquiescite; si vero levis et ad bellum inclinata mens fuerit,
» intelligetis, et rebus vestris consuletis. » Visa et lecta per
aliquos episcopi cedula, vehementer turbati, legato supplices
eggere (2) gratias, excusantes levitatem eorum qui de ipso
vana loquti fuerant, rogaruntque « ut legatus ad episcopum
accederet, causam intelligeret et ad civitatem redire dignaretur ut ejus consilio cuncta dirigere possent »; quod et legatus
pollicitus est, conmisso duobus primioribus (3) civibus, Amelio
et Egidio (4), qui apud populum magne auctoritatis erant et
ad pacem inclinati, ut opus ceptum ad pacem semper dirige-
rent et populum ab rebus inlicitis continerent et incursionibus : hac eis auctoritate concessa ad legati et episcopi bene
placitum. Die dominico secunda octobris per omnes ecclesias
ex mandato legati solenniter pro pace re divina peracta, post
meridiem, duobus capitaneis Vincentio Buren et Gosuino
Stralen (5) et una cohorte Leodiensium secum sumpta, cum
pluribus ex clero et generali Carmelitarum, legatus Tongris
profectus est, multis senum, adolescentium et feminarum pro
pace precibus cum fletu emissis.

---

(1) Lisez *hesterno.*
(2) Lisez *egere.*
(3) Lisez *primoribus.*
(4) Amel de Velroux et Gilles de Lens. Cfr. ci-dessus page 53. Lors du sac de la ville de Liége, Gilles de Lens fut jeté du haut du pont des Arches dans la Meuse.
(5) Vincent de Bueren et Goswin de Straile. Cfr. ci-dessus page 49.

Medio itinere inter Leodium et Tongris apparuit alia cohors episcopi obviam veniens susceptura legatum, ad quos legatus duos ex suis premietens, ultra vallum eis proximum expectare mandavit, cohortique Leodiensium ne ulterius procederet indixit, ne forte invicem confligerent; quibus eo loco relictis, legatus cum suis recedens, jocunde a cohorte episcopi subsceptus (1) est. Erat unus ex duobus Leodiensibus capitaneis Gosuinus de Stralem (2), armis strenuus et sermone facetus, qui legatum cum sotiis (3) abire conspiciens, jocunde aït gallice « se nunquam sperare legatum videre amplius ad civitatem redditurum (4), si re infecta ex Tongris discedat : quod si fecerit, nunquam amplius in sacerdotes se fidem habituros ». Ad hec legatus, interpetre (5) generali (6), retulit « ut bono animo essent; se firmiter sperare Leodium cum episcopo rediturum ». Progressus igitur cum episcopi cohorte legatus, circa solis occasum Tongris applicuit, inter canonicorum domos juxta habitaculum episcopi, pariete medio, sibi domo disposita. Ingressique simul legatus et episcopus in secretiori parte domus, litteras ducis sibi directas legato episcopus ostendit, gallice scriptas, in quibus post multa hec verba in effectu continebantur : « Intelleximus te civitatem tuam Leodiensem
» medio legati sine vi et armis recuperasse, pacemque cum
» tuis habere subjectis : quod nobis satis placet; sed si aliquid
» vel minimum de federe meo et lege eis per me data infre-
» geris aut violaveris, scies mihi non placere, et ostendam te
» non bene fecisse ». Hec in litteris continebantur; verbo autem

---

(1) Lisez *susceptus*.

(2) Lisez *Stralen*.

(3) Sic, pour *sociis*.

(4) Lisez *rediturum*.

(5) Sic. L'auteur reste fidèle à cette forme, et écrit *interpes, interpetrem, interpetrati,* etc.

(6) Le général des Carmes. Cfr. page 32.

sibi, per numptium qui litteras attulerat, indictum bellum et
ipsum pro hoste habiturum si contra fecerit, satis constat et (1)
vera relatione; didici ducem irato vultu dixisse, cum copiam
cedule per episcopum legato in Millen tradite legisset: « episco-
» pus facit facta sua sine me, et ego faciam facta mea sine
ipso ».

Quibus intellectis, legatus ad episcopum conversus : « Putabam, inquit, verbis tibi per me in Millen dictis mutasse

Verba legati ad episcopum.

« Putabam, inquit, verbis tibi per me in Millen dictis mutasse
» sententiam tuam quam mihi ex villa tua de Fex scripseras,
» que eadem erat quam nunc habes; et quod ipsam mutasses,
» per cedulam illam mihi traditam per te satis docuisti. Si in
» eandem sententiam perseverare intendebas, ut ducem cum
» exercitu expectare velis, quid opus fuerat ut ad civitatem
» cum cedula tua, te rogante, rediremus? Me et populum
» tuum deluderes, ac personam meam mortis periculo expo-
» neres; quod utique vix evasissem, cum putarent (2) non
» solum per te sed per me etiam fore deceptos, nisi testimo-
» nium scripture tue accessisset, ex qua recte et juste me, te
» vero fraudulenter incessisse judicant et profitentur. Certe
» inconsulte et minus recte egisti ut sententiam mutares. Non
» video ex scriptis ducis sensum, verbum aut causam cur
» propositum mutare debuisses : satis honeste dux scribit
» placere sibi ut pacem cum subditis tuis habeas, et nihil de
» rebus ad se pertinentibus inmutes aut infringas; potuisses
» utique civitatem ingredi et nihil de rebus ad ducem spectan-
» tibus inmutare, prout cedula tua continet. Potuissemus
» simul inducere populum et emollire animos ad acceptandum
» ea que rationabilia essent pertinentia duci; potuissemus
» etiam, compositis civitatis rebus, ambo ad ducem proficisci
» (qui nunc, ut vides, maximo bello cum Francorum rege

---

(1) Lisez *ex*.
(2) Scilicet *Leodienses*.

» implicitus est), ipsum exorare, exortari (1), suadere ut aliquid
» de sententie sue severitate remicteret, sine ipsius damno
» et gratissimum populo (2); attentaque temporum et rerum
» qualitate, non fore dubium quin dux ad mitiores pacis
» conditiones conduci possit. Quod si in eandem sententiam
» perseveras ut armorum vi cum sanguine et cede civitatem
» ingredi velis, procul dubio ea videbis que dudum in Millen
» tibi et tuis palam predixi, incendium videlicet et perpetuam
» desolationem civitatis et patrie tue Leodiensis : quod, ne
» oculis meis videam, longe abesse constitui. Da mihi cohortem
» unam cum qua tute Trajectum aut Aquisgranum trans
» Mosam petere possim, et quod Leodiensibus responsurus
» sim palam eloquere, ne sub mei fidutia (3) et vana spe
» pacis tanquam mures in foveis opprimantur. »

Responsio episcopi ad legatum. Ad hec dicta anceps et cogitabundus aliquandiu episcopus, legatum rogavit « ut apud Leodienses ipsum excusaret, scriberetque non fore tutum sibi et patrie sue ut sine voluntate ducis aliquid ageret et ipso in civitate manente ducis inimicus maneret, cujus viribus obsistere non posset; sed velle operam dare cum amicis suis ut ducis consensus accedat omnibus agendis ut integra pars (4) et universalis sequatur, non partita vel scissa. Ad que omnia peragenda legati presentiam et operam sibi summopere necessariam fore, rogareque ut secum maneat, sperare omnia in bonum finem posse conduci ». Misso per legatum Leodiensibus publico numptio cum litteris et excusatione superioris effectus, jam per universam civitatem vulgaris erat fama hunc colorem et confictam excusationem adinventam esse ne legatus et episcopus in civitatem redeant; graviores tamen cives, ne ceptum

---

(1) Lisez *exhortari*.
(2) Sic. Le sens réclame : *et gratissimum populo faciens.*
(3) Lisez *fiducia.*
(4) Lisez *pax.*

pacis tractatum intermicterent, legato per litteras supplicarunt Petitio civium a legato. nomine totius civitatis ut « postquam episcopus in civitatem redire tunc recusabat, procuraret legatus saltim (1) securitatem et salvumconductum pro aliquibus civibus, usque ad nume- rum triginta, qui tute possent Tongris accedere ad conclu- dendum tractatum pacis jam ceptum, tam cum episcopo quam etiam cum officialibus ducis ». Obtulit liberaliter episcopus salvumconductum pro se et suis, sed a Burgundis assecurare non poterat, maxime propter adventum domini Guidonis de Hubercourt, generalis locumtenentis ducis, qui jam dicebatur advenisse ex Meffia ad castrum de Huyo supra Mosam, quinque leucis ab Leodio distans. Missis igitur per legatum ad ipsum pro securitate nunctiis, primo nihil respondit, denuo etiam iteratis litteris requisitus, tradere litteras securitatis recusavit. Ob quam causam legatus vale episcopo faciens, Trajectum summo diluculo petere statuebat, cum nulla jam spes aut trac- tatus pacis superesset, scripsitque Leodiensibus « salvumcon- ductum optineri (2) non potuisse a Burgundis, nisi ab episcopo, prout rei veritas erat »; sed episcopus adhuc casus futuros metuens, legato suasit et rogavit « ut biduo vel triduo recessum suum differret : habuisse enim se litteras ab Hubercourt post biduum Tongris fore venturum »; consensit et annuit legatus, si forte per ejus adventum, comuni cum episcopo et ipso sumpto conloquio, res ad bonum finem sine cede et sanguine conduci posset.

Die dominico circa meridiem x^a octobris, Guido de Huber- Venit Humbercourt Tongris ad lega- tum et episcopum cum suis genti- bus et verba in- ter se habita. court cum omnibus suis copiis Tongris ingressus, illico ad legatum venit omni urbanitate fretus, excusationes afferens cur salvumconductum non dedisset : « nil enim se posse super hoc agere cum honore ducis Burgundie et sine ejus spetiali mandato; imo palam legato declaravit se in mandatis habere

---

(1) Lisez *saltem*.
(2) Lisez *oblineri*.

nullum praticare debere cum Leodiensibus pacis tractatum, sed
quotquot e civitate exeuntes habere posset in suam potestatem,
ultimo supplicio traderet; et ea intentione venisse ut, junctis
secum episcopi gentibus, crastino die civitatem invadat et ipsis
invitis in manu forti eam ingrediatur. Requisivit legatum Ubercourt, presente et tacente episcopo, ut, pro majori ipsorum
capitaneorum auctoritate et justitie favore, cum ipsis ad
prelium contra Leodienses accederet, cum ipsi pro Ecclesia
ut (1) contra ejus rebelles bella gererent, maximumque Leodiensibus metum ejus persone presentiam cum bellatorum

Responsio legati ad
Humbercourt.

manu incussuram. » Ad hec legatus satis jocunde inquit : « Si
  » cognoscerem et viderem vos pro Ecclesia bellum gerere, aut
  » Leodienses vel in minimo mandatis apostolicis contraïre,
  » profecto non dubitarem me una vobiscum si necesse foret
  » morti exponere; sed cum certo sciam ipsos apostolice sedis
  » sententiam humiliter coram me verbo et scriptis acceptasse
  » et in nullo aliquo unquam tempore contravenire velle,
  » vosque intelligam non pro Ecclesia aut ipsius libertate
  » sed pro preda, vindicta et sanguine et passionibus propriis
  » bella movere, non video causam cur mihi sit contra ipsos
  » vobiscum velut cum hoste pugnandum. Debeo et volo, si
  » possum, censuris et armis (si oportuerit) ipsos compellere
  » ad observandum ea que s. d. (2) noster in eos sua sententia
  » et lege sancivit, si contumaces essent; sed cum hoc nunc
  » non videam, non debeo nec jure possum nec volo ipsos
  » compellere ad ea observanda que, ipsis invitis et pluribus
  » contradicentibus, vos ipsi jure belli vestra lege sanxistis et
  » contra Ecclesie libertatem. Pro bono tamen pacis et (3)
  » evitandam humani sanguinis effusionem, exortari, monere,
  » suadere et inducere ipsos conari volo ad ea observanda que

---

(1) Lisez *et*.
(2) *Sanctus dominus*, c'est-à-dire : le pape.
(3) Suppléez *ad*.

» juste per vos petita fuerint, que etiam scio ipsos libenter
» amplexuros et acturos. Officii mei est verbo et litteris ad
» pacem dissidentes inducere; cum vero strictis mucronibus
» vos ad prelium incensos videro, secedendum est mihi et
» orandus Deus ut ipse manum suam apponat, prelium dirimat
» et mentes dirigat in suam voluntatem. Et quoniam, ut ex
» verbis vestris intelligo, crastina die civitatem expugnare
» statuitis (1), consulo et suadeo ne faciatis; invenietis enim
» animas contemptrices mortis ad resistendum vobis prom-
» ptas, etiam si pauciores essent quam sitis, cum profecto sint
» numero vobis plures et animo obstinatiores; imo satis
» suspicor ex his que conjector, ne ipsi vos invadant aut
» aliquid magni machinentur, cum jam biduo postquam eis
» scripsi salvumconductum per vos negatum ad me nihil
» rescripserint, cum singulis diebus binos ad minus numptios
» et litteras ab ipsis recipere sim solitus; continuis autem
» his duobus elapsis diebus et noctibus in consiliis fuisse
» versatos, non in alium finem ut opinor quam ut aliquem,
» si conmode possunt, insultum contra vos faciant, aut de
» transmigratione cum uxoribus, filiis et bonis suis ordinent,
» civitate spoliata et incensa, prout alias cogitarunt et publice
» professi sunt. Ego jam cum Apostolo dicere possum : Inno-
» cens ego sum a sanguine omnium vestrum; non enim sub-
» terfugi quominus anunciarem vobis omnem veritatem.
» Date mihi fidos comites cum quibus tute Trajectum   *Petit legatus comi-*
» crastina die petere possim, rei eventum prestolaturus, et   *tivam ut recedat.*
» ibi inveniar si cui opera mea opus fuerit. » Et data singulis
dextra, cum jam nox esset, vale ab ipsis legatus faciens, unum
de suis Trajectum misit iter et hospitium sibi preparaturum;
conmissumque est cuidam militi ut cum cohorte una iteneris (2)
legati comes existeret usque Trajectum.

_____

(1) Lisez *statuistis.*
(2) Lisez *itineris.*

(88)

Jam inter milites et vulgus famam sparserant duces exercitus Burgundorum pacem initam inter Francorum regem et Burgundie ducem (1), ipsumque ducem cum toto exercitu ad civitatis subversionem fore venturum; ob quam causam usque ad mediam fere noctem, ignibus maximis accensis in signum letitie, campanarum et aliis sonis, cantibus, jocis, coreis (2) et conmessationibus intenti fuere. Cum nocte media, peractis eorum gaudiis, omnes fere se quieti dedissent, ducibus exercitus in domo episcopi in consilio congregatis, ad legati cubiculum pulsans repentinus accessit vir illustris Joannes de Berges (3), in Hollandia latum tenens dominium, eloquio clarus, litteris eruditus et moribus conspicuus, vir utique omni honore et veneratione memorandus, qui superiori tempore Brugis et Lovanii cum legato maxima familiaritate junctus erat (4). Hic a duce Burgundo post Guidonem Ubercourt (5) missus, anteriori die legato dixerat se actulisse mandata ducis ut Guido nihil ageret nisi quod episcopus Leodiensis juberet. Ad cujus clamantis vocem ea intempestiva noctis hora cum tota domus sollicita et conmota foret, auctoritate viri et magni aliquid

Iterum petitur a legato ut non recedat per Jo. Bergez.

---

(1) Le 9 octobre, Louis XI s'était rendu à Péronne auprès du duc Charles.

(2) Lisez *choreis*.

(3) Jean de Glymes, dit *aux grosses lèvres,* seigneur de Glymes, Berg-op-Zoom (c'est le *latus dominium in Hollandia*), Melin, Braine-l'Alleud, Walhain; mort en 1494.

(4) D'après Ange de Viterbe, col. 1440, Jean de Berg témoigne à Onufrius l'estime qu'il a conçue pour sa personne :

> Alme pater, Brugis, Lovanii et Metibus olim
> Ipse tuam novi virtutem, et semper amavi;
> Et si quid possem, servato semper honore
> Burgundi domini, facerem, noctesque diesque
> Pro te proque tuis, fuerit dum vita superstes, etc.

(5) Onufrius a donné au nom de Humbercourt différentes orthographes, que j'ai partout respectées.

afferentis, ad legati cubiculum jam quiescentis intromissus est; dataque mutua familiari et jocunda salutatione, super legati cubiculum cogitabundus sedens, hec in sententia gravi sermone protulit : « Fuimus usque in hanc horam, me auctore, in secreto
» consilio super responso pridie v. r. paternitati dato de salvo-
» conductu dando civibus Leodiensibus, per ipsos petito ut
» hunc locum secure petere possint pro concludenda pace jam
» tractata, et ipsis expresse negato; quod responsum nega-
» tivum certe mihi et pluribus aliis de consilio ducis non
» placuit, tanquam omnis tractatus concordie et pacis penitus
» exclusivum et desperatum. Mutatum id propositum est, me
» auctore et impulsore, et unanimi consensu conclusum, ut
» v. r. p. assecurare possit omnes quoscunque venire volentes
» ad bonam gratiam domini ducis. Bonum igitur videtur ut
» summo mane numptius ad civitatem mictatur hec noti-
» ficans; et ego interim litteras hujus effectus fieri procu- Responsio legati ad Bergez.
» rabo. » Ad hec legatus : « Scis, inquit, vir insignis, me pluries
» verbo et litteris de multis promissis fuisse deceptum. Duxi
» civitatis oratores una mecum Trajectum pro pace ad epis-
» copum : et in via redeuntes inhoneste capti sunt per domi-
» nos de Argental, contra fidem etiam scripto datam. Pollicitus
» est episcopus Leodiensis per scripturam manu sua signatam,
» se velle civitatem ingredi, cum suis subditis pacem habiturus,
» rogans me instanter ut ad civitatem redirem et ipsum cum
» honore recipi curarem ; feci quod petierat, et ipse, contra
» fidem datam, magna sui populi jocunda expectatione,
» defecit, ex levi ut opinor causa, non sine persone mee
» periculo et vite discrimine, cùm putarent se etiam per me
» fore deceptos. Nunc autem, in tanto rerum turbine quid
» certi polliceri possim ut fidem adhibeant mihi, satis ambigo ;
» sed hoc mihi consultius videtur ut tu cives alloquaris, a
» quibus scio quod dilectus es, hac potestate quam mihi
» tribuis in scriptis edita et ipsis vulgata. » — « Non auderem, Responsio Bergez et conclusio inter legatum et ipsum habita.
» inquit Bergez, solus civitatem ingredi, nisi tecum essem. »

Ad hec legatus : « Si venire statuis, te inlesum conducam et » reducam. » Dataque vicissim dextra, summo diluculo ambo civitatem cum hac potestate ingredi proposuerunt, eo discedente ut residuum noctis quieti darent.

Insultus Leodiensium contra Tongros ubi legatus et episcopus erant. Parvo temporis intervallo (forte horarum duarum) elapso, Leodienses, ex negatione salviconductus pridie facta et continuo armatorum concursu et incremento circa civitatem omni spe concordie et pacis sublata, insultum contra opidum Tongris egerunt forti manu et insigni audacia (1); nam magno cum silentio, interfectis pontium Tongris custodibus et vallo sive fossatis transcensis (erat enim opidum Tongris muris nudatum per Burgundie ducem anno elapso (2), cum ipsum per federa in suam potestatem redegisset, qui pulcri et vetustissimi erant), in medium oppidi forum ingressi sunt antequam quisquam eos sentire nedum prohibere posset, cum tamen essent numero equitum ducentorum, peditum vero fere quinque milium; equites tamen circa vallum substiterunt, ne strepitu pedum dormientes excitarent. Quibus summo silentio in foro et proximis vicis congregatis, ictu bombarde signo dato, tantus repente clamor et tormentorum sive spingardarum et balistarum sonus et strepitus sequtus est, ut instar magni terre motus et turbinis grandinum videretur; plerique domorum hostia (3) hastis et postibus magno impetu concutientes, ita ut domus ipse ruere viderentur. Tanto terrore inhabitantes oppressere, ut plerique nudi per posteriores fores et domorum fenestras se precipitantes, per ortos (4), dumos et fossata prorepentes, fuga sue saluti consulerent : inter quos vir illustris Joannes Berges, de quo supra, pedester et fere nudus Trajectum

---

(1) « Iverunt per Liwaige (Lowaige) et intraverunt in Tungris per viam quæ venit de Hasselt. » (ADRIEN, col. 1534).
(2) Le 7 novembre 1467.
(3) Lisez *ostia.*
(4) Lisez *hortos.* — *Dumos,* les buissons.

petiit, omnibus equis et rebus suis perditis, nam forte contigit ut primo ejus domus ab hostibus invaderetur, porte opidi proximior aliis; multi in cloacis, puteis et subterraneis specubus se abdiderunt; pauci vero, sumptis armis, circa forum illis occurrentes, magna insequentium vi repulsi sunt : inter quos etiam episcopus Leodiensis cum uno ex suis septem archidiaconis, magistro Roberto de Morealmis (1), sibi admodum caro. Armati cum paucis comitibus in vicum quemdam progressi, incogniti tamen propter intensas tenebras noctis, pene extincti sunt spingardarum et sagyptarum (2) ictibus ; Robertus, ictu tormenti confracto et contrito penitus osse cruris, fere exanimatus est vixque ad episcopi domum semivivus redductus (3). Episcopus vero, ut ipse postea testatus est, sagittis et spingardis circa dorsum et faciem ejus volantibus, tum eis etiam exustis, inlesus vix credens, domum Deo opitulante reductus est, concurrentibus ad ejus habitaculum omnibus fere exercitus sui et Burgundorum ducibus qui in opido manserant, jam fugere non valentibus; paucis vero ex comilitonibus, usque ad numerum quinquaginta, in tenebris noctis primo concursu miserabiliter occisis.

Legatus ad primos spingardarum et clamantium sonus et voces excitus, vocato cubiculi sui custode, prelium et Leodienses adesse sentiens, magna voce suos paucos et inbelles ad se convenire mandavit: erant enim ex suis secum in ea domo octo vel decem, reliquis per diversas domos in opido conlocatis; cumque sibi responsum esset non preliantium sed letantium fore voces, ipse vero sciens jamdiu letantium choros fore sopitos, unum ex suis ad superiorem domus partem mictens ut ex vocibus si posset aliqua verba captaret, retulit omnes acclamare vitam Francorum regi et mortem Burgundis. Quamob-

Provisio legati circa insultum.

---

(1) Nous avons déjà rencontré ce personnage plus haut, page 45.

(2) Lisez *sagittarum.*

(3) Lisez *reductus.*

rem legatus Leodiensium voces has esse intelligens, vocato ad
se venerabili sene canonico, patrono domus, cum omnibus suis,
mandavit ut si qui forsan domum intrare temptassent, nullus
obsisteret aut repugnaret sed libere ingredi sinerent sibique
renunciarent, ut in atrio domus illis occurrere pacifice posset;
accensisque ejus jussu ingentibus focis et tedis, diem aut eorum
adventum prestolabatur: supererant enim adhuc noctis hore
tres aut paulo plus vel minus. Putans vero invicem gentes con-
fligere, ad suos conversus, gemebundus exclamans legatus aït:
« Heu, heu, quantum hominum stragem et acervos cadaverum
» lux sequens manifestabit ! » Sollicitus autem legatus quidnam
episcopus ageret, renunciatum est sibi cum clam cum paucis
fugam cepisse versus Trajectum : que res legatum magis anxium
redidit (1), omnimoda rerum desperatione turbatus; sed paulo
post episcopus ex vico in quem exiverat (ut supra diximus) in
domum suam rediens, ad legatum militem unum ex suis misit,
nobilem nomine Joannem Ulergzanc (2), per murum submis-
sum, qui ex parte episcopi et multorum nobilium qui secum
erant sibi referrent (3) « se non esse tutos in ea domo in qua
erant, cum non dubitarent Leodienses existimare multos in
eam domum Burgundos convenisse ad episcopum, ideoque
primo illam invasuros putarent; rogare suppliciter legatum ut
aut ipse ad eos venire pro eorum salute non dedignaretur, aut
ipsos ad se venire permicteret : quodque ex his duobus consiliis salubrius videretur suo juditio relinquentes ». Quibus
legatus dici mandavit « tutius esse ut ad se venirent ob eam
quam dixerant causam, sed clam et sine magna multitudine
et strepitu per murum descenderent, ne ab aliis sentirentur ».

---

(1) Sic, pour *reddidit*.
(2) Lisez *Vogelsang*. C'était Jean d'Elter ou d'Autel, seigneur de Vogelsang. Ce personnage reparaît plus loin.
(3) Lisez *referret*.

Igitur, effosso quod inter duos ortos (1) ipsarum domorum erat intermedio luteo pariete, episcopus cum ipsis nobilibus, ad numerum fere centum, legati domum ingressi sunt per tenebras noctis, deducto secum magistro Roberto archidiacono (de quo supra) semivivo : ex cujus fractura ossis cruris tantus emanabat cruor ut vix in uno corpore humano tantus inesse sanguis existimari posset, ita ut in atrio domus et ipso legati cubiculo ubi stratus erat plures homines jugulati viderentur.

Venit episcopus cum multis nobilibus nocte ad domum legati pro refugio et tutela.

Fuerunt cum episcopo viri cognitione digni : prius ipse Guido Hubercurt, capitaneus exercitus et locumtenens ducis Burgundie, et cum ipso quidam d. de Piages etiam Piccardus, domini de Argental (2), d. de Coharam (3), d. de Volgensanch, d. de Eldris (4) et multi alii, partim armati, partim autem omnimodo inhermos (5), plerique sine vestibus prout cuique fuga preceps fuit ; episcopus tamen et Ubercourt omnibus armis muniti. Quibus in atrio domus legatus occurens (6) Hubercort, salutato legato : « Heu, inquit, pater, ecce Leodienses sine salvoconductu venerunt quem petebant, ipsis negato ». Cui legatus : « Deus, inquit, parcat tibi ! Melius fuisset ut cum salvoconducto » venissent, si mihi credidisses. Sed de preteritis inrecupera- » bilibus tacendum est. Videamus quid nunc sit nobis agen- » dum. » Cui omnes primi duces : « In te solo omnium » nostrum salutis spes posita est. Salva animas nostras et, » si potes, etiam corpora. Satis credimus personam tuam » et episcopi Leodiensis ipsos minime violaturos, nostrum » autem omnium delaniones futuros nisi tu nos tuearis. »

Sermones habiti nocte illa inter legatum, episcopum et nobiles Burgundos.

(1) Lisez *hortos*.

(2) Jacques Ier, chevalier, seigneur d'Argenteau, et ses deux frères, Jean d'Argenteau, comte d'Esneux, et Guillaume d'Argenteau d'Ochain.

(3) Arnoul de Corswarem, chevalier, seigneur de Corswarem.

(4) Guillaume de Hamal, chevalier, seigneur de s'Heren-Elderen.

(5) Lisez *inermes*.

(6) Lisez *occurrens*.

Multi tamen eorum satis suspicabantur ne episcopo parce-
rent, propter adhesionem ad Burgundos et violatam pridie de
pace fidem. Episcopus vero satis alacer et intrepidus : « Scio,
» inquit, quod me non occident aut offendent ». Ad quos
legatus, quam benignius potuit, aït : « Si reverentiam et hono-
» rem ad Deum et apostolicam sedem Leodienses (ut putatis)
» omnimodo non abjecerint, sed conservaverint et retineant,
» sciatis procul dubio vos omnes salvos et inlesos futuros; si
» vero eam omnimodo abjecerint, quid dicam nescio, nisi nos
» omnes sub una sorte constitutos fore. Unum scio et firmiter
» credite: nisi me cruentum videritis et has lineas vestes
» rubicundas, nullus vestrum offensus aut lesus erit, nec de
» salute vestra vobis timendum est. » Gratie ingentes etiam
cum lacrimis legato ab omnibus acte, supplicesque omnes
exoravere legatum ut pro ipsorum salute et aliorum plurium
qui per opidum in diversis locis latitabant, in forum pro-
gredi cum tedis vellet, Leodiensium impetum et scvitiam
cedis repressurus; ad quos legatus : « Ego, inquit, ydïoma et
» linguam nescio; tenebre maxime sunt et clamor ingens,
» ut videtis; tormenta, spingardæ et balistæ sine intermis-
» sione continue crepitant. Scio quod nullus vestrum mecum
» egredi est ausus, et ego idoneo interpetre (1) nunc careo,
» cum etiam in tanto rerum turbine per interpetrem loqui
» tempestivum non est, nisi magne auctoritatis interpes
» esset. Si dominus Leodiensis mecum venire vult, vadamus
» audactor (2); sed mea quidem sententia consultius est
» lucem diei expectare, et tunc libens agam quod petitis. Con-
» tingere enim faciliter posset, etsi non ex proposito, fortuito
» tamen casu, ut in his tenebris ictu tormenti vel baliste in
» personam lederer, in meam et vestram pernitiem: que omnia
» luce existente cautius evitari possunt; nec vobis ante lucem

---

(1) Cfr. plus haut page 82.
(2) Lisez *audacter*.

» timendum est, cum per exploratores intellexerimus ipsos in
» foro proclamasse ut nullus ante diem foro discederet ne
» passim per vicos disgregarentur, sed adveniente luce omnes
» se effunderent in Burgundorum necem : id enim nobis retu-
» lerant quidam qui ex superiori parte domus et ex turri
» ecclesie ipsos proclamasse audiverant. » Acquievere omnes
legati juditio et saniori sententie; supplices tamen omnes genibus ante legatum flexi, gementes et flentes, peccatorum absolutionem in tanto vite discrimine constituti, quantum sua se
potestas extenderet, humiliter petiere; quibus legatus, forma
confessionis indicta, absolutionem quam poterat pie impendit,
orationibus ad tempus impositis, dici ortum avide prestolan-
tibus omnibus.

Illucescente demum diei crepusculo, Leodienses per oppidum
jam se effundere ceperant, effringentes magno impetu domorum portas; jamque ad episcopi domum, legato contiguam,
deventum erat, magnis viribus postes concutientes. Tunc legatus,
uno famulo et uno interpetre, Joanne Altfast, suo cappellano
supra nominato, secum sumptis, e domo in vicum exire tem-
ptans, tantam molem lignorum et lapidum portis annexam ab
his qui cum episcopo venerant repperit (1), ut vix hore unius
spatio avelli potuissent. Quare legatus, moram ulteriorem
veritus propter instans periculum, injuncto aliquibus opere
ut moles a portis avellerent, ascensa parva scala, per parvam
fenestram supra portam positam se Leodiensibus exibuit,
deposita veste quam ob frigus supra lineas vestes tenebat, ut
linearum vestium albedine magis Leodiensibus innotesceret;
nondum clara existente luce, primo aspectu occurrerunt aliqua mortuorum cadavera ante portam legati et sparsim per
ipsum vicum sevissime conscissa, visu horribilia, et super ea
quidam miseri homines pedites eorum spolia et ex bursis

*Incipiunt Leodien-
ses frangere do-
morum portas e
legatus se ipsis
exibuit.*

(1) Lisez *reperit.*

pecunias capientes : quos legatus blande objurgans, rogavit ut ea que ante portam erant mortuorum corpora summoverent et in proximum diverticulum traherent; quod prompte fecerunt, legato humilem reverentiam exibentes. Salutatisque ut

Loquitur legatus cum capitaneis et aliis armatis Leodiensibus in Tongris.

melius potuit gallice aliquibus equitibus qui proximi erant, rogavit eos legatus ut cito accurrerent et ad se vocarent Vicentium Buren et alios Leodiensium capitaneos, quoniam optatam pacem et eorum illico desideria consequerentur, utque et spoliis et cede abstinerent; responsoque ab his Vicentum in civitate remansisse, solosque Joannem Dervild (1), militem, et duos fratres de Stralen ex capitaneis adesse, ipsos celeriter ad se vocari mandavit; ad quos evocandos adolescens quidam eques balistam tensam manu tenens accurrens, in proximum vicum repertos Joannem et duos fratres forte cum ducentis equitibus, ad legatum adduxit; quibus legatus benigne salutatis, per interpetrem rogavit ut, « ob reverentiam Dei et apostolice sedis cui plenam obedientiam totiens verbo et scriptis in ejus manibus professi fuerant, abstinerent a cede et quid expeterent aperirent, quoniam illico consequerentur ». Viso statim legato et eo resalutato, illico duces exercitus Leodiensium ob summam reverentiam depositis ex capite galeis et in terram luto abjectis, Joannes miles, petita a conmilitonibus loquendi licentia, hec

Responsio capitaneorum.

legato suo et eorum nomine in effectu respondit : « Optime
» nosti, sancte pater, quanta humilitate quantoque studio gra-
» tiam episcopi, domini nostri, obtinere et pacem secum
» habere conati sumus, ipsumque ad civitatem suam et
» subditos pie fovendos et gubernandos revocare; cum aliis
» etiam justa et rationabilia pacis federa inire non recusa-
» vimus. Quotiens nobis violata fides fuerit, te non latet.
» Inimici nostri pacis tractatum nobiscum penitus habere
» recusant; securitatem pro ea tractanda petitam obstinate

---

(1) Jean de Wilde. Cfr. ci-dessus page 49. — *Fratres de Stralen*, Eustache et Goswin de Straile. Voy. *ibidem*, note 5.

» negant; episcopum, dominum nostrum, ad suos subditos
» venire et pacem cùm eis habere cupientem metu et conmi-
» nationibus nituntur avertere, et ad suas voluntates et
» desideria trahere, spoliis et sanguine nostro satiari sitientes;
» et super hec omnia, conspicimus patriam omnem spoliis
» et incendiis seve flagrare. Nos, his compulsi necessitatibus,
» arma sumpsimus, eligentes potius gloriose mori quam
» turpiter vivere. Ignosce justo dolori nostro : fortuna nobis
» et justus Deus in hoc facinore propitii sunt. Quid deside-
» remus paucis accipe : nos nullos alios cognoscimus nec
» volumus dominos nisi Deum, Ecclesiam, te et episcopum
» Leodiensem; vos duos habere cupimus ut protegatis et
» tueamini nos ab inimicis nostris, de quibus ultionem susci-
» pere hodie disposuimus. »

Ad hec legatus breviter, cum temporis angustia et instans Responsio legati ad capitaneos et multiplex altercatio super salute captivorum.
periculum longos sermones non exigeret : « Novi, inquit, sane
» omnia que dicitis, et vera sunt; audaces animo et viribus
» fortes extitistis, fortuna vobis existente propitia. Quod
» cupitis, illico consequemini; unum hoc solum a vobis exigo
» ut a cede contineatis; et quid de episcopo facere vultis
» intelligere cupio, an captivum eum velitis habere. » — « Absit,
» inquiunt, et Deus nos custodiat ab hoc scelere! Episcopum,
» nostrum dominum, habere cupimus ut noster dominus sit
» et non aliorum servus, et defendat nos ab inimicis nostris :
» pro quo bona, corpora et vitam exponere parati sumus. »
Aderant episcopus et Ubercort, qui paulo ante venerant post
terga legati, in angulo, ut videri non possent, omnia tamen
audientes. Tunc episcopus tacite ad legatum : « Micte unum
» celeriter qui me vocet, et responde me cito venturum. »
Conversus legatus ad unum ex his qui secum erant : « Curre,
» inquit, velox; voca episcopum ut cito hic apud me sit. » Et
iterum ad illos conversus, per interpetrem aït : « Episcopus
» presto hic aderit. Mandate velociter aliis ut a cede contineant
» et neminem amplius ledant; omnesque qui hic apud me

» sunt salvos esse volo et inlesos. » Tunc, habito inter se
paululum seorsum conloquio, respondit unus : « Ob reveren-
» tiam sancte sedis apostolice et tuam, per quam nos adjurasti,
» omnibus parcere parati sumus, exceptis proditoribus
» Burgundis. » Tunc legatus : « Nullam exceptionem perso-
» narum volo, maxime ex his qui mecum sunt; quod si illos
» offendere contenditis, ut me prius offendatis necesse est :
» tuebor ipsos usque ad mortem quos sub fide mea suscepi.
» Polliciti estis pluries omnia velle agere quecunque manda-
» vero : si hoc agere recusatis, non video qualem excusationem
» de inobedientia et violata fide possitis afferre. » Non levis
aut parva super his contemptio (1) protracta est, omnibus
in Burgundorum necem hanelantibus; tandem victi legati
precibus, consensere ut salvis corporibus se captivos dederent,
eorum nomina scire cupientes sub legati fide et promisso. Misso
igitur per legatum uno ex suis ad eos, an consentirent ut
legatus pro eorum captivitate fidem daret, responderunt
supplices ut, salvis eorum corporibus, promicteret omnia que
illi vellent et sibi videretur; sed cum paulo tardius responsum
darent, forte conmunicato inter se consilio ut omnium
consensus accederet in responso dando, unus ex capitaneis
Gosuinus Stralem exclamans : « Scimus quod episcopus intra
» domum hanc est, et nondum apparet; verba protrahuntur
» in longum ut contra nos in prelium vires resumant. Agamus
» otius que acturi sumus! » paulum defuit quin a conventione
discederent.

Tunc legatus repente introgressus, episcopum secum ad
brachia trahens, illum eis exibuit tanto ardore visere hanelantibus (2); sequutus est illico ingens et jocundus omnium
clamor : « Vivat, vivat princeps noster episcopus Leodiensis! »
Adorarunt omnes, flexis genibus et cervicibus ut cuique facul-

---

(1) Sic, pour *contentio*.
(2) Lisez *anhelantibus*.

tas fuit, exorte utrinque fluentes lachrime, et dulcis invicem
sermo habitus gallice inter eos. Cupientibus autem nosse
eorum nomina qui intra domum legati erant et se captivos
dederant, dictum est ut unus ex eis domum ingrederetur ipsos
omnes visurus. Tunc Joannes Dervild, miles audax et facetus,
ad legatum conversus : « Veniam ego, inquit, sub fide tua, si
» jusseris ita ». Descendens igitur ad portam legatus, episcopo
secum vocato, Joannem militem intromisit, deposita ut erat
ex capite galea; ad quem omnes convenientes, depositis armis,
fidem de deditione more patrie prestiterunt; habitisque simul
gratis conloquiis, Umbercourt ea lege fidem prestitit ut se ad
civitatem non deducerent ob vulgi in cum sevientis metum
(erat enim civibus et vulgo odiosus valde, ob facta preterita in
civitate et patria), alioquin se magis nunc velle gladiis nobilium
occidi quam discerpi rusticorum manibus; darique sibi xx
dierum spacium quo ducem adire possit : sperare se firmiter
pacem confecturum; actumque est ut ad ducem se conferre
posset, et infra viginti dies se presentare, non Leodii sed ad
Montfort (1), castro prope Leodium ad leucas duas sito. Sollicitus autem legatus de salute Joannis Berghes, cum nusquam
cum aliis appareret, putans eum nocte occisum, per domos et
vicos inquiri fecit; demum ab hospite sue domus intellexit in
Trajecto incolumem esse. Erat apud Leodiensem episcopum
quidam ex familiaribus suis, nomine Montarchier, fratri suo
Jacobo de Borbonio (paucis ante diebus defuncto (2)) admodum
carus et fidus, et duci Burgundie satis domesticus; hunc
episcopus celeriter ad ducem misit et, presente legato, injunxit
ut ducem rogaret « ne ex hoc insultu Tongrensi conmoveretur,

---

(1) Monfort sur Ourthe appartenait à cette époque à la famille
d'Alsteren de Hamal.

(2) Jacques de Bourbon, créé chevalier par Louis XI à son sacre à
Rheims, mort sans alliance, à Bruges, le 22 mai 1468.(P. Anselme, *Hist.
gén. de la maison de France*, t. I, page 152.)

si forte rem acrius processisse intelligeret, quoniam omnia
in melius procederent quam multi existimarent »; et cum his
mandatis velox recessit, ad genua legati provolutus, gratias
agens quod vitam sibi et omnibus Burgundis donasset, hec
omnia fideliter duci relaturus.

Consilium capitanei unius Leodiensium ut legatus et episcopus unacum eis redeant et causa.

Quibus peractis, Joannes de Ruild (1) ad eos nobiles captivos
conversus : « Omnes, inquit, novimus, o viri nobiles et insi-
» gnes, nobilium mores et etiam rusticorum; nos fidem vobis
» datam servabimus de salute personarum vestrarum, prout
» veros nobiles et milites decet, nec dubitamus vicissim vos
» inviolatam vestram fidem servaturos. Scimus autem magnam
» hominum multitudinem de civitate discessisse ut ad nos
» veniant, postquam intellexerunt oppidum hoc Tongris per
» nos captum et optentum (2) : inter quos multi diversarum
» patriarum rustici aderunt, nec dubitamus ipsos ad predam
» et stragem incensos venire, fidemque per nos datam forte
» contempturos in vestram et multorum pernitiem, prout
» ignobiles facere solent, ut nostis. Videtur itaque mihi neces-
» sarium fore, salvo omnium vestrum meliori consilio, ut lega-
» tus et episcopus sine mora nobiscum equitent et extra
» oppidum in campis exeant versus civitatem, supervenientem
» populum a preda, strage et incendio opidi reprimentes et ad
» civitatem una cum eis reducentes ». Placuit summe omnibus
episcopi et Burgundorum proceribus salubre consilium. Sed
Hubercourt, Leodiensium odium in se veritus et sevitiam, ne
in via ab his discerperetur, legatum supplex rogavit ne se
desereret usque ad locum tutum versus Sanctum-Trudonem;
econtra episcopus nolle a se legatum separari nec solus sine
ipso civitatem ingredi contendebat; quare legatus in hac miseranda contentione medius, suasit episcopo ut, postquam omnes
et ipsi duo simul usque ad portam progressi essent, ipse

(1) C'est toujours Jean de Wilde.
(2) Sic, pour *obtentum*.

paulatim versus civitatem cum illis militibus procederet legatumque in via expectaret donec conduceret Humbercourt in
proximum tutiorem locum; sicque conclusum est et, consilio
dissoluto, extra domum in vicum exivimus, ubi jam totus
Leodiensium et Tongrensium compressus populus convene-
rant, rei exitum expectantes : qui tanta alachritate et gratu-
latione et jocundis vocibus nos omnes et episcopum suscepere, ut vix lingua carnis possit exprimere; elevatoque per
eos nobiles ad manus episcopo et super equum imposito, Suscipitur episco-
letabundi per vicos et plateas cervicum et manuum ingenti pus a Leodiensi-
plausu discurrentes, usque ad celum jocundas emisere voces, renter in Ton-
omne bellum sopitum perpetuamque stabilitam pacem existi- gris.
mantes; qui vero a patria profugi ex Gallia redierant, certatim
ad episcopi genua provoluti, gratiam ejus, pacem et veniam
humiliter postulabant : quos episcopus comiter et blande sus-
ceptos, pie amplectens et ad fidelitatem recipiens, veniam et
remissionem de offensis preteritis indulgebat, non sine utrorumque pia lachrimarum effusione. Atque ita jocunde cum his
extra opidum profectus est, tribus aut quatuor ex suis familiaribus domesticis existentibus secum : nam omnes alii, metu
Leodiensium territi, in tenebris noctis ad proxima queque loca
confugerant. Lucrati sunt nocte illa Leodienses ultra duo milia
equorum ex Burgundis et multa eorum impedimenta et suppellectilia (1).

Legatus, dimissis duobus ex suis domesticis ad custodiam Conducit legatus
corporis magistri Roberti supra nominati (2), in cubiculo suo personaliter Hum-
semianimis jacentis (erat enim multis Leodiensibus infestissi- tuta.
mus, existimantibus ejus consilio inductum episcopum ad om-

---

(1) Lisez *supellectilia*.

(2) Robert de Morialmé. Cf. ci-dessus pages 45 et 91. COMMINES, liv. II,
chap. 7, dit de ce personnage qu'il « estoit fort privé dudit evesque
Louis de Bourbon, que plusieurs foys j'avoie veu armé de toutes pieces
après son maistre ».

nia mala que passi fuerant), ac etiam ad custodiendum omnia
episcopi et aliorum omnium nobilium qui ibi nocte fuerant
suppellectilia aurea et argentea, pecunias et armamenta satis
pretiosa (que omnia eis inlesa servata et restituta sunt), vocatis et retentis secum aliquibus ex Leodiensibus comilitonibus,
Guidonem Humbercourt usque ad locum Sancto-Tridoni proximum tutum comitatus est, missis etiam secum usque ad opidum
duobus suis familiaribus armis pontificis maximi Pauli super
vestes insignitis; quo abeunte, hec ab eo legatus extrema verba

Verba Humbercourt
ad legatum in suo
recessu.

suscepit : « Hec vita deinceps tua est, pater; nunc me vivum
» esse intelligo, dubius usque in hanc horam an vivens aut
» mortuus essem; utere ea imposterum (1) pro tuo libito et

Responsio legati.

» imperio. » Ad hec legatus : « Quod feci libens feci : et (2)
» veri sacerdotis officium. Tu autem judica si ex tua culpa in
» has incidisti calamitates et pericula, et in posterum sis cau-
» tior et mitior, et Deo gratias redde. » Et eo dimisso, legatus
cum comitiva sua Leodium petebat; occurensque (5) multis qui

Reprimit legatus
Leodienses ab in-
gressu Tongris et
ad civitatem re-
ducit.

prede avidi Tongris intrare temptabant, prohibuit et ad civitatem secum redduxit (4) ut cum episcopo et secum in civitate
jocundi pro ejus reditu, ut optabant, forent (nondum enim
episcopum viderant nec ad civitatem ipsum ire cognoverant);
quo congito (5), legatum sequti, leti ad episcopum visendum
occurrebant : fuere hi ad numerum duorum milium; reppe-
ritque episcopum paulatim procedentem et prope civitatem
se expectantem. Tunc accedens ad legatum unus ex presbiteris
capellanis suis, retulit se habere capsulam pecuniarum plenam,

Remictit legatus
plura flor. milia
ad Humbercourt,
etc.

corrigiis appensam et clausam, ad summam, ut extimari poterat, trium vel quatuor milium florenorum Renensium, quam

(1) Sic, pour *in posterum.*
(2) Lisez *est?*
(5) Lisez *occurrensque.*
(4) Lisez *reduxit.*
(5) Lisez *cognito.*

nocte preterita in eo tumultu Tongris Humbercourt clam cus-
todiendam dederat; eam legatus illico per eundem cum fidis
conmitibus reportari ad eum jussit : per quem iterum legato
gratie ingentes acte, cum, ut asseruit, an et cui dedisset penitus ignoraret, tristioribus tunc curis implicitus.

Junctis igitur simul legato et episcopo, prope civitatem
illustris Vincentius Buren (qui in civitate remanserat) cum
omnibus primatibus civitatis et universo populo ad secundum
lapidem eis occurrit, distinctis per ordinem turmis ad numerum, ut omnes existimabamus, decem milium : qui omnes
legato et episcopo summam exibuere reverentiam et ab episcopo maxima comitate et benignitate suscepti sunt. Demum
ingressi civitatem, universus populus utriusque sexus et etatis,
sacerdotes induti sacris vestibus, ingenti gaudio accurrentes,
summa reverentia episcopum cum legato susceperunt. Exigeret narrationis ordo ut hujus receptionis jocunditas, modus
et qualitas exprimentur (1) ad intelligendam (2) hominum
mentes et convincenda multorum mendatia; sed ad alia majora
festinantes, his immorari non expedit. Quid plura? Tantus
viarum apparatus, tam jocundus populi concursus, tam festi-
vus campanarum, tubarum et citaredorum sonus, tam dulces
virorum et mulierum acclamationes et lachrime, ingentes foci
et tede incense, quanta scribi vel explicari possit, et quanta
summis principibus in maximis urbibus exiberi solet, hac cum
ingenti pompa ante domum episcopi, majori ecclesie proximam (3), constituti. Episcopus per religiosum illum carmelitam
jam dictum rogare legatum fecit ne se solum desereret, sed
secum in suo palatio moraretur; quod legatus libenter annuit,
et retentis ex suis domesticis quatuor tantum, reliquos cum

Occurrit populus Leodiensis legato et episcopo pro-pe civitatem ut infra.

Ingrediuntur civi-tatem legatus et episcopus cum maxima pompa.

---

(1) Lisez *exprimerentur.*
(2) Lisez *intelligendum.*
(3) L'ancien palais des princes-évêques de Liège existe encore, mais la
cathédrale a disparu.

ais omnibus ad beati Jacobi monasterium, in quo legatus residere solitus erat, remisit, satis ab episcopali palatio distans; ipsi vero legatus et episcopus duabus cameris junctis in domo episcopi collocati sunt.

Convenere ad legatum et episcopum ante solis occasum seniores civitatis et universi qui adire eos poterant, gratias Deo agentes quod ipsi duo incolumes in civitate essent et eorum possent calamitatibus misereri, se etiam habere dominos suos quorum juditio et ordinationi se submictere professi sunt super quibuscunque offensis Burgundie duci per ipsos forte inlantis (1), expectareque ipsorum jussa, quid agendum deinceps censerent. Quibus per legatum et episcopum conlaudatis, domum pro ea die remissi sunt, in crastinum redire jussi. Hec omnia decima mensis octobris die gesta sunt et per specialem numptium s. d. n. scripta per legatum; sed numptius in via juxta Luziburgum (2) captus est, et intercepte littere et ad ducem misse. Prima noctis vigilia, per Amelium de Velrois et quendam alium ex primoribus civium ductus est ad legatum secrete in suum cubiculum numptius quidam, per Leodienses alias ad christianissimum Francorum regem missus eo tempore quo episcopus civitatem ingredi velle suis litteris professus erat, omnia que gesta erant illi significantes, cum aliquibus religiosis de ordine Minorum a rege venientes: quibus civibus per suas litteras rescripsit rex, et legato per eos religiosos dici mandavit « ut mox cum episcopus in civitatem esset, legatus suis litteris regem requireret ut presidio ipsis assisteret, si qui eos vexare temptassent; polliceri se personaliter si opus esset ad civitatem venturum; hasque legati litteras sibi fore asserebat necessarias ob bonam et justam causam ». Eos legatus a se pro illa nocte dimictens usque in crastinum deliberaturus, omnia hec episcopo seorsum conmunicavit; qui

Marginal notes:

Conveniunt cives ad legatum et episcopum super rebus agendis.

Venit ad legatum quidam religiosus Minorum ex parte Francorum regis et retulit.

---

(1) Lisez *inlatis*.
(2) Luxembourg.

super hac re anceps et dubius, legato respondit « se melius
nosse conditiones amborum principum : si dux hec rescisset,
acrior ad bellum et patrie vastationem insurgeret; et si rex
forte aliis impeditus venire desisteret, se in maximo periculo
constitutos ». Instantibus autem importune civibus illis Leodiensibus apud legatum, iteratis licteris et numptiis regis vexati,
ut litteras invocatorias legatus traderet : ipse vero, considerans
episcopi juditium et responsum, ac etiam ne ex suis litteris
acrius bellum et majores sequerentur strages, tunc facere id
distulit, respondens illis « se sperare nunc non fore necessa-
» rium has dare litteras, quoniam si bellum futurum sit inter
» regem et ducem, nusquam est vobis a duce timendum; litte-
» reque dari semper poterunt si justis pacis conditionibus
» dux non acquiescat et bellum vobis inferre disponat; quod
» si pax, ut fama est, inter eos sequatur, curam etiam confi-
» ciende pacis vestre rex procul dubio sumet, mihique bonus
» coadjutor (1) erit ad eam perfitiendam, et inane esset et
» ridiculum has litteras ad bellum potius incensivas dare ».
Acquievere cives illi, tunc optimis legati rationibus victi.

Responsio legati ad cives et numptios regis.

Redeuntibus postero die ad legatum et episcopum primatibus
civitatis, quidnam deinceps acturi forent scire cupientibus, responsum ipsis est breviter et publice, conmuni ipsorum nomine,
« ut duci Burgundie promissa servarent, ipsum verbis aut
» factis non lacesserent, incursionibus et predis non irritarent;
» minus utile ipsis aut tutum contra se iram ejus provocare,
» cum maximus et potentissimus princeps esset; postremo ut
» in rebus agendis non nicterentur (2) solis propriis consiliis,
» sed legato et episcopo cuncta conmunicarent; vicissimque
» legatus et episcopus eis salubria eorum conferent consilia et
» eis agenda conmunicabunt ». Grate suscepere responsum
et leti abiere. Erat episcopo Leodiensi summa cura et sollici-

Alia responsio ad aliam petitionem civium.

(1) Sic, pour *adjutor*.
(2) Lisez *niterentur*.

ludo ut magistrum Robertum archidiaconum (quem Tongris semivivum relictum in legati cubiculo supra narravimus, sub custodia duorum ex legati familiaribus) salvum videret et apud se haberet, quem summopere diligebat; nec minor ipsius episcopi et aliorum nobilium captivorum cura erat ut pecunias, argentea vasa, arma, res et bona que in legati cubiculo Tongris reliquerant, ad eos in civitate deferrerentur (1); ob quam causam missi ex civitate numptii plures cum tribus plaustris et una lectica ad deferendum bona ipsa et magistrum Robertum saucium, videlicet duo ex legati familiaribus cum insignis et armis pontificis maximi Pauli, duo cum insignis et armis episcopi, et unus alius cum armis civitatis, ut sine offensa et impedimento venire possent. Fuerat legati sententia ut magister Robertus non Leodium, propter multorum odium in eum, sed Trajectum deduceretur; ipse vero, ab aliquibus persuasus tute Leodium petere posse, ac desiderio manendi apud dominum suum episcopum, potius Leodium se duci jussit et voluit.

Reportantur bona episcopi ex Tongris in civitate. Cum hi omnes Tongris accessissent, sumptis super plaustra bonis ipsis et magistro Roberto in lectica egro, leti civitatem repetebant, multis predonibus factis obviam ipsis, sciscitantibus cujusnam bona essent, audito armorum et argenteorum vasorum sono : cumque ipsis responsum esset bona ad legatum et episcopum pertinere, visis eorum insignis super plaustra, intacta et inlesa permisere deferri ; erant autem concomitantes plaustra omnes ad numerum octo.

Inter ambulandum preteriens, quidam adolescens interogabat (2) quisnam eger ille esset qui in lectica deferretur : qui cum intellexisset esse magistrum Robertum archidiaconum, accurrens ad quosdam pedites qui anteibant, hoc eis notum fecit; qui continuo redeuntes ad plaustra, seve rugientes ipsum

_____

(1) Lisez *deferrentur*.
(2) Onufrius écrit partout *interrogare* avec un seul r.

, flentem et supplicem armis invadunt; cumque ipsius comites
numptii publici, ac legati, episcopi et civitatis familiares ut
supra relatum est, eum baculis et vestibus prout poterant
protegere, et illos a cede avertere niterentur : acclamatum est
ab illis ut, postquam ob reverentiam legati et episcopi ipsos
venerarentur, se mortis periculo non exponerent; illis autem
quantum poterant resistentibus, sed multitudini obsistere non
valentibus, archidiaconum misericordiam implorantem multis
confossum vulneribus interfecerunt, non sine omnium visen-
tium (1) lacrimis et miseratione maxima. Quamobrem legatus,
ut par erat, hanc rem indigne ferens, tam ob truculentum facinus quam etiam ob episcopi mestitiam et dolorem, convocatis
primatibus civitatis et magno populo in magna aula episcopalis palatii, eis predicari fecit per magistrum Robertum religiosum carmelitam de quo supra, presente episcopo et patribus
Ecclesiæ, quod nisi per justitiam provideri permicterent super
hoc facinore contra occissores (2) tam honorabilis viri et magni
membri Leodiensis ecclesie archidiaconi, in ipsos et civitatem
pristinas censuras et interdicta promulgaret. Acclamatum est
ab omnibus justitiam merito fiendam, mandatumque id negotium est Joanni de Ruild militi, quem episcopus in suo ad civitatem ingressu villicum seu scultetum (5) Leodiensem institu-
erat : hujus officium et potestas est animadvertere in facinorosos homines taliter delinquentes. Hic, questione sumpta de
duobus aut tribus, et eis in carcerem conjectis, compertum est
principales percussores abesse in proximis villis; subtraxerant
autem quedam argentea vasa que secum m. (4) Robertus sui

Interficitur magis-
ter Robertus ar-
chidiaconus in
viam de Tongris
a Leodiensibus et
provisio per lega-
tum facta super
hoc.

(1) Lisez *videntium.* Nous avons rencontré ailleurs *visere* pour *videre,*
etc.

(2) Sic.

(5) Le mayeur, officier du prince pour poursuivre en justice, comme
Onufrius l'ajoute.

(4) *Magister.*

reffoccillandi (1) gratia in lectica deferebat : sicque interposita
aliquorum dierum mora ad illos inquirendos ut melius fieri
poterat, supervenientibus quoque bellorum turbinibus que
infra dicentur, tam atrox scelus inultum pro tunc remansit ;
sed demum.pena suos sequta sceleris est auctores passim per
agros crudeliter interemptos. Compertum est autem postea
Vicentium Buren fieri fecisse ob causam fratris sui, quem
magister Robertus in permutatione cujusdam dignitatis dece-
perat : idque episcopus sibi in faciem dixit, presente legato,
non sine ejus rubore, licet excusatione levi.

Venit marescalcus
Burgundie cum
magnis gentibus
et ingreditur Ton-
gris.

Dux Burgundie adversus regem se suis omnibus copiis
munire cupiens, vocaverat inter alios sui exercitus duces insignem et clarum in armis militem Theobaldum de Novo-Castro,
ducatus Burgundie marescalcum (2). Hic cum omni Burgundorum exercitu, Philippo de Sabaudia (3) cum duobus fratribus et Allobrogum (4) exercitu secum comitantibus, multis
quoque finitimis dominis amicis cum eorum gentibus, jussu
ducis per ducatum Namurcenseum (5) Piccardiam petebant,
ubi dux cum reliquo suo exercitu castrametabatur. Erant
autem cum marescalco, ut fama erat, equitum peditumque ad
numerum viginti milium. Hi omnes, cum audissent insultum
Tongris factum a Leodiensibus, et episcopum Leodiensem
primo mortuum, postea captum a Leodiensibus multis referen-
tibus, sive sponte sive ducis jussu incertum est, relicto itinere

(1) Lisez *refocillandi*.

(2) Thibaut IX, seigneur de Neufchatel, maréchal et bailli du comté de
Bourgogne, mourut en 1469 ; il avait épousé Bonne de Châteauvillain.
(MORÉRI, verbo *Neufchastel*.)

(3) Philippe II, dit Sans terre, duc de Savoie, l'ennemi mortel de
Louis XI. M. Estrup fait remarquer que, d'après Commines, sans doute
mieux renseigné sur ce point qu'Onufrius, les seigneurs mentionnés ici
étaient déjà à Péronne.

(4) Les Savoyards.

(5) Lisez *Namurcensem*.

quo pergebant, in agrum Leodiensem diverterunt cum omnibus copiis (erant enim finitimi agri Namurcensium et Leodiensium), reperientesque opidum Tongris armatis vacuum,
ipsum sine vi aliqua ingressi sunt, oppidum ipsum ac totam
patriam spoliis, incendiis et cede vastantes (1).

Erant eo tempore dominus de Humbercourt, locumtenens
ducis (qui ex Tongris sub fide reditus discesserat in opido
quem Leones (2) accole vocant), et dominus Joannes de Berges
in Trajecto, quos ambos supra in Tongrensi insultu memora-
vimus. Hi duo eadem die, xij octobris, legato scripsere se de
pace non desperare, nam Bergez (qui ea nocte clam, metu
mortis, cum mane simul Leodium ituri essent, a legato discesserat, qua Leodienses Tongris agressi sunt), intelligens legatum
de sua salute sollicitum, illico cum Trajectum applicuit mulie-
rem rusticam cum licteris, ut moris est patrie, ad legatum
misit ipsum de salute sua certum faciens, et subdens in littera :
« Vellem utique Leodienses hunc insultum protardasse, spe-
» rans medio r. p. v. aliquid boni in materia ipsorum fuisse
» operatus ; nunc autem quid dicam nescio : unum tamen scio,
» quod desperare non volo, dum tamen r. p. v. laborare non
» desistat ». Cui legatus, de salute sua secum congaudens, rescripsit : « Consentio, inquit, tecum, illustris vir, et rectum
» juditium tuum laudo quod Leodienses melius fecissent hunc
» insultum retardare. Gaudeo tamen vehementer quod non
» omnino de pace desperes, et hec spes tua mihi quoque spem
» restituit, quam penitus abjeceram. Sed ego laborare non

Humbercourt resu-
mit tractatum pa-
cis cum legato et
etiam Bergez.

Lictera Bergez ad
legatum.

(1) Suffride Petri fixe au 15 octobre l'entrée des Bourguignons à
Tongres. Cfr ADRIEN, col, 1337, et le *Bull. de l'Institut archéol. liégeois,*
t. XIII, page 16. Le 16 partit de Cambrai Simon de le Kerrest, secrétaire
du duc Charles, envoyé par celui-ci au devant du légat « estant lors en la
cité de Liege, pour le conduire pardevant Monseigneur ». (Voy. *Annales
de l'Acad. d'archéol. de Belgique,* t. III (1867), page 658, note.)

(2) Léau, en Brabant, sur la frontière du Limbourg.

» desinam : rogo etiam ut tu, sicut es pollicitus, laborare non
» cesses. » Humbercourt vero ex Brabantia celeri numptio ad
legatum cum litteris misso, hæc in effectu rescripsit : « Domine
» mi, propter aliqua nova que mihi supervenerunt valde
» ardua, necessarium esset ut haberem conmunicationem
» vobiscum, ut pervenire possimus ad bonum quod desidera-
» mus et ad finem quo res melius conduci possint; micto ad
» manus vestras unum salvumconductum pro d. Joanne de
» Ruild milite, Amelio de Verlois (1) et Egidio de Lenz, aut
» duobus ex his tribus, ut possint secure simul convenire cum
» r. p. v. *an lieu que l'on dit aux Quatre Arbres, entre*
» *Hobertingen et Jamine* (2), *sur la voie de Tongres et San-*
» *tron*, id est: in loco qui dicitur ad Quatuor arbores, inter
» Hobertingen et Yamine, inter Tongris et Sanctum-Trido-
» nem; et micto salvumconductum pro brevi tempore, quia
» materia celeritatem exigit et ego celeriter ire desidero
» ad dominum ducem, qui est satis propinquus hic in sua
» patria de Haynnau (id est Annonie (3)). Et ulterius, sub
» correctione vestra, mihi bonum videretur quod dominus
» Leodiensis micteret cancellarium suum et presidentem con-
» silii sui, aut alios de suo consilio, prout sibi placebit. Et si
» d. v. (4) propter sue persone egritudinem et viarum discri-
» mina personaliter venire non posset, mictat aliquos domes-
» ticos de sua familia. »

His litteris et salvoconductu receptis, legatus una cum
episcopo, illico omnibus ad se convocatis qui in litteris nomi-

Lictera Humber-
court ad lega-
tum (*).

---

(1) Amel de Velroux. Cf. ci-dessus page 53, et passim.

(2) Houppertingen et Grand-Jamines, communes du canton de Looz, à
une lieue de cette ville.

(3) Lisez *Hannoniæ*. Ce fut le 15 octobre, dans l'après-midi, que le
duc Charles et Louis XI quittèrent Péronne pour aller assiéger les Liégeois.

(4) *Dominatio vestra.*

(*) Dernière manchette. La suite du manuscrit en est dépourvue.

nabantur (preter presidentem (1) qui aberat et a Tongris
Trajectum aufugerat), sine mora equitare ad locum destinatum
jusserunt; et quoniam legatus ob viarum discrimina, intensa
frigora et sui corporis qua tunc premebatur egritudinem,
personaliter accedere non poterat, decanum in Mers Joannem
Altefast (2) et magistrum Robertum carmelitam, tunc capella-
nos suos, loco sui cum deputatis transmisit. Hi simul omnes
civitatis portas exeuntes, cum paululum progressi essent, ad
primum fere lapidem obvios habuere armatos aliquos ex
marescalchi (3) comilitonibus (preibant autem legati familiares ob majorem securitatem eorum, alii vero cives eminus
sequebantur); sciscitantes vero Burgundi a legati familiaribus
quinam essent quove tenderent : que omnia cum intellexissent
ab eis, et se esse per legatum et episcopum missos ad d. de
Hubercourt cum ejus salvoconductu pro pace tractanda, excla-
mantes ferociter, et contempto Humbercourt nomine (cum
summa bellici imperii, ut affirmabant, aput (4) marescalchum
esset et non alium quemquam), multis conminationibus prolatis in legati numptios, denuntiarunt eis ut pro ea vice
accederent quo missi erant, extra civitatem mansuri si vellent :
sed deinceps caverent, si ad civitatem redire mallent, ulterius
civitatem egredi, quoniam si amplius reperirentur scirent se
pro certo patibulis appendendos. Quibus verbis et justo metu
cancellarius et alii cives proculsi (5), in civitatem regressi sunt,
maxime cum salvusconductus non se extenderet ultra unum
diem et noctem, solis legati familiaribus euntibus cum litteris
legati, episcopi et ipsorum deputatorum; ob quam causam non
mediocriter tota civitas conmota est et ad bellum incensa.

---

(1) Jean Postel ? Cf. ci-dessus page 22.
(2) Cf. ci-dessus page 54.
(3) A savoir : Thibaud de Neufchatel. Cf. ci-dessus page 108.
(4) Sic.
(5) Lisez *perculsi* ?

Summa responsi Humbercourt ad legatum et episcopum hec
fuit ex Sancto-Tridone : rogans legatum « ut quantum posset
pro pace laboraret et Leodienses ad voluntatem ducis inducere
studeret ; et ipse vicissim ex sua parte, pro honore Dei, gloriosi
martiris sancti Lamberti, sancte sedis apostolice et ipsius legati,
ac etiam propter amorem quem gereret ad civitatem et cives,
ipse (1) taliter operaretur quod merito legatus debebit esse
contentus de eo, cum Dei auxilio et sanctorum ejus. »

Hac relatione subscepta, legatus iterum convocatis primatibus civitatis et clericis cum maxima populi multitudini (2),
coram episcopo prioribus sermonibus in effectu ad eos repe-
titis, « eos ad Dei timorem inducere servireque pacem et
concordiam inter se ipsos primo, demum cum finitimis populis,
tertio cum vicinis principibus et maxime cum illustri duce
Burgundie, qui maximus inter omnes est et cum quo federa
inierant et potentiam pluries fuerant experti », sumopere
conatus est. Ad hec ut supra responderunt « se paratos per
omnia sequi legati et episcopi consilia et precepta, sed potius
mortem quam perpetuum a patria exilium et domini et Ecclesie libertatis subversionem velle pati. » Ad hec legatus, presente episcopo : « Quantum ad Ecclesie dominium et libertatem
» actinet, cura precipua est Pauli pontificis maximi, mea et
» episcopi vestri, hic presentis. Servate ea quæ ad vos perti-
» nent et polliciti estis in federe jam inito inter ducem et vos,
» et jurium Ecclesie tuitionem nobis duobus relinquite. »
Rursum habito inter se seorsum conloquio, conclusere : « se
» paratos pacem et federa illa servare quantum in eis est ; sed
» inter alia ipsius pacis capitula   (5) esse populo et patrie
» nimis gravit (4) et duci minus utilia, veluti perpetuum

---

(1) Supprimez ce second *ipse*.
(2) Lisez *multitudine*.
(3) Un espace en blanc dans le manuscrit. Cf. ci-dessus pages 17 à 20.
(4) Lisez *gravia*.

» exilium illorum omnium qui in bello de Bruschen arma
» sumpserunt aut presentes fuere, qui sunt hodie numero
» forte viginti milium hominum, quorum hic magna pars
» sumus; et illud (1) ne aliquis imposterum arma tenere aut
» deferre sit ausus in tota patria. De juramento officialium
» totius patrie prestando in manibus domini ducis vel suorum
» deputatorum in oppido Lovaniensi, et plura similia que jam
» juxta legem federis Burgundorum sensu intellectam violata
» sunt et reparari non possunt, nisi exilium resumamus omnes
» et in silvis moribundi redeamus : quod nobis nedum difficile
» sed impossibile est, et certe durius ipsa morte. Placeat igitur
» excellentissimo Burgundie duci et sit contentus ut satisfiat
» sibi per patriam de omnibus dampnis et impensis sibi per
» nos inlatis, et ne imposterum contra ipsum et suos arma
» sumamus vel inferamus dampna, prout per ipsum pacis
» tractatum conventum est. De reliquis vero, si quid contra
» ducem egimus aut ipsum suosve offendimus, subicimus (2)
» nos prout decet vestrorum amborum judicio et imperio,
» qui soli nostrum domini estis et quibus parere nos necesse
» est. Pro his observandis se paratos obsides dare et omnia
» imperata facere que legatus et episcopus ordinaverint, con-
» suluerint, jusserint. Cumque civitas Leodiensis hoc insigni
» titulo gloriaretur in suis veteribus monumentis, sigillis et
» armis, videlicet *Legia, sancte Romane ecclesie filia*, ipsique
» ecclesie beati Lamberti et episcoporum Leodiensium pro
» tempore succedentium subditi et homagiales essent, ini-
» quum esse ut a principibus secularibus, et potissime a duce
» Burgundie qui catholicus et religiosus plurimum inter alios
» est, tot molestiis et vexationibus atterantur, conprimantur
» et ex liberis in perpetuam redigantur servitutem. »

Non displicuit legato et episcopo ac patribus ecclesiarum qui

---

(1) Scilicet *capitulum.*
(2) Lisez *subjicimus.*

presentes erant eorum pia et miseranda responsio; sed quia, ob
conminationes pridie aratoribus (1) legati, episcopi et civitatis
inlatas per Burgundos, vix aliquis reperiebatur qui extra civitatem ad Burgundos exire ad hec eis conmunicanda foret
ausus, missus est nuntius quidam privatus satelles ad duces
exercitus Burgundorum, « ut saltim unus eorum ad civitatem
veniret ad intelligendam bonam mentem civium erga ducem
et conmunicandas honestas pacis conditiones, postquam conminationibus deterruerant quoscunque in civitate existentes,
ne ad ipsos accederent; interimque incursionibus et preliis se
detinerunt (2) ».

Delectus est ad hanc legationem per duces exercitus qui
Tongris erant (absente tunc marescalco, et, postquam rediit,
increpante factum) vir insignis Petrus Hachembac, miles et
magister hospitii Burgundie ducis (3), qui, acceptis litteris securitatis et salviconductus a legato, episcopo et civibus, die xv
mensis octobris, una cum quatraginta (4) equitibus, civitatem
ingressus est; ac primo seorsum cum legato et episcopo multis
sermonibus habitis super forma tractande et componende
pacis, se toto nixu elaboraturum pro pace conficienda firmiter
pollicitus est, deflens tam insignem civitatem delendam et
incendendam nisi pax conficiatur. Demum, convocatis ecclesiarum patribus civitatis, proceribus et ingenti populo coram
legato, episcopo et Petro Hachenbah, Amelius de Velroys,
totius civitatis nomine, eadem in effectu replicavit que coram
legato et episcopo pridie dixerant longo et accurato sermone,

---

(1) Lisez *oratoribus*.
(2) Lisez *detinerent*, ou plutôt *retinerent*.
(3) Pierre de Hagenbach, plus tard gouverneur des domaines que le
duc Charles tenait en gage de l'archiduc Sigismond C'était, dit DE BARANTE,
« un des hommes les plus cruels et les plus violents qui eussent jamais
exercé pouvoir sur un peuple ».
(4) Lisez *quadraginta*.

rogans tandem Petrum « ut duci supplicaret quatenus, intuitu
Dei et gloriosi beati Lamberti martiris et ob reverentiam
Ecclesie ac sancte apostolice sedis, Leodienses ut Ecclesie
subjectos respiceret protegeretque, et in suis oportunitatibus
necessariis, et maxime bellicis, ut devotos amicos obsequentes
potius susciperet quam ut vilia mancipia et inutiles servos in
cordis amaritudine conculcaret. »

Recessit Petrus eodem die Tongris cum his mandatis ad
conduces suos ut pacis media pertractaret; sed graviter a
marescalco increpitus quod, se existente exercitus principe,
aliquis eo inconsulto pacis tractatus susciperet agendos, responsum legato redere (1) distulit, re in consilium non deducta,
marescalco inibente (2). Quare Leodienses iterum ad legatum et
episcopum convenientes, quidnam acturi essent summa diligentia postulabant; suasit legatus ut ea que dixerant verbo in
scriptis redigerent et suis sigillis obsignarent, se curam subsce-
pturum ad marescallum et alios conmilitones scripturam illam
transmictere.

Congregati simul in unum ipsorum more confecerunt litte-
ram, et circa solis occasum ad legatum detulerunt: qua per
interpetrem lecta coram legato et episcopo cum patribus
ecclesiarum, satis rationabilis cunctis est visa, paucis ad majorem justificationem ducis desiderium aditis (3). Cujus scripture
hec summa erat : « se paratos pacem jam cum duce initam seu
ejus sententiam velle servare quantum in eis erat; sed exilium
eorum aboleri ex gratia, supplicationesque eorum audiri in his
que duci minime damnosa, civitati vero et patrie nimis gravia
essent exorabant, ut humiles Ecclesiæ subditi ». Hac scriptura
confecta et duobus sigillis obsignata et legato tradita, ipse ori-
ginalem apud se detinuit, copiam vero suo sigillo signatam et

---

(1) Lisez *reddere.*
(2) Lisez *inhibente.*
(3) Lisez *desiderio additis.*

suis licteris interclusam per quendam ex episcopi numptiis
mariscalco Tongris existente transmisit, rogans eum « ut, pro
Dei honore et apostolice sedis reverentia, potius sine cede et
sanguine pacem eligeret quam belli fortunam experiri temptaret ». Qua recepta et intellecta, primo respondere distulit; item
et secundo requisitus, tacuit; tertio vero, « se nihil respondere
posse sine ducis voluntate (respondit verbo tamen, non litteris),
ad quem se misisse testabatur (1) ». Nihilominus continue acies
circa civitatem struebat, agros populabatur, villas incendebat;
quare Leodienses, ira et furore incensi, irruptionem contra eos
facere temptabant : sed saniori tunc consilio repressi, ut potius
civitatem custodire quam cum hostibus in aperto pugnare cura-
rent, ad pugnam tunc exire distulerunt. Sed sumopere legatum
rogarunt supplices omnes cives, et cum eis episcopus et totus
civitatis clerus, « ut, post tantos perpessos labores, adhuc unum
et hunc ultimum pro tante civitatis salute legatus sumere non
recusaret : accedere (2) videlicet personaliter ipse ad ducem cum
hac pacis scripte oblatione, duceret secum cancellarium episcopi Leodiensis et nobilem militem Joannem Vogelzanc, unum
ex captivis in Tongris, duci Burgundie satis carum (3) ». Annuit
legatus in tanto rerum discrimine, labori non parcens, scripsitque Hubercourt ut se cum legato ad ducem ire disponeret; et
ob sequentem causam dies tertia ad recessum dicta est, per
viam castri de Huio, adverso flumine Mose, castris marescalli
post terga relictis; sed ut iter tutum rederetur (4) et marescallus interim a bello, incendiis et cedibus se contineret, missi
illico ad eum cancellarius et Vogelzanc, hec illi omnia signifi-

<hr>

(1) Ne faut-il pas : « se nihil respondere posse sine ducis voluntate, ad
quem se misisse testabatur » ; respondit verbo tamen, non litteris ?
(2) Lisez *accederet.*
(3) Selon ANGE DE VITERBE, col. 1451, ce fut Louis de Bourbon qui prit
la parole pour engager Onufrius à se rendre auprès de Charles.
(4) Lisez *redderetur* et, trois lignes plus loin, *redderet.*

cantes, rogantesque ut iter tutum rederet et a bello se suosque
contineret.

Expectabat legatus, continuo paratus ad iter, eorum reditum ;
cumque sequenti die non rediisset (1), major omnibus admiratio
et cura suborta est. Sequenti die, summo diluculo, qualis Burgundorum intentio fuerit detecta est : nam venerabilis pater
carmelitarum generalis ad legatum venit, notum ei faciens
quandam nobilem abbatissam insignis cujusdam monasterii
monialium prope Huio (2) misisse ad eum ancillam monasterii
celeriter, nunctiantem « famam esse in Huio legatum illo tran-
siturum ut ad ducem Burgundie pergat : ac sexaginta equites ibi
conspirasse ut, obviam legato venientes sub simulata honoris et
comitive exibitione, ipsum cum omnibus suis interficerent cum
primum extra agrum Leodiensem eum conduxissent in proximis silvis ». Confirmavit hanc famam mora redditus (3) cancellarii et Vogelzanc a marescallo, qui comites itineris legati ad
ducem (ut supra retulimus) deputati, sive rerum desperatione
moti, sive metu deterriti, sive a marescallo detenti, nusquam
in civitatem redierunt. Rebus igitur omnino de pace despera-
tis, undique et utrinque fiebat ad arma concursus, actonitis
omnium mentibus et partim accensis, quidnam deinceps foret
agendum. Tunc, nocte media, religiosus quidam et sacer vir
ad legatum veniens, clam semotis arbitris, ei denunctiavit
« episcopum superioribus diebus frequentem habuisse tractatum cum his qui cum marescallo erant, quonam modo, dissimulato habitum (4), extra civitatem effugere ad eos posset ;
consideraverant autem ad hoc exequendum plures modos, ut
sub habitu ancille vel rustici aut fratris minoris seu numptii
publici aut satellitis, extra civitatem noctu exiret et ad Burgun-

---

(1) Lisez *rediissent.*
(2) Probablement l'abbaye du Val Notre-Dame ou celle de Solières.
(3) Lisez *reditus.*
(4) Lisez *habitu.*

dos confugeret : ex his enim hominibus civitatem intrare et
exire soliti erant; postremum vero eorum consilium erat ut,
simulata cum legato dieta aliqua pro pace tractanda, eo extra
civitatem vocato, episcopus sumpto habitu alicujus ex familiaribus legati, clericis vel laïcis, cum eo civitate egrederetur
et transfuga fieret; sed his omnibus obstabant excubie et
exactissime custodum civitatis vigilie, qui omnes civitatem
ingredientes et egredientes nosse summo studio contendebant :
a quibus si episcopus dissimulato habitu cognitus fuisset ut
transfuga, nulli dubium erat legatum et episcopum cum suis
omnibus magno furore populi fuisse crudeliter interemptos ».

His cognitis, legatus summo diluculo episcopi cubiculum
(qui (1) cum suo junctum erat, medio pariete) mirabundus
ingressus est, ac foras misso cubiculi episcopi unico custode, ad
episcopum conversus solus cum solo: « Cur, inquit, tam sevam et
» fraudulentam rem excogitare potuisti ut, dissimulato habitu,
» sine me de civitate temptares effugere? Si cognatis et amicis
» tuis qui in castris marescalli sunt cura est grandis de salute
» tua, certe iniquum non est : sed quod salutem et personam
» meam tu et ipsi negligatis, ut me in manibus furentis populi
» et perditorum hominum qui in exercitu marescalli sunt
» solum dimicteres,non recte egisti. Si sine me exire cogitas,
» non sit mirum tibi si occasiones invenero ut civitatem aliquo
» quesito colore exire possim, te hic dimisso solo et hac tua
» excogitata fraude detecta palam universo populo. » Ad hec
episcopus paululum verecundus et tristis, sanctissimo jurejurando obtestatus est « se pluries de re hac ab amicis suis
fuisse sollicitatum, sed nunquam consensum prestitisse, nec
aliquid se fuisse deliberaturum nisi re cum legato conmuni-
cata ; idque se nunc jurejurando polliceri et quamcunque
legatus fidem aut securitatem excogitaret dare paratum ; rogavitque legatum supplex ne se solum in civitate relinqueret

_____

(1) Lisez *quod*.

neve hanc rem populo faceret palam, quoniam procul dubio
ejus seva mors et a furente populo discerptio sequta fuisset ».
Quam rem legatus recte considerans, silentio pressit, et ei qui
ad se detulerat, ne cui comunicaret (quoniam falsum esset) sub
anathemate et gravi interminatione prohibuit; sanxeruntque
mutuo legatus et episcopus sub stricto jurejurando ne alter
sine altero, quacunque occasione data, e (1) civitate vel extra
ab invicem discederent, conmunicatis utrinque cubiculi et corporis eorum custodibus.

Die xx mensis octobris supervenit ad Sanctum-Tridonem
quidam ducis Burgundie secretarius, Simon de le Levrest (2),
litteras ad legatum speciali quodam numptio dirigens, hujus
effectus : « Reverendissime pater, etc. Magnis cum itineribus,
» jussu metuendissimi domini et domini mei ducis Burgundie,
» hic in Sancto-Tridone jam applicui, nonnulla sui ex parte
» v. p. r. expositurus multum ardua. Verum, reverendissime in
» Christo pater, cum securus accessus Leodii neque salvocon-
» ductu vel alias non pateat mihi, dignetur v. p. r. quod ego sibi
» obviam veniam in aliquo loco tuto, vel quod ipsa mihi hic
» obviam mictat cras, infra horam nonam, specialiorem de
» familia sua, cui singula mihi injuncta detegere valeam et qui
» fiducialiter omnia vestre referat paternitati, quam conservet
» longeve altissimus Omnipotens. Ex oppido Sancti-Tridonis,
» die xxᵃ octobris. Po. (3) vestre servitor : Simon, etc. »

Miserat legatus ad Sanctum-Tridonem (ubi tunc Humberco-
hurt residebat) pluries venerabilem virum Joannem Altefast,
decanum in Mares Treverensis diocesis, cappellanum suum,
utriusque lingue peritum, requisitum iteratis vicibus ab eodem
qui pacem affectare videbatur; forte casus contigerat quod
die precedenti legatus eum cappellanum miserat ad Humber-

---

(1) Lisez *in* ?
(2) Simon de le Kerrest. Cf. ci-dessus page 109, note 1.
(3) Lisez *Pa ?* Scilicet *Paternitatis.*

court, vocatum ab eo et (1) alia causa (et magistrum Robertum
carmelitam secum ex parte episcopi) et ut de conditionibus
pacis tractaretur. Rescripsit igitur legatus illico circa mediam
noctem « (2) venire ad civitatem se' disponeret, quia magnum
et bonum opus operari posset ad pacis profectionem (3), seque
taliter provisurum quod tute et libere sine aliquo metu vel
periculo civitatem ingredi posset : quod si omnimodo venire
recusaret, conferret ea que in mandatis habebat a duce Joanni
Altefast, cappellano suo, qui tunc apud d. Humbercort erat ».
Misit quoque legatus sequenti die summo diluculo magistrum
hospitii sui, cum duobus numtiis (4) publicis suis et uno
episcopi Leodiensis, versus viam Sancti-Tridonis, ut si forte
Simon secretarius Leodium venire decrevisset, obviam ei fie-
rent et tute ad civitatem conducerent. Cumque ad duas fere
leucas progressi essent, invenerunt multos rusticos ex villis
proximis ad civitatem fugientes cum parvis eorum filiis, bobus
et equis ac exiguis eorum suppellectilibus, prout commodius
ex Burgundorum preda se eripere poterant : interogati vero
quidnam rei esset, renunctiarunt Burgundos ex Tongris cum
omnibus copiis in agrum Leodiensem effusos, omnia spoliis,
incendiis et cede vastare; quare paululum progressi usque ad
villam proximam quam vocant Cresteneay (5), et prospecta
villa ex tumulo eminenti proximo, cum sentirent gementium
ululatus prospicerentque Burgundos villam incendentes ac
crudeliter in predam et cedem profusos, paululum retroces-
sere, expectantes in proximum vicum si forte Simon secretarius ad legatum veniret; sed cum, inclinante jam die, ipsum
venire non prospicerent, in civitatem regressi sunt.

---

(1) Il faut peut-être lire *ex* et supprimer *et* après la parenthèse.
(2) Suppléez *ut*. C'est à Simon de le Kerrest qu'il écrit.
(3) Lisez *perfectionem*.
(4) Sic. Nous avons déjà vu *numptiis* et *nunctiis*.
(5) Crisnée ou Crisgnée, commune à 15 kilomètres de Liège.

Redibant cappellanus legati et magister Robertus qui supra ab Hubercort et Simone secretario ducis ex Sancto-Tridone, eadem die et hora, cum suis comitibus et uno publico numptio ducis, ejus armis insignito ipsorum more; cumque intrassent villam Crestenay, capti a Burgundis qui eam incendebant, ducti sunt ad Filippum de Sabaudia, qui princeps ejus cohortis erat: et ab eo quinam essent et unde venirent interogati, cum respondissent « se esse legati familiares et per eum et episcopum ad Humbercort et Simonem ducis secretarium ad Sanctum-Tridonem cum litteris missos et eorum duorum litteras et mandata eisdem legato et episcopo deferre », a Philippo abire permissi sunt, fide tamen accepta a legati cappellano ut certa mandata sua legato, episcopo et civibus denunctiaret; nam cum cappellanum Altefast interrogasset Philippus quomodo legatus et episcopus prospere in civitate agerent et ab eodem bene valere eos intellexisset, injunxit ei « ut legatum et episcopum suo nomine salutaret et ut bono animo essent, eorum se gratie comendans; civibus autem denunctiari jussit quod, nisi ea nocte a Leodiensibus interficerentur, crastina die ipsos in civitatem visuros ». Redibant Altefast et Robertus versus civitatem, securi ut putabant; sed iterum a quibusdam satellitibus ad marescallum, qui in proximum vicum erat, ducti sunt: qui eis visis et cognitis, memor quoque conmonitionum preteritarum, ipsum (1) cum sotiis detineri apud se jussit; cumque illi causam sui accessus, qui essent et quas litteras ad legatum deferrent exprimerent, ac litteras aperiendas palam offerret (2), vel ut ipse ad legatum per alium numptium micteret si apud se eos retinere omnimodo decrevisset: marescallus primo nomen Hubercort contempsit, affirmans se esse exercitus principem; sed cum secretarii ducis litteras legato deferendas ipsum habere conspiceret, paululum indignatus subsistens, minabun-

---

(1) Lisez *ipsos.*
(2) Lisez *offerrent.*

dus abnegans sanctum Jacobum et ei maledicens, ipsos cum
sotiis abire promisit (1), denuntians eis quod si iterum in suam
potestatem devenirent, eos per guttura suspendi faceret.

Dum hec in campis et marescalli castris agitarentur, venerunt ad legatum capitanei Leodiensium et primates civium,
« conquerentes de his que per Burgundos in castris et villa
Crestinei agebantur, petentesque instanter ut legatus censuras
contra eos qui in castris Burgundorum erant promulgaret, bella
minus justa inferentes postquam ipsi rationabiles pacis conditiones optulerant et illi recusaverant, bellumque ipsis indice-
ret et pugnantibus contra eos celestem benedictionem donaret:
se omnimodo dispositos irruptionem temptare, Burgundos
invadere et occidere, vel occidi et viriliter potius quam ignavi-
ter mori ». Hec et his similia per plateas et vicos vulgo jactabantur : que nisi legatus faceret, ipsum cum Burgundis clam sentire
predicabant Ad hec legatus : « Non esse nunc tempus pro-
mulgandi censuras contra arma tenentes; si tamen omnimodo
hoc fieri postularent, se paratum mandata juri conformia dare,
si numptios paratos habeant qui ea ad exercitum deferant, et
locum legato constituant Burgundis et Leodiensibus tutum, ad
quem simul secure convenire possint. Quod vero irruptionem
et insultum contra Burgundos facere velint, hoc sibi non videri
pluribus ex causis : prima est quod, pendente ducis responso
(ad quem se misisse marescallus asserebat), iniquum est ut
prius ipsi bellum inferant; si vero inlatum propulsent, excusa-
bilius esse; secundo (2), quod si dux ad aliquas pacis conditiones inclinaretur, ipsum hoc insultu irritarent et ejus animum a
pace diverterent; tertio, quod iniquo loco, in latis campis, ipsi
inhermes cum armatis, pedites cum equitibus pugnaturi essent,
nec sperarent ipsos inermes aut dormientes reperire sicut in
Tongris fecerant, sed vigiles et structis aciebus armatos. »

(1) Lisez *permisit.*
(2) Il faudrait *secunda* et *tertia.*

Sciebat enim legatus de omnibus que in civitate gererentur
Burgundos crebris numptiis certos redi (1) ab his qui illos
magis avertere debuissent et oves dominicas pastori conmissas
protegere et tueri. Sed ve, ve homini illi, si hac (2) rescitum
fuisset : forte melius si natus homo ille non fuisset. Sed satis
de hoc.

Instabant importune capitanei et cives apud legatum, sciscitantes quidnam essent acturi cum viderent patriam ante ipsorum oculos preda, incendio et cede vastari; ad quos iterum
legatus : « Agri et ville refici cum tempore brevi possunt, sed
» civitas non ita facile. Tueamini civitatem; offerte semper
» equas pacis conditiones ut cepistis : que si non accipiantur ab
» hostibus, invocate super vos auxilium Dei et beati Lamberti ;
» propulsate bellum et non ipsi prius inferatis. Tueamini
» civitatem et nolite exire ad pugnam : et hoc est ultimum
» meum ad vos consilium. » Ad hec verba, accedens ad aures
legati quidam ex domesticis episcopi (ipse enim absens tunc
ab his sermonibus erat) et legatum conmonuit et rogavit « ut
cives ab irruptione et insultu non retraheret, impediret aut
dissuaderet, sed permicteret, quoniam, sive ipsi alios interficerent, sive ab aliis ipsi interficerentur, finis belli essent (3) »;
cui legatus etiam tacite : « Non accipiam, inquit, tantam homi-
» num stragem super animam meam, quoniam quod mihi
» videtur rectum ipsis consilium afferam et innocens sim ab
» eorum sanguine ». Et conversus ad cives : « Iterum dico
» vobis ne ad bellum extra civitatem exeatis neve aliis inferatis
» bellum, sed propulsetis; quod si secus feceritis, satis subito
» ne vos peniteat meum contempsisse consilium! » Ad que
verba cives paululum subsistentes : « Deus, inquiunt, et beata
» Virgo nobis consulent quid agendum »; et cum his dictis a

---

(1) Lisez *reddi.*
(2) Lisez *hoc.*
(3) Lisez *esset.*

legato discessere, irruptione (1) octo milium pugnatorum (ut postea compertum est) disponentes clam in tenebris noctis.

Postquam Joannes Altefast, decanus et legati cappellanus (quem supra conmemoravimus a marescallo prius detentum et postea relaxatum), civitatem repetebat, circa solis occasum occurrerunt ei in via ante civitatis ingressum turmatim centeni et centeni usque ad duo milia peditum et equitum Leodiensium, qui contra Burgundos ad bellum parati exibant, existimantes Burgundos metu perterritos a patria Leodiensi discedere et ad ducem proficisci, maxime cum opidum insigne Tongris relinquerent, ad hyemandum satis comodum, et ab eis sine vi ulla optentum (2) : quare alacres ad eos persequendos festinabant; quos Joannes decanus, ut sibi conmissum fuerat per Philippum Sabaudie, conmonuit « ne ulterius procederent sed ad civitatem redirent, asserens Burgundos non fugere, sed stricto (3) agmine marescallum et Philippum Sabaudie ad civitatem invadendam properare, sibique a Philippo, data ei fide, injunctum ut Leodiensibus diceret nisi ea nocte Burgundos interficerent, crastino die se ad portas civitatis venturos ». Continuarunt nihilominus et (4) Leodienses et prosequuti sunt ceptum iter, sana consilia intus et extra civitatem ipsis data contempnentes, in maximam eorum pernitiem. Veniens igitur ad legatum Joannes Altefast, has a Simone secretario ducis litteras et mandata detulit. Littera : « Reverendissime pater, etc. Scripsi hodie v. p. r. » per proprium nunctium ut eadem mihi notificaret quo in » loco ad eandem v. p. tute possem accedere. Deinde appli- » cuit hic cappellanus vester presentium lator, cui, consilio » domini mei Humbercourt, partem oneris mei detegi, spe » quod ipse singula vobis fiducialiter referet, quodque cras infra » cenam a v. r. p. nova habebo. Velit ergo eadem v. p. r. fidem

(1) Lisez *irruptionem.*
(2) Lisez *obtentum.*
(3) Lisez *structo.*
(4) Supprimez cet *et.*

» relationi vestri cappellani adhibere indubiam. Reverendis-
» sime pater, Altissimus vos conservet! Ex oppido de Leuve (1),
» xx octobris. »

Ea que Simon secretarius legato multum ardua mandato
ducis expositurus erat, eidem Joanni Altefast cappellano per
eum detecta, hec in effectu fuere : « Illustrem ducem Burgundie ad legatum celeriter ipsum misisse, notificaturum ei qualiter omnes de suo exercitu, et maxime qui in Tongris a Leodiensibus nocte aggressi, fugati et spoliati fuerant et salvos se
reddiderant, esse contra legatum male dispositos illumque
insultum suo et episcopi consilio et ordinatione actum (licet
ipse contrarium sciret ex litteris domini de Hubercourt et
clare intellexisset ita non esse : imo legatum summo studio
pro sua et omnium Burgundorum salute laborasse et fuisse
anxium); sed quoniam gentes et exercitus magni sunt et diversarum nationum et voluntatum, et parva fides ac pietas viris
qui castra sequuntur, legatum ab his sibi cavendum quoniam
ab his offendi aut ledi posset, et (2) duci summopere displice-
ret ». Aditumque (3) insuper est per dominum de Umbercourt
et alios consiliarios ducis qui secum erant, « quod legatus nullo
modo ad ducem accedere temptaret, ut fama erat, quoniam si
gentibus ducis obviaret ita male dispositis, periculum esset ne
ab his offenderetur, etiamsi episcopum Leodiensem secum
haberet comitem, cum ipse etiam in eadem suspitione apud eos
esset; quodque si civitas Leodiensis vi expugnaretur a Burgundis, consultissimum legato foret ut a civitate abesset, aliquo
quesito colore, ne sevitia furentis exercitus una cum aliis gla-
dio interficeretur ». Hac relatione intellecta, legatus, vocato
ad se seorsum episcopo ac secum subridens : « Hoc, inquit,
» meritum habeo ab his quos in Tongris, te presente, mea
» exortatione, auctoritate, presentia et opere salvos feci. Audi

_____

(1) Probablement Léau, comme ci-dessus, page 109.
(2) Lisez *quod* ou *et id.*
(3) Lisez *Additumque.*

» quid decanus meus (1) ex parte Simonis secretarii ducis et
» ipsius mandato mihi referat. Putabam certe aliquid magni
» ad pacis effectum et evitandam humani sanguinis effusionem
» ex parte ducis afferre : sed jam video quod jamdudum mente
» concepi, et quantum potui effugere conatus sum, ne viderem,
» ingentem videlicet hominum stragem et desolationem hujus
» misere civitatis Leodiensis. Si permisissem ipsos a principio
» et successive et demum in Tongris furere ut ceperant, et
» consilia sua exequi, non incidissent forte in has extremas cala-
» mitates sub vana, simulata et conficta pacis spe. Sed Domi-
» nus, fortitudo mea, refugium meum et liberator meus, pro-
» tector salutis christi (2) sui erit et retribuat unicuique secun-
» dum opera sua ! » His auditis, episcopus non parum et ipse
turbatus est, asserens « se ex amicorum litteris certiorem factum hanc esse omnium qui apud ducem erant firmam sententiam, ipsos duos causam et modum dedisse ut ille insultus
Tongris a Leodiensibus fieret ». Quam ob rem legatus et
episcopus tota nocte solliciti simul agitabant quodnam consilium caperent; utrinque enim grande iminebat periculum
intus et extra, simul furentis populi vel Burgundorum exercitus, qui totam civitatem circumsidebat; continue enim per
totam noctem maximus in civitate tumultus ad bellum, et
ardens contra Burgundos irruptio; satis constat (3) a prima
noctis vigilia usque paulo post mediam noctem, octo milia for-
tium pugnatorum ex diversis locis contra Burgundos e civitate
prorupisse. Quo ingenti clamore intellecto, et consumpta vigiliis residua noctis parte, stetit sententia legati et episcopi ut
finem et exitum hujus belli expectarent.

Primo belli impetu compertum est multos ex Burgundis
occisos, reliquos ad proxima loca se reduxisse; et primus ad

---

(1) Scilicet *Johannes Altefast*.
(2) De son prêtre (*christus*, oint).
(3) Lisez *constabat*.

civitatem belli numptius circa dici ortum fuit, die sabat xxıj octobris, totum Burgundorum exercitum perfusum et profligatum, maximamque ejus partem occisam ; demum successivis horis, modo prospera ipsis, modo adversa nuntiabantur; stetitque atrox inter utrosque prelium usque ad meridiem fere ejus diei; fuitque in civitate ad horc spatium ingens rumor Joannem Dervild militem, unum ex capitaneis civium, ab Leodiensibus securi percussum eo quod tardius ad bellum venisset : quod tamen exequutum non fuit, licet temptatum et sibi conminatum. Tandem Burgundi, resumptis viribus, in unum conglobati circa villam quam vocant Lantin, civitati proximam ad unam leucam (1), magnum contra Leodienses impetum fecere. Resumptumque est sevum et cruentum bellum, multis utrinque occisis et datis et acceptis vulneribus. Erant inter Leodiensium equites fere mille, minime assueti equis pugnare; sed cum in Tongris multos et pulcros Burgundorum adepti fuissent equos, exiverunt equestres ad pugnam, preter eorum consuetudinem : qui, cum (2) Burgundorum equitibus peritis et bello assuetis congressi essent, ipsi minus edocti non valentes eorum substinere impetum, paulo post terga dedere; tum Burgundorum equites peditesque, maxime architenentes et levis armature viri, impetu in Leodienses facto et ex eis multis passim per agros occisis, usque ad portas civitatis persequuti sunt, nulli parcentes. Recensitus postea est numerus eorum qui die illo interfecti sunt mille et quingentorum; nam retraxerant se in villa Lantim forte quingenti Leodiensium pedites, qui, occupatis ville hedeficiis et turri ecclesie, ab invasoribus Burgundis se acerrime defendebant : sed postea, circa solis occasum, a sagiptariis et majori parte exercitus circumdati, ad unum omnes interfecti sunt et pro majori parte combusti, incensis ville hedificiis. Tum maximus in

---

(1) Lantin, village à une lieue et demie de Liège.
(2) *Cum*, conjonction. Il faut ajouter la préposition *cum.*

civitate gementium virorum et mulierum contra legatum et
episcopum clamor, et non minor presidia postulantium vix
putantium se in civitate tutos.

Adolescens quidam loricatus ad legatum et episcopum simul
stantes ex prelio accurrens, sagitta saucius, cum interogaretur
ab eis quonam pacto res successissent, exclamavit gallice : *Tout
foundu!* id est, omnes sunt perditi ; subjunxitque Burgundos
jam importis (1) esse et scripto agmine, nullo eis obsistente,
civitatem ingredi, nemini parcituros sexui, ordini vel etati :
jam prope forum esse nuntiabantur. Cum (2) episcopus ad
legatum : « Quidnam fiendum censes, pater, inquit ; an ut, equis
» ascensis, nos duo eis occurramus ipsos a cede reprimentes,
» vel potius domi manebimus ? » Cui legatus : « Si tutum fore
» existimas ut nos inhermes armatis, cede furentibus, occur-
» ramus, et ipsi sola nostri presentia mites fiant, eamus in
» pace et Dominus nobiscum sit ! » Tunc episcopus paululum
subsistens inquit : « Si certus essem quod duces exercitus
» primo haberemus obvios, censerem utique tutius eis occur-
» rere ; sed cum, in civitatibus vel oppidis expugnandis,
» ordo bellantium sit inferiores premictere qui primo impetu
» nullum prospicere solent, suadeo ut magnam turrim
» ecclesie beati Lamberti cum nostris paucis ascendamus, per
» noctem ibi mansuri, donec cum aliquo ex ducibus exercitus
» crastina die possimus habere conloquium ». Eadem sententia
erat seniorum ecclesie qui cum legato et episcopo erant ; quare
convocatis suis et sumptis duorum dierum cibariis et quibusdam episcopi vexillis liliatis, legatus et episcopus cum senioribus ecclesie et fere quatringentis viris, clericis et laïcis, inhermibus et inbellibus, majorem ecclesie turrim ascenderunt,
transeuntes juxta corpus beati Lamberti, coram quo legatus
et episcopus cum universo qui in ecclesia erat populo diutius

---

(1) Sic, pour *in portis.* — Au lieu de *scripto*, lisez *structo.*
(2) Lisez *Tum.*

prostrati, piis votis et orationibus editis, magnam flebili populo
actulit spem salutis. In ejus turris sumitate miserabile visu
erat, et nunc est dictu : videre fugientem populum, alii ad ecclesias, alii ad insulas Mose (plures nanque (1) infra civitatem
Mosa insula (2) efficit), super dorsum impositis suppellecti-
bus (3) magis pretiosis, confugiebant; plerique, sumptis navi-
giis que passim occurrebant, extra civitatem trans Mosam
navigabant ; nonnulli equites et etiam pedites se in Mosam pre-
cipitabant, non secus ac si quisque hostem post terga sequentem cerneret, nullo tamen subsequente; videbantur omnes
civitatis vie, muri et porte penitus defensoribus vacue, nec
cernere erat nisi fugientes ; potuisset utique Burgundorum
exercitus plane et libere civitatem ingredi, nemine obsistente :
sed cur id non fecerint, sive errore decepti (cum ea que in
civitate gererentur nescirent), sive prudenti consilio ne nocte
superveniente minus prospere infra civitatem pugnarent, sive,
ut quidam putant, ex alia que sequitur causa : nam quingenti
Leodiensium pedites, quos in villa Lanthin congregatos remansisse supramemoravimus, obstinato animo Burgundis resiste-
bant; quare non consultum visum est eos post terga relinquere
et civitatem expugnare; ad illos igitur opprimendos reversi,
conficta fide aliquibus pro salute data, demum vero violata,
ipsis occisis, cum reliqui infra hedificia se continerent obstinate pugnantes, incensis hedificiis et sagiptariis circum jacu-
lantibus, omnes vel gladiis occisi vel igni assumpti (4) sunt.

Cum vero inclinante jam die legatus et episcopus cernerent
ex turri Burgundos retrocedere, descendentes cum omnibus
qui secum erant, totam noctem vigiliis consumptam variis inter
se conloquiis et consiliis agitabant; nam firmissima erat omnium

---

(1) Lisez *namque.*
(2) Lisez *insulas.*
(3) Lisez *suppellectilibus.*
(4) Lisez *consumpti.*

sententia Burgundos summo diluculo civitatem expugnaturos, comunisque jam increbuerat fama Francorum regem cum duce fore concordes (1) ac simul celeriter Leodium properare, licet satis longe distantes : regis presentiam omnes optimam judicabant ipsumque potius pacis mediatorem quam hostem futurum, consideratis his que suo jussu vel nutu acta fuerant. Legatus igitur et episcopus, convocatis ad se nocte illa quibusdam gravioribus et fidelioribus civibus usque ad numerum xij, et Amelio de Velroys inter eos primario, multis rationibus eis demonstrabant « nullum esse salutis remedium ipsorum et civitatis nisi ipsi duo simul, legatus et episcopus, obviam regi et duci civitatem exirent, et magis eos duos prodesse verbis posse apud ipsos principes quam eorum decem milia armatorum »; assentiebant aliqui, auditis rationibus, alii vero affirmabant « populum non consensurum ut ambo civitatem exeant, sed potius legatus solus »; ad hec legatus : « Nostis, inquit, jactare » Burgundos et palam predicare Leodienses ex Tongris lega- » tum et episcopum ad civitatem duxisse et tenere captivos; » qui, si legatum solum sine episcopo viderint, magis in eorum » sententiam firmabuntur et duriores efficientur ad pacem ». Vocatoque scorsum Amelio, legatus ei persuasit ut « summo diluculo convocaret concilium civium et hoc eis omnimodo suaderet pro civitatis salute, ipse quoque legationem (cum aliquibus qui sibi viderentur) a civitate susciperet ut cum legato et episcopo simul ad ipsos principes proficiscerentur, oblaturi pacem ut jam fecerant et scriptis ediderant : si pax perficeretur, ipse hanc consequeretur gloriam; si vero res in desperationem succederet, se ipsum et suos salvos redet (2) a mortis periculo, quam Burgundi omnibus Leodiensibus conminan-

---

(1) Un traité entre le roi de France et le duc de Bourgogne avait été signé le 14 octobre, mais les lettres ne furent expédiées que quelque temps après.

(2) Lisez *redderet*.

tur ». Placuit consilium, et abeuntes summo mane concilium
et cives congregarunt, hec inter se magnis contentionibus agitantes : alii affirmare « si legatus et episcopus simul recedant,
civitatem omnimodo fore desolatam »; alii e contra : « si apud
» nos maneant, nihil prodesse posse, sed magis apud ipsos prin-
» cipes extra ». Atque in hac contentione mane, peractis sacris,
omnes, ut congregati erant, ad legatum et episcopum in magno
episcopalis palatii claustro convenere. Tunc convocatis Ecclesie
patribus, legatus, interpetre magistro Roberto carmelita, longum ad eos sermonem pro obedientia et recto consilio habuit,
demonstras (1) eis « quantam passi fuerint calamitatem ex con-
tentu (2) consilii quod eis dederat ne ad pugnam extra civitatem exirent; nunc autem penitus nullum esse salutis remedium
nisi ut episcopo colla submicterent promicterentque (3) legatum et episcopum exire obviam duci ad placandum ejus animum, presente et, ut sperabant, juvante Francorum rege; ac
etiam, hoc facto, expurgarent hanc criminis maculam quam
Burgundi palam ipsis obiciunt (4), captivum scilicet detinere
eos et invitum eorum episcopum ». In hanc fere sententiam
episcopus longo et accurato sermone ad universum populum
orationem suam gallice prosequutus est, « confirmans legati
dictum de opinione captivitatis sue apud Burgundas (5), ac
firmiter publice asserens se velle cum ipsis vivere et mori et
pro eorum salute certaturum usque ad sanguinem (6) »; idem

---

(1) Lisez *demonstrans.*
(2) Sic, pour *contemptu.*
(3) Lisez *permitterentque.*
(4) Lisez *objiciunt.*
(5) Lisez *Burgundos.*
(6) Le légal, paraît-il, exigea que l'évêque l'accompagnât dans cette
mission parce qu'il comptait des amis parmi les Bourguignons, tandis
que lui leur était suspect comme trop favorable aux Liégeois : « Legatus
cunctis Burgundis invisus fuerat, quod nimium Leodiensibus favere cre-
ditus sit ». (HERBENUS, dans DE RAM, p. 359.) Cf. ADRIEN, col. 1358.

Giodocus de Marca, officialis et canonicus Leodiensis (1), nomine
patrum Ecclesie, publice predicavit; hoc etiam Amelius Velroys, nomine seniorum civitatis, pro rostris longo sermone
disseruit ac ut in hanc declinarent sententiam alium populum
exortatus est. Ipsis ergo in consilio dimissis, legatus et episcopus cum patribus Ecclesie abiere in proximum cenaculum
levem refectionem sumpturi; varie inter eos sententie erant :
aliis approbantibus eorum recessum, aliis vero improbantibus
ex rationibus jam dictis, ac pene consertis armis inter se dissi-
debant; vicit tandem plurimorum sententia, suasu et magna
exortatione Amelii et aliorum bonorum civium, primatum
civitatis, ut, fide pro reditu data, legatus et episcopus exirent
obviam regi et duci, confecturi pacem eorum arbitrio, data
quoque legatione Amelio et decem aliis civibus ut una cum
eis proficiscerentur et civitatis nomine cuncta susciperent et
approbarent que legatus et episcopus decernerent.

Hac delliberatione intellecta per duos cives a consilio civitatis ad eos missos, legatus et episcopus una cum deputatis civibus
ad iter se accingebant, celeriter adductis equis et paucis rebus
ad iter necessariis secum sumptis, Joanne quoque der Vild
inclite (2) cum una armatorum cohorte pro eorum comitiva
secum vocato, usque ad proximam extra civitatem villam; sed
redeuntibus quibusdam extra civitatem equitibus, convocata
secum ea civium parte que eorum recessum improbabant, ad
portas episcopalis palatii armati et furore incensi concurrentes,
exitum impedire conati sunt, sevam mortem conminantes ipsis
legato et episcopo si recederent et aliis qui huic sententie consentirent; sed Amelius et Joannes miles cum eorum comitibus
ad portas palatii concurrentes, illis graviter increpitis et vi
repulsis, liberum legato et episcopo prebuere exitum; qui fuit
die xxiij octobris, tertia hora post meridiem, semper timente

---

(1) Josse de la Marck. Cf. ci-dessus, page 32.
(2) Lisez *milite* ?

episcopo ne, mutato consilio, ipsis apud eos his quos in Ton
gris captivos ceperant cives ad (1) exitu ipsos revocarent (2).

Occurrit primo aspectu ad ipsas civitatis portas atrox et
horrendum spectaculum: exiverant enim ea die multe e civitate
mulieres et senes imbelles cum plaustris et equis ad perqui-
renda cognatorum et amicorum cadavera, adductisque fere
ducentis cadaveribus in proximum portis, campum (3) quisque suum perquirens et cognoscere studens cetera circum-
volvebant; miserabile visu ! Idem (4) continuo itinere passim
alii occurrebant super equorum dorsa ante se perfossa et
concisa suorum cadavera deferentes.

Cum paululum a civitate digressi essemus, prope villam
Lantin (ubi exacto die bellum atrox fuerat) visum est legato et
episcopo ut Joannes miles cum sua armatorum cohorte ad
civitatem rediret, ne ejus concursu armatorum viso Burgundi
ad bellum excitarentur : qui ut rediret admonitus, id facere
recusabat, asserens se nolle in civitatem reverti ad rusticorum
manus ex (5) potestatem, qui ipsum pridie in campis interficere temptaverant; et in hanc fixus erat sententiam; sed legatus et episcopus magnis exortationibus ipsum ad civitate (6)
regredi suadebant, precipue ne Leodienses violatam ipsis datam
fidem putarent et aliquis tumultus vel eruptio in civitate
fieret in ipsorum magnum periculum. Acquievit Joannes miles
legati et episcopi exortationibus et ad civitatem regressus
est, non sine mentis molestia, palam predicans se ad mortem

---

(1) Ce passage est incompréhensible Il faudrait : *consilio, ipso ut eos
quos in Tongris ceperant cives ab exitu revocarent.*

(2) Cf. Piccolomini, pages 378-379. Philippe de Commines prétend que
le légat s'enfuit de la cité. Cette assertion est réfutée par de Gerlache,
Histoire de Liège, page 283.

(3) Lisez *cognatum ?*

(4) Lisez *item.*

(5) Lisez *et.*

(6) Lisez *civitatem.*

reverti, sed ignominiosam effugere et gloriosam peracturum(1).
Post ejus discessum, Amelius ad aures legati accedens, interogabat « an ipse plene a censuris et peccatis suis absolutus esset
per legati indulgentiam civibus Leodiensibus in suo ingressu
traditam »; cui legatus assentiens, interogabat « cur nam hoc
peteret, aut suspicaretur de aliquo sue vite discrimine »; illo
autem « se minime dubitare affirmante, sed pró sui animi
quiete hoc petiisse », paululum progressi sunt. Rursus idem
Amelius ad episcopum accedens, interogabat eum « an ipse
securus cum eo accedere ad Burgundos posset »; cui cum
episcopus respondisset « se securum esse et eum debere venire
intrepide super caput suum », prompto et forti animo iter
cum eis prosequtus est. Venimusque prope villam Lantin ubi
prelium pridie fuerat circa solis occasum; ibique, circa tumu-
lum ubi villa sita erat, repertis forte quingentis occisorum
cadaveribus in ipsius vie publice longo excursu, que paululum
depressa et subfossa erat, vix equos quamvis stimulis agitatos
horrore et narium strepitu subsistentes ad iter intendere
valebamus, cum nullo pacto gressum extendere possent quin
cadavera pede calcare necesse esset; accedebat etiam cadaverum que in hedificia (2) comburebantur tetrus fetor, qui hominum et animalium graviter offendebat olfactum; quare magna
difficultate ejus vie transitus exactus est, cum nec diverti
posset; processere etiam in ipso vie tractu ex semiustis domibus exeuntes mulieres fere viginti, accensis cereis, flentes a
legato et episcopo salutem et pacem muliebri ululatu postulantes : quibus bono animo esse jussis, parumper substitimus
expectantes an ex castris marescalli aliquis obviam prodiret,
ut statum fuerat. Premiserat enim episcopus primo ex civitate,

---

(1) Jean de Wilde, dit M. DE CHESTRET, accompagna l'évêque et le légat
jusqu'en vue du camp de Ravestein. (*Bull. de l'Institut archéol. liég.*,
t. XIII, page 17.)

(2) Lisez *œdeficio*.

demum vero statim post civitatis exitum, duos successive heraldos ad castra marescalli, notum ei faciens nostrum e civitate
discessum et accessum ad ipsos, utque aliquos nobiles cum
paucis armatis securitate obvias (1) micteret, legatum et episcopum suscepturos. Nullo igitur redeunte nec aliquo exeunte
obviam, paulatim procedentes, jam supervenientibus tenebris
noctis, mirabundus episcopus tertium numptium familiarem
suum indutum heraldi vestibus misit, ipseque heraldi vestes
induit Francorum liliis depictas, patrio more; qui etiam tertius
numptius, licet ad horam expectatus, minime ad nos redibat.
Tunc legatus ad episcopum parumper conmotus : « Quidnam,
» inquit, hic agimus? Jam tenebre sunt, et tempus est ut
» excubie exercitus exeant, ut moris est, ad terminos et fines
» castrorum custodiendos; si in tenebris nobis occurrant, signo
» eorum nobis ignoto, lanceis et sagyptis nos primo impetent,
» hostes putantes si ad nomina eorum vel signa illico non
» responderimus. » Obmutescebat episcopus, animo tristis,
nihil respondens nisi : « Valde miror, et aliquis profecto
» veniet ». Incensa erat in proximo ad mille passus et vehementer ardebat insignis villa ducentorum fere domorum quam
vocant Schindelmol (2), ad cujus eminentis flamme lumen nos
invicem videre, non tamen clare, nisi ad vocem cognoscere
poteramus. Suadebat legatus ut ville appropinquaremus ut, si
aliqui supervenirent, ipsos cognoscere et ab his possemus
cognosci, et si nulli occurrerent, ibi saltim transigeremus
residuum noctes (3) usque ad lucem, vel, si magis placeret,
precedente aliquo viarum perito, peteremus Trajectum. Obam-
bulabat episcopus tristi vultu, cum suis domesticis modo gallice
modo germanice conloquens, et nihil aliud legato respondens
nisi : « Appropinquemus ardenti ville et expectemus adhuc

---

(1) Lisez *securitati obvios*.
(2) Xhendremael (autrefois *Skendremale*), entre Lantin et Othée.
(3) Lisez *noctis*.

» modicum ». Erat ex opposito nobis alius ingens focus, more
castrorum, circa quem ex motu viso gentes circumambulare
videbantur; misso igitur ad eum locum directe ad ignem uno
ex nostris, excelsa arbore contra ardentem villam ei pro reditu
signo dato, ibi substitimus ultra hore spatium ipsius reditum
expectantes; cum tamen minus mille passibus distare videbatur, nec hic quidam (1) licet diu expectatus ad nos redibat, non
sine omnium maxima animi turbatione : quare legatus, sibi
magis quam episcopo periculum iminere considerans, vocato
seorsum quodam ex suis familiaribus, Tilmanno ex Tongris
orto, quem a Roma secum duxerat, interogavit « an iter bene
» nosset quo Trajectum itur »; quo respondente « se optime
nosse et sperare etiam se Trajectum petiturum, castris Burgundorum omnibus ad partem relictis, nemine etiam per viam
offenso »; tunc legatus ad episcopum : « Non parum, inquit,
» miror imprudentiam tuam quod tam leviter et inordinate
» nos in his tenebris et periculo maximo extra civitatem
» eduxeris, hac cura in te suscepta, si sciebas aut dubitabas
» aliquos ex Burgundorum castris nobis non fieri obvios vel,
» quod deterius est, numtios nostros jam tres aut quatuor
» detenturos, cum firmiter in civitate mihi affirmares aliquos
» nobiles nobis obviam fore venturos; nunc autem nedum ipsi
» veniunt, sed numtios nostros retinent. Certe satius aut
» tutius fuisset in civitate manere vel ad eam nunc reverti
» quam hic esse cum tanto personarum et vite nostre discri-
» mine. Ego ut Trajectum petamus censeo. » Idem etiam censebant Leodiensium legati, licet satis turbati mente; episcopus
vero ad legatum conversus: « Vereor, inquit, si aliqui ad nos
» suscipiendos venerint et non invenerint, ne putent se fore
» delusos et meos quos misi morte afficiant ». Ad hec legatus :
« Dimicte hic aliquos ex his tuis magis notos Burgundis, qui
» eis significent nos Trajectum petiisse, et infra quatuor horas

(1) Lisez *quidem.*

» certi esse poterunt se minime fore delusos cum cognoverint
» nos illic esse; aut si manere hic mavis, ego Trajecti ero; si
» quid opera mea opus fuerit, vel accersitus veniam ». Et simul
his dictis, jussit Tilmannum familiarem (1) precedere et alios
suos se sequi. Incedebat legatus solus cum suis, episcopo
adhuc subsistente; sed paulo post, verecundia motus, episcopus cum suis legatum sequutus est. Cum simul progressi essent,
paulo plus mille passus occurrerunt in mediis campis et tenebris decem aut duodecim (ut videri poterant) armati equites,
lanceis et tensis balistis muniti, et cum his, unus ex numptiis
per nos missis : qui audito equorum nostrorum hinnitu et
gressu, excubiarum more signum et nomen petentes, cum
nostri aliud nomen aut signum ignorarent, acclamarunt legatum pape et episcopum Leodiensem; tunc appropinquantes,
salutato episcopo prius gallice, et demum legato, deduxerunt
nos in proximam villam quam vocant Elch, alias Othey (2),
ad quam eo die advenerant et cum suis gentibus erant
castrametati duo germani fratres nobiles vocati de Victem (5),
Federicus (4) et Varnerus, ex sorore nepotes illustris Varnerii
de Palant, Aquensis prepositi (5), episcopo Leodiensi familiares et legato satis noti; qui cum legatum et episcopum
una cum Leodiensium legatis cernerent, mente stupidi se signo
crucis signabant, mirantes quo pacto incolumes ad eum locum
venissent, cum firmiter statutum inter omnes duces exercitus
et in castris esset, post pristinum cum Leodiensibus peractum
bellum, omnes quos e civitate venientes conspicerent, nullo

---

(1) Ce mot, ajouté après coup, est douteux.
(2) Othée (en flamand *Elch*), à une demi-lieue de Xhendremael.
(5) Witthem. Voir les archives héraldiques de Le Fort.
(4) Sic.
(5) Je trouve dans DE THEUX, tome II, page 209, Renier, baron de
Pallant, vice-prévôt d'Aix, qui avait un frère du nom de Werner. Il doit y
avoir erreur de la part d'Onufrius.

personarum delectu habito aut cum eis conmunicato sermone, protinus interficerent (1); ipsi tamen comiter et (2) poterant et leto vultu legatum et episcopum cum suis comitibus in eorum tuguris (3) et humilibus casis suscepere, paupere et militari mensa (ut loci et temporis qualitas exibebat (4)) eis apposita, diversis cervisiis ad potum oblatis, stramentis quoque novarum segetum, uti mos patrie est non contritis, pro cubili eorum dispositis, reliquis fere omnibus ad numerum triginta in terram prostratis; equi vero omnes, tam legati quam episcopi et civium Leodiensium qui cum eis erant, per diversas ville domunculas distributi sunt.

Cum legatus et episcopus quod parvum noctis residuum supererat quieti darent super duos segetum acervos proximi jacentes, omnibus aliis dormientibus, ingressus est eum locum is quem supra nominavimus Montarchier, ex Tongris ab episcopo ad ducem missum, episcopi familiarem et duci notum et domesticum (5), et qui tam humiliter ad terram prostratus in Tongris pro sua et Burgundorum salute legato summas gratias egerat (6); hic cum magno silentio locum ingressus esset, legato dormitante et ipsum vidente, excito episcopo, diu et tacite episcopi auri inherens conloquutus est. Demum abiens, aliquandiu manens, cum secundo hoc idem fecisset, miratus legatus quod cum is a duce veniret nil sibi referret; ac ne ipsum dormire putaret, episcopum salutavit ipsum interogans an dies esset: quo resalutante et respondente nondum, nihilominus ille nullum legato verbum faciens abiit; cumque hoc tertio fecisset, surgens e strato segetum legatus ad episcopum accessit,

---

(1) Lisez *interficere.*
(2) Lisez *ut.*
(3) Lisez *tuguriis.*
(4) Lisez *exhibebat.*
(5) Lisez: *missus... familiaris... notus... domesticus.*
(6) Voyez ci-dessus, page 99.

ipsum interogans quidnam hoc esset aut sibi vellet hujus tam
frequens reditus et tacitus sermo; ad hec episcopus mente
pavidus : « Hic, inquit, a duce revertitur et fideliter retulit
» que sibi fiere (1) conmissa; verumtamen refert ducem cum
» rege fore concordem, ipsosque simul ad perditionem civitatis
» venire et in proximo esse; ac male esse contentum de nobis
» duobus, quod causam insultui Tongrensi dederimus et nos-
» tra illum opera fuisse factum, nec potuisse sibi aliter persua-
» deri per eum vel alios nec licteris Umbercort, qui rei seriem
» fideliter scripserit ». Circa hec dicta sunt mutuo que expe-
diebant, cum ipsi duo legatus et episcopus rem gestam optime
nossent; ac reliquum noctis vigiliis et conloquiis transegerunt.

Summo diluculo, cum legatus et episcopus divinis lectioni-
bus perhorandis intenti essent, numptius ad episcopum
ingressus est referens dominum   (2) de Argui, nepo-
tem ex sorore ducis Brittanie et filium principis seu ducis
Auraice (3) ac virum sororis episcopi Leodiensis, ante fores domus cum suis armatis conmilitonibus esse : ad quem episcopus
festinus exiens, equum sibi adduci jussit ac statim ipsum
ascendens, paululum simul conloquti, legato dici fecit ut etiam
ipse celeriter equitaret quoniam multi domini principis exercitus obviam venientes propinqui essent, inter quos marescallus
Burgundie et dominus de Monte-Acuto (4), frater ejus, Filippus

---

(1) Lisez *fuere*.
(2) Cet espace blanc, probablement réservé au prénom d'Argueil, existe
dans le manuscrit. Argueil est un village du département du Doubs, à 4
ou 5 kilomètres S.-O. de Besançon. Il s'agit ici de Jean de Châlons, sire
d'Argueil, fils de Guillaume VIII de Châlons, prince d'Orange, et de Cathe-
rine de Bretagne. Il épousa (en premières noces) Jeanne de Bourbon, fille
du duc Charles Ier, et sœur de l'évêque Louis de Bourbon. Il devint plus
tard prince d'Orange.
(3) Lisez *Auriaci ?*
(4) Jean de Neufchâtel, sire de Montagu.

de Sabaudia (1) et plures alii ; legatus, aducto (2) sibi equo, et
sex vel octo aliis ex suis familiaribus cum his equum conscendit, salutatoque Argue et data vicissim dextra, non tam leta
salutatio reddita est qualem decebat et alias fuerat solita cum
Bruggis simul familiarem consuetudinem habuissent tanquam
cum cognato episcopi. Ipsi igitur tres simul procedentes versus
duces illos, venerunt in campis, aliis legati familiaribus qui
nondum equos habebant sequi jussis; apparuere a longe, fere
ad mille passus, duces supranominati quilibet cum sua cohorte
non parva veniens. Remanserant aliqui familiares legati cum
ejus agasone in loco unde discesserant, paucas eorum sarcinulas disponentes, qui post legatum sequebantur; ad quos venientes quidam armati equites ex agmine Argue, agasone legati
in pectore lancea percusso, fere ad mortem et ex mulo quem
insedebat in terram dejecto, ipsum cum sarcinulis et omnibus
legati familiaribus captivos reduxerunt ad locum unde discesserant; cumque ad legatum accurrisset quidam hec numptians,
versus ad episcopum legatus aït :« Nunquid apud hostes sumus
» et affines tui nobis hostes sunt? Audi quid hic referat. »
Tunc episcopus ad legatum: « Ecce, inquit, pater, necesse est
» ut te captivum cum omnibus tuis sub fide dedas huic, qui
» cognatus ex sorore mihi est; et apud eum securus et com-
» modius manebis quam alium quempiam, et precipue mare-
» scallum et multos alios qui in mortem tuam et tuorum
» conspirant, tanquam in Leodiensium fautores ». Tunc paululum subridens legatus ad episcopum inquit : « Satis dubito
» an sane mentis sis qui mecum de captivitatis fide verbum
» facias; actende quid dicas aut cogites, et vide ut recte agas.
» Hecne est fides et auctoritas tua quam cum in civitate simul
» essemus spondebas et pollicitus es? Non est impotestate (3)

---

(1) Voy. ci-dessus, page 108.
(2) Lisez *adducto*.
(3) Sic, pour *in potestate*.

» mea ut cuiquam de captivitate sponte fidem dedam : sum
» enim ab apostolica sede missus et sub pontificis maximi
» Pauli potestate constitutus; si vis inferatur, patiendum est
» quousque Deo placuerit. Miror satis quid sibi velit hec cap-
» tivitas : homines indutos lineis armati captivare nostis (1).
» Si heri vel paululum fuissem de hoc suspicatus, non fuisset
» utique vobis tam facilis captio. Sit in nomine Domini! »

Tunc episcopus, nomine ipsius Argue et ut ejus interpes,
blandis verbis ad legatum conversus : « Nobiles, inquit, nullo-
» modo vim inferrent; sed ignobile vulgus pedestrium et
» sagyttariorum ad predam et sanguinem proni et intenti vix
» coherceri possent, maxime cum diversarum nationum sint,
» barbari, et firmiter teneant te esse Leodiensium fautorem,
» quorum ipsi sunt hostes acerrimi. Totum hoc ad bonum
» finem fit et ob persone tue custodiam et tutelam. » Ad hec
legatus : « Jam dixi; agite ut lubet ». Iterum episcopus et
Argue : « Oportet, inquit, ita fieri; alias persone vestre et vite
» periculum imitiet (2) ». Rursum legatus : « Verbum, inquit,
» *oportet* necessitatem inducit nec recipit replicationem; fiat
» quod fieri necesse est ». Tunc, extenta dextra, Argue a legato
fidem exegit pro se et suis ut non discederent : quam, juncta
etiam dextra, legatus dedit. Rursum lente ambulantes seorsum
conloquuti, episcopus et Argue parvo intervallo temporis ad
legatum reversi, episcopus iterum ejus nomine ad ipsum :
« Quoniam, inquit, non est Argue princeps exercitus hujus,
» sed marescallus, et ne ipse personam tuam, ut superior,
» vendicare in captivitatem possit, fidem dabis te non disces-
» surum sine jussu et voluntate ducis Burgundie ». — « Hoc,
» inquit legatus, libentissimo animo faciam ». Et data iterum
dextra : « Peto, aït, ut ad ducem eamus; vel si id commodum
» nunc non est, mictite unum ad ducem qui meo nomine petat :

(1) Le sens de cette phrase n'est pas clair.
(2) Lisez *imminebit ?*

» secum me desiderare habere conloquium; polliceor certe
» me iturum, nedum ex hoc loco, sed etiam si in Italia essem,
» usque Brugis; hac enim mente et sententia civitatem exi-
» vimus ut ejus presentiam adiremus, nec recte agitis hoc
» impedire. Et ut clarius sententiam animi mei noscatis, si in
» Italia essem, his vanis nugis contra honorem apostolice sedis
» intellectis, redirem utique, nec Romam peterem nisi eis
» discussis et toti mundo palam editis vaniloquiis, fraudibus et
» proditionibus multorum perditorum hominum, ac (1) sancta
» provisione, cura, sollicitudine apostolice sedis et opera
» s. d. n. pape et ministrorum suorum, quorum unus ego
» minimus et indignus sum. » His dictis, quoniam marescallus,
Filippus et alii duces exercitus (quos supra nobis occurrere
diximus) jam proximi nobis erant, episcopus ad eos salutan-
dos accessit, se statim rediturum asserens ad proximam villam super Hiar, id est Hyecoram (2) flumen, quam vocant
Loye (3) alias Rivech, ubi Argue cum suis castrametatus erat.

Quo abeunte et cum his ducibus conloquente, legatus cum
Argue et omnibus suis ad villam Loye venit, Lantinus (4) mille
passus distantem; ad quam etiam agaso cum aliis legati familiaribus qui in villa Elech (5) (unde discesserat) detenti fuerant,

---

(1) Il semble qu'il y a ici une lacune d'un ou de plusieurs mots.
(2) Le Geer ou Jaar (en latin *Jecora*).
(3) C'est probablement Lowaige, sur le Geer. Mais Onufrius doit faire confusion lorsqu'il ajoute : *alias Rivech*. En nous rapportant au texte d'ANGE DE VITERBE, col. 1459, cette dernière localité doit être Kemexhe, qui, du reste, ne se trouve pas loin de Lowaige, mais non sur le Geer. Voici le passage d'ANGE DE VITERBE :

> Ast Arges Jecoræ legatum ad flumina ducit
> *Kineccham* et villam dictam ; tentoria habebat
> Juxta ipsum, etc.

(4) Lisez *Lantino?* Le mot est douteux.
(5) Othée. Cf. ci-dessus page 27.

áducti (1) sunt, una cum legatis Leodiensium, comitati armatorum agmine. Erant castra Argue ab utraque parte Hyecore
fluminis : cis flumen tenebat quidam Antonius de Salanova,
nobilis ex Sabaudia ; hic italice lingue peritus, cum vidisset
inter alios legati familiares Jacobum.... (2) Cremonensem, legati
cancellarium, loculos ante et post equi sellam habentem,
putans magnam pecuniarum summa (3) in his deferre, blandis
eum verbis alliciens, antequam Hyecore pontem transiret in
suam qua hospitatus erat domunculam duxit ; quo cum deventum esset, eo ad terram prostrato, sublato equo, rebus et
pecuniis suis direptis, gladiisque ad jugulum ejus appositis ut
reliquis si quas haberet aut sciret pecunias degeteret (4), miserabiliter concussus est ; deferebat et ipse Jacobus cancellarius
secum in his loculis omnia legati sigilla, apostolicas litteras et
alias scripturas secretas ad suam legationem pertinentes : que
omnia ab his violenter ablata et distracta sunt. Legatus, tran-
sito Hyecore fluminis ponte, cum aliis suis ad domum Argue
ductus est et in superiorem ejus partem conlocatus, armatis
circumsistentibus, illico omnibus equis inter se partitis prout
per viam vicissim sortiti erant, et sarcinolis seorsum positis
ad unum cumulum ; cumque unus ex legati familiaribus qui
deorsum erat, viso per fenestram legato, clamasset : « Vis
nobis infertur et spoliamur », respondit legatus : « Permictite
ipsos facere et nolite rixari » ; et conversus illico ad eos qui cir-
cumstabant seniores sotios Argue, juvenis ætate et prudentia :
« Hæc est, inquit, optima custodia personarum et rerum nostra-
» rum quam polliciti estis ; videmini nuc (5) vere agere ut recti

---

(1) Lisez *adducti*.
(2) Ici un mot surchargé et illisible.
(3) Lisez *summam*.
(4) Lisez *detegeret*.
(5) Lisez *nunc*.

» predones, quod dissimulare nitebamini; sit in bona hora (1)! »
Ad hec quidam inter eos senior, d. de Soas, inquit : « Pater,
» bono animo esto : omnia salva erunt, et antequam tertia dies
» effluat, clarius inteliges et gratius accipies ad nos huc venisse
» quam adeptum fuisse scutorum centum milia ». Tunc legatus
subridens et Deo gratias inquiens, sacra parari jussit; quibus
peractis et benedictione eis data solito more, interogans ubinam
episcopus Leodiensis esset, responsum est cito venturum. Iterum legatus pro se et suis petiit cibum afferri, boni hospitis consuetudine predita (2): attulere illico cibaria comiter et affluen-
tem (3) legato, juxta parvam quadratam rusticam mensam solo
sedenti, aliis circumstantibus. Rogabat rursum circumstantes
legatus ut Argue vocaretur, qui absens erat, ut sibi mense comes
existeret : relatum est ipsum paulo post venturum, utque interim legatus cibum sumere inciperet ; qui tamen iteratis vicibus
vocatus, nusquam venit, cum suis domesticis jugiter consultans
quidnam esset acturus; inter commedendum (4) partiebatur
legatus ciborum que sibi afferebantur fragmenta inter suos
astantes, et precipue civitatis legatos, qui amaro et tristi corde
cuncta pensabant et cernebant muiti (5). Sumpto festinanter
cibo et gratis (6) Deo actis, sciscitabatur ab his qui aderant
legatus « quidnam agendum foret aut sibi vellent » ; nihil
aliud relatum est nisi « se expectare responsum ducis ad quem
numptios miserant, hortarique legatum ut leto vultu esset
nihilque mali suspicaretur » ; nihilominus jussi sunt omnes sui
qui secum erant arma deponere que ex consuetudine itineris
causa deferri solent, neve extra domum pedem efferrent.

---

(1) J'ignore la signification de cette expression.
(2) Lisez *predicata* ?
(3) Lisez *affluenter*.
(4) Lisez *comedendum*.
(5) Mot douteux. Lisez *muti* ?
(6) Lisez *gratiis*.

Exacta est ea dies deambulationibus, confabulationibus et cogitationibus multis, prout loci, temporis et rei qualitas exigebant : seminabant comilitones Argue inter multos astantes, ut etiam ad legati aures deferrentur, « legatum esse omnium Romanorum ditissimum ac faciliter, sine aliqua rerum suarum jactura, posse solvere pro sua redemptione ducatorum quinquaginta milia; quod si ita judicandum fuerit per consilium ducis, ut sperabant, se mediam partem remissurum et viginti quinque milibus fore contentum, ut perpetuo bonus filius Argue lego (1) sit permansurus »; multa similia per diversos eo die et apud multos jactabantur, nulla tamen unquam alia contumelia persone legati exibita. Venit insuper illo die pluries a castris marescalli (ubi etiam episcopus erat) is quem supra conmemoravimus Montarchier, episcopi familiaris et duci notus, qui etiam venerat preterita nocte ad villam Elch et episcopo clam fuerat loquutus; hic cum Argue et suis comilitonibus seorsum multos sermones conserebat, vadens et rediens : quem cum legatus ex fenestris conspexisset et evocasset, ad se venturum se spopondit priusquam discederet; quod tamen minime fecit, excusans se postmodum ad aliquos dies apud legatum se (2) non fuisse permissum ad eum accedere, illis prohibentibus.

Exacta jam die et juxta solis occasum advenere duo milites a marescallo ad legatum missi ex ejus castris, magna cum reverentia postulantes « ut legatus ad locum in quo marescallus cum episcopo et consilio ducis erant non dedignaretur accedere, excusantes insuper marescallum et alios consiliarios cur personaliter ad ipsum non accessissent : habere enim se curam totius exercitus quem dimictere non posset, maxime cum sequenti die civitatem expugnare decrevissent; sed antequam id agant, cupere se cum legato, episcopo et civibus deputatis habere conloquium et intelligere quidnam ex parte civitatis afferant novi

(1) Mot douteux; lisez *legato ?*
(2) Lisez *sibi.*

priusquam bellum inferatur ». Annuebat legatus accedere, licet
non parum mente sollicitus quidnam hæc sibi vellet vocatio in
tenebris noctis, postulans sibi equos adduci, qui tamen non
reperiebantur; sed Argue, inito cum suis consilio, profectionem
impediebat, veritus (ut postea compertum est) ne predam ex
legati et suorum domesticorum pecuniaria redemptione, jam
mente conceptam, perderet, et marescallus ut princeps exercitus sibi eam vendicaret et ex faucibus eorum eriperet; sub
hac conficta ordinatione tractatus altercatum est aliquantisper
inter ipsos. Multi interim ad aures legati susurrare « ut profectionem recusaret, hanc ad consilium vocationem nocturnam
esse confictam ut clam, subordinata in tenebris inter aliquos
leves homines sagyptarios rixa, legatus cum suis interficeretur
sine eorum culpa vel fame lesione ». Quibus legatus : « Si hanc,
» inquit, voluntatem habent, multis eam modis possunt perfi-
» cere. Vadamus in nomine Domini ! »

Tandem, post eorum concertationem, duo ex senioribus
Argue ad legatum venere dicentes « se profectionem ejus ad
marescallum permictere, sed cum tribus aut quatuor ex suis
tantum ». Ad quos legatus magis conmotus : « Non recte, inquit,
» agitis; jam fidem dedi quam exegistis pro me et meis omni-
» bus, ut sine voluntate ducis non discedamus : satis ex hoc
» tuti esse potestis cum, etiam si vellemus discedere, impossi-
» bile esset nobis in medio tanti exercitus constitutis. Permic-
» tite meos mecum venire. » Rursus illi : « Non possumus,
» inquiunt, plus permictere antequam habeamus a duce
» responsum; sed eligite ex vestris quatuor, et nos supple-
» bimus aliorum numerum ». Concurrebant plures ex legati
familiaribus ad eum ut se eligeret ex (1) numero quattuor;
ad quos legatus : « Nolite mihi molesti esse; veniant ex vobis
» quatuor quicunque velint ». Et dimisso inter eos Richardo,
magistro domus et ex familiaribus secularibus antiquiore et

(1) Lisez *in.*

primiore, legatus secum sumsit (1) ex clericis Joannes Altefast decanus (2) ex Liziburgo, Bartholomeum ex Brixia, presbiteros, ex secularibus Zuccarium ex Tuderto et Petrum ex Perusio (3); sequuti sunt postea magister Robertus carmelita et Hermannus, numptius publicus legati, munitus insignibus pontificis maximi Pauli. Venit personaliter Argue cum quinquaginta ex suis comilitonibus, omnes armati, et per viam legato seorsum referens « hanc marescalli vocationem non fore nisi ad aliquod malum perpetrandum: sed se cum suis omnibus, quos fere duo milia habebat, potius periturum quam permissurum eum aliquid sinistre agere ».

Profecti sumus paulo post solis occasum, omnibus legati familiaribus qui apud eos remanebant flentibus ad fenestras, viso recessu et armatorum comitiva : quos legatus palam graviter increpuit et bono animo esse jussit, se post quatuor horas et (4) ipsos rediturum asserens; comendavitque omnes quibusdam nobilibus ut curam eorum susciperent, recepturi ab omnibus retributionem condignam, prout factum est. Non longius tribus aut quattuor passuum milibus aberant castra marescalli, apud villam quam vocant Beyrsees (5), poteratque illud iter confici una hora aut paulo plus : nescitur tamen ob quam causam, longo itineris protracto circuitu per eos qui nos ducebant, vix tribus horis ad locum pervenimus, in maximis tenebris noctis et plurimis armatorum agminibus nobis obviam factis, ut facile quis suspicari posset quod in aure fuerat antea susurratum. Venientes igitur ad palatium Beyrsees, factus est legato obviam ipse marescallus et una cum eo episcopus Leodiensis, dominus de Humbercourt, d. Petrus Hachembach et plures alii ex

---

(1) Lisez *sumpsit.*
(2) Lisez *decanum.* — *Liziburgum,* Luxembourg. Cf. ci-dessus page 54.
(3) Lisez *Perusia. Brixia,* Brixen; *Tudertum,* Todi; *Perusia,* Pérouse.
(4) Lisez *ad.*
(5) Bierset, commune du canton de Hollogne-aux-Pierres.

secreto consilio ducis, omnes marescallum excusantes quod,
« nisi fuisset exercitus cura et custodum ac vigiliarum dispositio, non dedissent legato hujus itineris laborem, sed omnes
personaliter ad ipsum convenissent ». Hanc (1) rationabili excusatione per legatum grate suscepta, in secretiorem domus
partem omnes in consilium convenimus, intromissis etiam
Leodiensium legatis qui nos fuerant sequuti; ad quos primo
marescallus conversus, Amelium (qui primus inter eos erat)
prius interpellavit, interogans « quidnam Leodienses dicerent
aut sibi vellent; cupere se eorum mentem intelligere priusquam civitatem armis expugnet : quod crastina die agere
decrevit; nuntiatum autem sibi esse Leodienses ea nocte
contra eum parasse insultum : ob quam causam jussisse plures
villas incendi ad tenebras effugandas ut iter ad eum veniendi
et videre et noscere clarius possent, ac in eo loco se illos
expectare », et multa alia jactabunda in hanc sententiam. Ad
hæc Amelius pronus in terram respondit breviter in hanc fere
sententiam : « Reverendissimi patres et illustres domini, pauca
» nobis dicenda supersunt civitatis nomine; pacem sumopere
» desideramus, hanc semper quesivimus et non invenimus;
» coacti nunc non sponte bellum intulimus, graviter prius
» bello lacessiti. Nunc, in tanta rerum extremitate, hec a
» nostris concivibus mandata suscepimus : hi duo hic pre-
» sentes, legatus apostolice sedis et Leodiensis episcopus,
» nostri veri domini sunt; ipsis obtemperare parati sumus,
» quicquid statuerint, decreverint, jusserint. Si in aliquo ducem
» offendimus aut sibi debemus, eorum nos submietimus judi-
» tio. Denique hec est mandati nostri summa : ut totius civi-
» tatis nomine omnia agamus que ipsi duo fieri mandaverint. »
Tunc marescallus vultu et voce ferox factus, hec pauca protulit
ad Amelium conversus : « Cave ne te amplius magistrum (2)

(1) Lisez hac.
(2) Scilicet magister civitatis, bourgmestre.

appelles » (vocabant enim eum *magistrum Amelium*, quod magistratus nomen Burgundi maxime dampnabant ob legem Leodiensibus de abolitione magistratuum datam); ad hec respondit Amelius « se comuni nomine, etiam sine magistratu, ab omnibus *magistrum Amelium* appellari, non contra federis legem ». Rursum marescallus legatum interogans « an qui (1) sibi dicere placeret », cum legatus respondisset « se nil aliud velle dicere, cum legati Leodienses satis mentem civium declarassent et justitie se submicterent, sed cupere intelligere quod ipse Amelio responsum daret », eodem modo episcopum interogavit « an etiam ipse aliquid vellet dicere »; tunc episcopus satis composite gallice loquens : « Hi, inquit, mei subditi
» sunt et eorum me habere curam necesse est ac avertere
» ab eis mala, postquam ipsi justitie et nobis duobus se sub-
» mictunt. Rogo illustrem dominum ducem qui absens est et
» vos omnes qui ejus nomine hic presentes estis, ut eorum
» petitiones et oblationes grato animo suscipiatis, neve ad
» hujus inclite civitatis et patrum (2) vastationem et desola-
» tionem in meam et Ecclesie pernitiem tam intenti et proni
» sitis. Dominus legatus et ego inducemus eos ad omnia que
» justa fuerint et non ingrata duci; inconsultum est autem
» ea cum sanguine velle perficere que sine sanguine confici
» possunt »; et plura alia in hanc sententiam. Tunc marescallus, furore incensus, petita ab episcopo venia, hec in effectu respondit : « Reverende pater, quia alto Francorum ortus es
» et illustrissimo domino meo duci satis proxima fraternitate
» junctus, veniam dabis si nimis libere loquar. Idem poten-
» tissimus et illustrissimus, victoriosissimus et metuendissimus
» dominus meus Burgundie dux jam ter (3) pro defensione

---

(1) Lisez *quid*.
(2) Lisez *patriæ*.
(3) C'était en effet la quatrième fois que Charles le Téméraire se mettait en campagne contre les Liégeois (en 1465, 1466, 1467 et 1468).

» honoris, status et persone tue, bona, fortunas omnes, hono-
» rem, personam et vitam suam contra tibi rebelles maximo
» periculo exposuit; quod autem nunc, post iteratam eorum
» contumaciam et rebellionem, tibi se sumictere velit, scias
» pro certo ipsum minime facturum nec etiam tibi se sub-
» mictet (1), domine legate; et ignosce nobis. » Postea vero ad
Leodienses conversus : « Ego, inquit, nullam aliam federis
» legem aut submissionem nos alios (2) volo nec a vobis
» accepto, nisi ut civitatem ipsam, domos, bona et corpora ad
» omnem discretionem ducis, voluntatem, potestatem et libe-
» rum arbitrium supponatis et tradatis; et die crastina, nisi
» hec fiant, gladius utriusque judex erit : capietur civitas vi
» et penitus spoliabitur et incendetur, et occidentur multi, et
» mihi placebit; violabuntur ecclesie et jura ecclesiastici (3),
» violabuntur virgines, nupte quoque et vidue, et multi inno-
» centes peribunt, et mihi displicebit. Hec tamen omnia fient.»
Obstupuere circumstantes omnes ad tam atrocem sermonis
exitum. Amelius vero, vir audax et vulgari sermone gallico
satis eloquens, illico respondit, inquiens : « Hec omnia facere
» parati sumus, si hi duo nostri domini suaserint aut juxe-
» rint (4) ». Et quoniam marescallus in suo sermone legati
fecerant (5) mentionem et aliqua in eum (licet pauca) verba
pertulerat (6), indecens visum est legato pro sedis apostolice
dignitate et suo honore tacere penitus et nichil respondere,
licet frustra omnino tunc verba jactarentur, stante animi
obstinatione ad civitatem evertendam; igitur episcopo Leodiensi pro interpetre sumpto, hec marescallo dici mandavit :

---

(1) Lisez *velint.. ipsos... facturos... submittent.*
(2) Supprimez *nos alios* ou lisez *nobis aliam.*
(3) Lisez *ecclesiastica.*
(4) Lisez *jusserint.*
(5) Lisez *fecerat.*
(6) Lisez *protulerat.*

« Illustrissimum Burgundie ducem esse potentissimum et
» talem, imo majorem, quam ipse predicaverit, nec nos duos
» parvos episcopos ipsum compellere posse ut se nobis sub-
» mictat; sed indecens est et etiam iniquum ut ecclesie Romana
» et Leodiensis se sibi submictant, nec unquam credo se illi
» sponte submissuras nisi vi coactas. Ego in presentiarum
» justitiam tueri nisi verbis nequeo; si mihi eadem potestas
» vel potentia esset qualis et auctoritas, plura cogitarem aut
» dicerem, et forte marescallus mitius loqueretur. Multi sunt
» dies elapsi quibus hanc previdi calamitatem, et pluries abesse
» statui et templavi; sed sors aut Dei voluntas ita non tulit
» ut abessem: cui parere necesse est. Transeat ergo res sorte
» sua et Dei nutu! »

Secessit episcopus cum legatis Leodiensium ad partem, ut de
marescalli verbis simul agitarent; accessit et Humbercourt ad
legatum scorsum, maxime instans apud cum « ut Leodiensibus
suaderet acceptare que marescallus dixerat et ad liberam ducis
voluntatem omnia subducerent, meliores conditiones pacis
consequuturos si hoc agerent et ducem mitius cum eis acturum » Cui legatus : « Meminisse, inquit, debes quanta mihi
» diversis locis et temporibus dixeris de intentione ducis et
» suorum ad civitatem evertendam, et plura scio quam ipsi
» sciant de vestra intentione et maximis calliditatibus. Quod
» autem nunc eis suadere debeam ut ad voluntatem ducis se
» dedant, stante hac truci animorum vestrorum sententia,
» nescio qua conscientia aut honore apud Deum et homines
» hoc agere debeam, nisi prius a vobis intellexero qualis hec
» voluntas aut discretio vestra futura sit; si tamen hoc ipsi
» agere decreverint, se.. (1) non dissuasurum. » Rursus Umbercourt ad legatum : « Utcumque sit, melius erit pro eis hoc
» agere quam bello experiri. Quantum vero ad personam ves-
» tram attinet, de summa stultitia quam hic Argue in eam egit

_____

(1) Deux lettres illisibles.

» ut captivum apud se detinere fuerit ausus, certo scias hanc
» rem sumopere duci molestissimam esse et gravissimas de eo
» sumpturum penas, confecto hoc Leodiensi bello. » Accessit
ad hæc verba marescallus, eadem confirmans et subdens se
intellexisse : « Argue multa in eum maledicta fuisse confictum (1)
ut suam stultitiam palliaret, videlicet et ideo apud se deti-
nuisse legatum ne in manus marescalli devenisset, qui eum
cum suis decrevisset interficere : ob quas causas, tam patrati
sceleris quam conficti mendatii, statuisse se eum securi per-
cutere vel capite truncare in conspectu legati, nisi consiliarii
ducis, ob proximam valde sanguinis cum duce ejus conjun-
ctionem, ab hac eum sententia divertissent ». Accepit legatus
grato animo eorum excusationes et verba dulcia, licet, totiens
eorum fidem expertus, nullius jam verbis fideret aut crederet.
Inter hec accessit episcopus Leodiensis ad legatum cum civibus
legatis Leodiensibus, dicentes « decrevisse se omnia velle
facere que marescallus dixerat et petierat, paratosque scripturam conficere ».

His marescallo per eos relatis, accito notario ejus seu scriba,
marescallo dictante, in hanc sententiam scriptura confecta est :
« Amelium cum sotii (2) legatis Leodiensium, totius civitatis
nomine, pacem, veniam et misericordiam ab illustrissimo
domino duce Burgundie petere, ipsiusque ducis dispositioni,
voluntati et libero arbitrio civitatem ipsam, bona eorum omnia
et corpora tradere, parere et submictere ». Hac scriptura
confecta et publice lecta coram omnibus astantibus, statim
subscripta est per cives primo, postea per episcopum, ultimo
per legatum, non per verbum *confirmo*, sed *presens fui*, etc.,
demum publico heraldo tradita ut ad civitatem deferret et
referret responsa. Quo abeunte, consilium dissolutum est satis
lete, jam effluxa plus media noctis parte. Nitebatur Argue

(1) Lisez : *ab Argue multa..... fuisse conficta.*
(2) Lisez *sociis.*

legatum secum reducere ad locum unde venerant; tunc legatus ad episcopum conversus, presente Argue et omnibus aliis : « Ego, inquit, ut optime nosti, non sine magno labore et » industria eduxi te de civitate in qua molesto animo manebas » et clam exire temptabas, cum tamen ego solus et libere, » multis quesitis occasionibus, exire potuissem. Tu autem, sub » ficta securitatis mee spetie, reliquisti me heri in manus » predonum quos consanguineos tuos nominabas et qui, » direptis omnibus meis et meorum spoliis, equis quoque » omnibus inter se divisis, nunc familiares meos omnes » captivos detinent, vix quatuor concessis qui me hic comi- » tarentur; rursus de captivitate mea tractant et cogitant, » maxima pecuniarum summa exagenda (1) pro redemptione » mea et meorum. Optimum nobis salutis custodem dedisti; » quamobrem, ut clare intelligas, ego hinc non exibo nisi vi » ductus aut lesus corpore; et requiro et adjuro te, per fidem » et jusjurandum quod mihi prestitisti, ac ea qua possum » auctoritate tibi mando, sub his penis quas in violatores » legatorum et episcoporum sacri canones et leges sanxerunt, » ut a me non discedas, sive hic mansurus sim, sive ad locum » illum violenter trahendus; hospes eris meus vel ego tuus, » nisi hujus sceleris participem te judicari velis. »

Ad hec episcopus fere territus : « Non expedit, inquit, r. p., » ut mihi mandes quod sponte agere, ut tenear, volo et » paratus sum ». Cui rursum legatus : « Fac quod dixi, vel » sponte vel jussus, si te inmaculatum cupis ». Contradicebat Argue, ut intelligi poterant, multa in proceres circumstantes gallice verba jactans. Maxima inter proceres ducis consiliarios altercatio seorsum tacite cohorta (2) est; tandem loquuti cum Argue, abiit ipse cum omnibus suis, reductis secum Leodiensium legatis; conmendavit legatus Argue et quibusdam nobi-

---

(1) Lisez *exigenda*.
(2) Lisez *coorta*.

libus familiares suos, numero viginti duos qui apud eos remanebant, facete monens eos ne italicas carnes comederent minus sanas stomaco et cibo   (1). Multa preterea verba satis aspera per legatum habita sunt adversus Antonium de Salanova qui præsens illic erat et qui gladium ad jugulum cancellarii legati apposuerat ac litteras et sigilla legati apud se detinebat, marescallo se in medium interponente et omnia restituenda pollicente. Erat palatiolum proximum ad tria milia passuum, nomine Foux (2), fossis circumdatum, ubi cives et nobiles civitatis et patrie Leodiensis factionis episcopi et hostes eorum qui in civitate erant, ad numerum fere duorum milium, castrametati erant sub imperio Humbercort, locumtenentis ducis, et Joannis de Berges ejus college, quos supra nominavimus; apud eos episcopus Leodiensis se collocaverat. Igitur legatus, episcopus et Humbercourt, post discessum Argue, et marescallo simul discedentes (3), ad eum locum pervenere, ejusdem noctis residuum quieti dantes.

Summo diluculo (4) data sunt undique signa ut universus exercitus ad civitatis expugnationem procederet, nondum responso a civitate habito super cedula ex Beyrsees transmissa per heraldos; venit quoque eadem hora Argue ad locum de Foux, ubi legatus cum episcopo et aliis erat; duxit secum fere ducentos ex suis armatos, multa conquestus in episcopum et Humbercourt ac aliis (5) astantes, « legatum sibi per injuriam hesterna nocte fuisse violenter ereptum, cum in suam custodiam et potestatem esse deberet : venisse se ut cum apud se habeat et in Burgundiam sub custodia mictat, donec dux decernat quid de eo fuerit agendum, familiaresque legati jam

---

(1) Espace pour deux ou trois mots, laissé en blanc dans le manuscrit.
(2) Fooz, à 3 kilomètres de Bierset.
(3) Lisez *discedente*.
(4) C'était le 24 octobre.
(5) Lisez *alios*.

in Burgundiam misisse ». Erant ad angulum camere hæc agitantes, cum Argue et suis comilitonibus, episcopus Leodiensis,
Humbercourt, Joannes de Berges et aliqui milites ex patria
Leodiensi, episcopo subditi, omnes ad numerum fere viginti
in circulo positi; bi vehementer Argue increpabant, exorta-
bantur, orabant « ut ab hac se contineret insania, ne ulterius
in legatum manus apponeret, cum instantissime ducis conloquium expeteret et expectaret responsum »; instabant illi,
repugnabant isti; cum interea Joannes de Quercu, canonicus
Leodiensis(1), qui eorum verba susceperat, ad legatum veniens,
aperuit ei causam ob quam illi venerant et quid ibi in angulo
seorsum consultarent, cum gallice loquerentur; assurgens igitur
legatus et satis placide ad eos accedens, appositis manibus ad
humeros duorum armatorum et eis paululum summotis ut in
circulo sibi locum darent : « Si, inquit, de me et meis rebus,
» o milites, consilium agitis, equum est ut et ego intersim,
» audiam et vobis loquar. Satis miror, d. de Argue, impru-
» dentiam tuam, ne dicam insaniam, quod iterum de mea
» captivitate verba facere sis ausus, cum scitis quam fidem
» a me exigisti et quid spondi (2). Si habes a duce responsum,
» fac ut intelligamus; si non habes, cave ne de re hac ulterius
» verbum facias pro tuo et principis tui honore, cum prius
» me hic in frustra (3) concideres que (4) hinc cogeres pedem
» efferre. » Et conversus iterum ad episcopum legatus inquit :
« Jube signa dari et tuos omnes patrie nobiles huc convenire
» ut hos abiciant (5) et aliquos retineant, donec meos omnes
» inlesos ad me remictant ». Et his dictis, legatus ab eis des-
cessit (6) in proximam cameram. Maxima inter eos contentio

---

(1) Cf. ci-dessus page 70.
(2) Lisez *spopondi*.
(3) Lisez *frusta*.
(4) Lisez *quam*.
(5) Lisez *abjiciant*.
(6) Lisez *discessit*.

exorta est, usque ad contumelias et fere ad arma ; intermictebat
se episcopus, precabatur, orabat ; denique pro quantacunque
pecuniarum summa se fidejussorem spondebat pro legato, quod
sine ducis voluntate nunquam descenderet (1) : annuit Argue
fidejussioni episcopi pro viginti milibus florenis, si legatus fidejussioni consentiret ; consensit legatus sponsioni episcopi, data
fide, utque familiares suos humaniter tractaret. Itaque actum
est, et Argue cum suis discessit cum aliis civitatem expugnaturi.

Suadebant episcopus et Humbercourt ut legatus a loco de
Foux non discederet utque ibi moraretur donec aliquis a duce
ad eos veniret, vel dux ipse cum rege (2) magis appropinqua-
ret (erant enim ad dietam proximi (3) simul venientes), neve
incomodum pateretur si cum exercitu ad bellum procederet.
Non visum est legato tutum sibi ut cum paucis suis quatuor
ibi loco rustico et inmunito remaneret, omnibus ad expugnationem civitatis proficiscentibus, ob plures sinistros eventus
et pericula que tali tempore et loco contingere potuissent, et
maxime cum in motu castrorum omnia traderentur incendio ;
quare episcopum et Humbercourt requisivit ut, datis sibi
aliquibus fidis comitibus et loco decenti ut commodius eos
sequi posset, ne ipse inhermis armatorum ordinibus impedimento esset, aut illi sibi, (4) ordine suo ad bellum procederent ;
tunc jussi sunt duo milites comitari legatum, loco instituto post
ultimum armatorum ordinem, directe post militaria signa.
Incedebat enim agmen, instar arcus vel cornu, tribus ordinibus : primo lancearii et balistarii pedites ; demum architenentes quos ipsi vocant *archier*, equites, super parvos equos
assuetos loco se non movere cum illi in prelio equis desiliunt ;
tertium ordinem milites tenent ; principibus exercitus cum

---

(1) Lisez *discederet.*
(2) Scilicet *Francorum.*
(3) Lisez *proximam?* J'ignore à quoi Onufrius fait allusion.
(4) Suppléez *cum.*

militaribus signis in medio arcus seu cornu consistentibus;
atque in hunc modum viginti duo armatorum agmina incedebant, in quorum singulo duo equitum peditumque armatorum
milia continebantur; sequebantur has turmas carri numero
mille et octigenti (1) aut plus, honusti annona exercitus et
magno machinarum numero, majorum et minorum; hos currus
trahebant equorum duodecim milia et ultra. Hoc ordine cum
universus exercitus, quisque in suo loco, meniis civitatis jam
dirutis proximus esset, celer numptius a duce (qui cum rege
in proximam villam quam Mommalia (2) vocant jam venerat)
ad marescallum advolat, litteras ducis ad ipsum deferens in
hæc brevia verba : « Marescalle, retrahe universum exercitum
» ad loca sua et fac ut illico frater meus episcopus Leodiensis
» et dominus de Humbercourt ad nos veniant. Bene vale. »
Subscriptio : « Chiarles (3), ex villa de Mommalia ».

Datis signis, quisque ducum cum suis ad sua castrorum loca
rediit; nos quoque simul omnes, videlicet legatus, episcopus,
Humbercourt et Berges, ad locum de Foux redimus. Antequam
Humbercourt cum episcopo ad ducem ex Foux discederent,

---

(1) Lisez *octingenti*. — *Honusti*, pour *onusti*.

(2) Momalle, commune de la province de Liège, à 9 kilomètres de
Waremme. Suivant ADRIEN, col. 1338, Louis XI et Charles étaient à Fallais,
village à 12 kilomètres de Waremme : « Illa die (feria tertia = 25 octobre)
venit dux cum rege Franciæ post meridiem in Falais, et occurrit ei dominus de Humbercourt... Illo sero comedit rex ad unam mensam, dux ad
aliam mensam; dominus Leodiensis cum archiepiscopo, fratre suo, et
duce Borboniæ, et aliis fratribus et sororibus suis, comedit in tertia
mensa; et dominus de Humbercourt fuit ulterius in eadem mensa, *ex
cujus relatu ista scripta sunt* ». Selon M. HENRARD, *Bulletins de l'Académie d'archéol. de Belgique*, 2e série, t. XIII, 1867, p. 662, Charles arriva
à Namur le 21 octobre; il quitta cette ville le 24, passa deux jours à
Fallais et se rendit le 26 à Momalle, où il apprit l'escarmouche de
Vivegnis; il monta aussitôt à cheval et le 27 au soir il occupait les hauteurs de Ste-Walburge.

(3) Sic.

rediit heraldus ad civitatem pridie missus ex Beyrses (qui cedulam illam per marescallum cum legatis Leodiensium editam, de conditionibus pacis, civitati detulerat), responsivas litteras legato et episcopo referens in hanc sententiam, scilicet : « Placere civitati ut marescallus pacifice in unam partem civitatis ingrediatur cum quadringentis equitibus et totidem peditibus, utque legatus et episcopus cum eo venirent de modis et conditionibus pacis tractaturi », et multa alia in hunc effectum; rogabantque instantissime legatum et episcopum ut juxta fidem datam ad civitatem redirent. Hoc responso per eos spreto, episcopus et Humbercourt cum cohorte una ad ducem proficisci festinabant; sed quoniam tempus jam proximum erat et parum supererat spatii quo Humbercourt, juxta fidem de captivitate sua in Tongris datam, ad destinatum locum (videlicet Montfort) se presentare in potestatem Joannis der Vild, militis, cui fidem pro se dederat, necessarium erat ad evitandam proditionis maculam (1), rogavit instanter legatum, episcopum et Bergem ut eidem Joanni militi scriberent ut per suas litteras Humbercourt a fide data et captivitate liberaret : polliceri se pro salute ejus et suorum omnia facere que is petiisset. Misso igitur cum his tribus litteris ad civitatem numptio, cum aliis etiam litteris ad cives « ut gentes pacifice ingredi civitatem sinerent pro ipsorum majori bono », episcopus et Humbercourt circa solis occasum ad ducem profecti sunt, remanentibus in comitiva legati Joannes (2) de Berges, d. de Piages et certis aliis nobilibus; rogavitque legatus episcopum et Humbercourt « ut duci referrent que gesta erant, cupereque se habere conloquium secum, et ut ducis mentem sibi referrent in reditu ».

Misit quoque legatus post eos numptium suum publicum armis pontificis maximi Pauli insignitum cum litteris ad

---

(1) Cf. ci-dessus, page 99.
(2) Lisez *Johanne.*

ducem, jussitque « ut cum aliis episcopi numptiis et ut episcopo serviens iret, nullasque se litteras habere fingeret donec personaliter ducem videret publice prodeuntem : quo viso, sibi ad manus litteras traderet »; quod et diligentissime fecit. Harum litterarum hec erat sentcntia : « Illustrissime prin-
» ceps, etc. Exivi civitatem Leodiensem pridie, juxta consilium
» mihi nomine Celsitudinis tue per ejus secretarium Symonem
» delle Kurest (1) traditum, non sine magno labore; nec
» cum minore labore optinui ut episcopus Leodiensis etiam
» mecum veniret. Cum essemus simul in compis (2), servatus
» est modus per d. de Argue in personam meam et meorum
» satis nepharius, qui detinuit me et meos ad tue voluntatis
» arbitrium, et nunc etiam dicit me suum esse captivum; si
» hec tue Celsitudinis jussu facta sunt, equanimiter tollero;
» sin autem, prudenter cogitet Celsitudo tua quanti ponderis
» hec res sit, et taliter provideat quod honor apostolice sedis,
» tuis (3) et meus salvus fiat. Valeat Celsitudo tua, felix et
» victor contra reprobos et Deo rebelles, salvis ecclesiis, civi-
» tate et personis insontibus ! Ex Foux, xxv octobris. »

Cum hi omnes circa solis occasum discessissent ad ducem in villa de Mommalia (cum rege morantem ut dictum est), ad octo milia passuum, et legatus cum Berges et Piages ac certis aliis nobilibus seorsum se retraxissent ad ignem, levem refectionem sumpturi : adsunt prima vigilia castrorum excubie, numptiantes « exivisse primo noctis crepusculo civitatem Leodiensem peditum circiter octo milia, adverso flumine Mose, ad opidum Huyo, procedentes »; quo numptio allato, et missis aliis nuptiis (4) ad omnes castrorum duces, universus exercitus conmotus est et ad arma parari jussus. Tunc legatus ad Berges et eos nobiles

(1) Simon de le Kerrest. Cf. ci-dessus, page 109, note.
(2) Lisez *campis.*
(3) Lisez *tuus.*
(4) Sic. Lisez *numptiis* pour *nuntiis.*

qui secum erant : « Scitotc, inquit, pro certo, quod si aliquem
» castrorum locum Leodienses aggressuri sunt nocte, ut facere
» solent, hic locus de Foux erit : sciunt enim episcopum, me
» et Humbercourt hic esse, ex litteris quas eis hodie scripsi-
» mus nos quatuor, datis in hoc loco; tum hec castra debiliora
» sunt aliis armatorum numero et loci iniquitate, et proxi-
» miora civitati. Jubete igitur signa disponi ut, si forte huc
» veniant, possint alii nobis esse presidio. » Placuit judicium,
et missis undique ad alia castra numptiis, ita dispositum est
et ordinatum est. Ibant et redibant frequentes numptii, affirmantes Leodiensium agmen continuare iter ad Huyo, adverso
flumine Mose, nec nos suspicari debere ut ad eum locum de
Foux insultum acturi sint, cum ad latus fluminis et fere con-
trario itinere situm sit; ad quos legatus : « An, inquit, ignota
» adhuc vobis est Leodiensium versutia, qui cum occidentem
» petere statuunt orientem versus se pergere fingunt? Estote
» igitur vigiles et nolite eorum itineris aut consilii juditium
» sumere, sed proponite animo et fingite eos huc fere (1)
» venturos. » Dispositis igitur excubiis, exploratoribus plurimis et nocturnis vigilibus, nos paululum super acervos segetum quieti dedimus usque ad mediam fere noctem : cum subito
universis castris ad arma conclamatum est « Leodienses adesse
ad numerum decem milium, obstinatissimo ad pugnam animo;
legatum, episcopum et Humbercourt ad se instanter petere
ut in civitatem reducant hos, scilicet legatum et episcopum,
contra jus fasque vi detentos, pro pace ad ducem dimissos;
illum vero, contra jusjurandi fidem, tempore et loco sue cap-
tivitati statuto se non exibuisse ». Atque in his tanta conmotio,
confusio, pavor et sollicitudo in eis castris exorta est, ut etiam
terror sit reminisci; aberant episcopus et Humbercourt ad
regem et ducem; omnes e castris armati prodibant ad prelium; remanserat legatus in parvo tugurio viminibus carrecta

(1) Lisez *fore.*

et palustri canna contexto, latet (1) fossis et ponte munito;
cum illis quatuor aut quinque suis, et Joanne de Quercu,
canonico Leodiensi.

Dissensio maxima erat inter Burgundos et Leodienses exules (quorum ultra mille aut plus in his castris de Foux erant) ex
ea causa : nam cum Burgundi armati alios excitarent ad bellum,
offensis aliquibus ex Leodiensium exulibus in tenebris noctis,
cum ex more interogarent *quis vivat*? illos nil aliud respondisse
querebantur quam *bom. bom. bom*; et ob hoc eos proditionis
insimulabant et cum civibus aliis Leodiensibus conspirare contra Burgundos; quare censebant multi alios Burgundorum
duces ad se vocandos et Leodiensium exules ad unum vigi-
landos, fecissentque illico, si numero plures et fortiores viribus
extitissent; sed illustri Joanne de Berges et aliis nobilibus sedan-
tibus tumultum et contemptiones mutuas, ad repellendos Leodiensium incursus progressi sunt; convenere simul etiam aliorum castrorum exercitus duces ad impetum Leodiensium
repellendum : mansitque hec ingens conmotio ad horas duas,
manibus tamen parum consertis , quoniam Leodienses, intellecto et viso omnium castrorum motu, paulatim se in civitatem
receperunt. Stabat legatus hoc medio duarum horarum tempore,
mente satis anxius cum solus loco inmunito et ignobili cum
paucibus inhermibus et inbellibus esset, absente episcopo et
Humbercourt, quos etiam Leodienses petebant, hec cum suis
agitans : « si Leodienses hoc prelio prospere agant, hi omnes
qui ex his castris exiverunt ad alios se recipient, nobis hic solis
relictis, et utinam non incensis cum tota villa; vel etiam Leodienses impetu insequentes, ignem imponent et omnes passim
in tenebris interficient; aut si non inquirant et semotis tenebris cognoverint, in civitatem nos solos reducent ad pristina
discrimina, calamitates et pericula. Orate omnes Deum ut nos
custodiat, protegat et defendat, omni alio nunc presidio desti-

(1) Lisez *licet?*

tutos. » Elapsis horis duabus ut diximus, Leodienses in civitatem, Burgundi in sua quisque castra recepere se; et paulo post,
fere ad horas duas, episcopus et Humbercourt a duce rediere
maximo frigore, fame et siti confecti; intellectoque anteriori
motu et Leodiensium insultu, non mediocriter obstupuere.
Expectabat legatus quidnam in re sua responsi afferrent a duce,
an liber esset vel captivus, et an conloquium expetitum dux
acceptaret vel recusaret; cumque nullus responsa daret, non
parum legatus admirabatur, maxime cum ejus numptius non
rediisset qui post eos cum suis litteris fuerat missus; et cum
aliquantulum cogitabundus substisisset, episcopum interrogavit « an de re sua cum duce verbum fecissent »; nil aliud
respondit nisi secrete ad aurem inquiens: « Fecimus verbum,
et vos non estis captivus ». Rursum legatus : « Non, inquit,
» satis intelligo, si captivus non sum, quid hic ago aut cur
» familiares mei omnes, bona et equi ab aliis detinentur ».
Paulo temporis spatio interjecto, cum episcopus, Humbercourt
et Berges paululum seorsum fuissent conloquuti, accessit ad
locum ubi legatus erat illustris Joannes Berges asserens sibi
honus (1) impositum faciendi legato responsum ducis super
his que per episcopum et Humbercourt ejus nomine sibi
fuerant dicta; cujus responsi hec erat summa : « sumopere (2)
displicuisse duci que impersonam (5) ejus et suorum acta erant
per dominum de Argue, eo inscio, preter et contra suam
voluntatem; quodque si legatus ducis consilium accepisset, ut
civitatem exiens evitasset exercitum suum et trans Mosam in
Alamaniam discessisset, hec non fuisse ventura; nihilominus
cum non esse captivum sed liberum, et quocunque ire deside-
raret posse; ac domino de Humbercourt negotium demandatum
ut ad marescallum crastino die personaliter accedat et legato

(1) Sic, pour *onus*.
(2) Ce mot est douteux.
(5) Sic, pour *in personam*.

omnes familiares remicti equos et bona omnia restitui jubeat;
de conloquio autem simul habendo, duci nunc incomodum esse
ob dispositionem exercitus ad civitatem expugnandam et locorum incomoditatem, presente rege : verum post sex dies vel
octo se diem et locum magis conmodum statuturum ad mu-
tuum conloquium habendum, idque grato accipiebat animo ;
suadebat quoque, sicut prius fecerat Humbercourt, ut legatus
ab eodem loco de Foux non discederet donec familiares suos
ipse inquireret et ad eum remicteret », quos tamen legatus
intellexerat in Burgundiam missos ; quare eisdem quibus supra
rationibus motus, legatus manere ibi recusans, ipsos sequi ut
prius fecerat, statuit. Igitur summo diluculo, conlatis undique
et datis signis, universus exercitus ad civitatem expugnandam
ordine quo supra motus, legatus eo ordine quo prius usque ad
civitatis menia castra sequutus est, itinerariis vestibus indutus
et gallicano tectus pilleo, obvoluto ad collum pillei rostro.

Cum jam civitas presidiis munita conspiceretur (1) et Leodienses ad irruptionem viderentur esse dispositi, quisque
ducum et militum qui in nostro agmine erant paululum subsistentes, sumptis galeis, clipeis et dolabris ac fortioribus armis
(venerant enim leviter armati), truci animo se ad bellum para-
bant; quo viso, legatus considerans se et suos penitus inhermes
ac super debiles equos et mulas insedere, hec cum his qui eum
comitabantur nobilibus agitabat : « Si forte Leodienses irru-
» ptionem faciant, ut suspicari videmini, et milites nostri agmi-

---

(1) L'armée bourguignonne arrivait par les hauteurs de Sᵗᵉ-Walburge :
« Feria quarta (26 octobre) venit pars exercitus supra montem S.-Wal-
burgis, et stetit ibi quasi per duas horas, expectando alios nescientes quo
diverterent, quia major pars volebat descendere ad S.-Margaretam et ad
S.-Laurentium, timens pertransire civitatem ne Leodienses præcluderent
viam. Dominus vero de Humbercourt, volens servare S -Laurentium, suasit ire versus S.-Leonardum, sciens ducem cum rege in crastino adven-
turum. » (Adrien, col. 1338-1339.)

» nis eorum multitudine pressi terga dare forte cogeantur (1),
» necessarium foret nos multitudine telorum, sagiptarum et
» tormentorum obrui ». Quare legatus, eorum fretus et probato
consilio, in tutiorem locum si posset se recipere statuit. Petita
igitur et concessa sibi inter strictas (2) acies via, ad principes
exercitus se contulit qui ad terram ex equis jam descenderant
sub diversis arboribus, quisque fortioribus armis se muniens;
ad quos legatus, et precipue ad episcopum, Humbercourt et
Berges qui responsum legato a duce paulo ante rediderant (3) :
« Vos, inquit, ad bellum accingimini et, ut nostis, varia sunt
» belli discrimina et eventus; hic locus et temporis dispositio
» mihi et paucis meis periculosa sunt et minus secura; vobis
» inutiles comites ad bellum sumus et minus idonei, et cum
» hoc ad grandia et plura belli pericula subjecti. Date mihi
» duos heraldos quibus comitibus unum ex opidis proximis
» petere possim, belli eventum et ducis conloquium expecta-
» turus. » Ad hec Humbercourt, presentibus aliis : « Misimus,
» inquit, ad inquirendos familiares tuos ut tecum sint : quos
» speramus cito venturos; ignominiosum duci esset et tibi
» minus securum ut solus discederes, nec nos cohortem nunc
» dare possumus quoniam omnes jussu ducis ad civitatem
» expugnandam accincti sunt, nec jussa preterire quenquam
» licet : expecta donec familiares tui venerint ». Tunc iterum
legatus : « Vos, inquit, ex parte ducis retulistis me liberum esse
» et non captivum, ac summe displicuisse duci que in personam
» meam et meorum turpiter et inique sunt acta; si libere (4)
» sum, date mihi duos heraldos quibus solis contentus sum,
» nec aliam cohortem requiro ne vestrum exercitum minuam :
» si hoc negaveritis, existimabo me captivum esse et vos

(1) Lisez *cogantur.*
(2) Lisez *struclas.*
(3) Lisez *reddiderant.*
(4) Lisez *liber.*

» omnia conficte fuisse loqutos ; quod si captivus sum, dicite
» quid me oporteat faccre et assignate mihi locum tutum et
» fidos comites, ne in personam offendi aut ledi possim ».

Rursus conloquuti paululum mutuo, legatum exorabant « ut
suos expectaret aut nosset ubi essent, nec in duobus solis
heraldis confideret pro vie (1) tutela, quia multi ex diversis
patriis armati superveniunt a quibus facile posset offendi ».
Iterum legatus, amicis suadentibus : « Jam dixi non esse hunc
» locum expectationi conmodum ; si meos liberos dimiseritis,
» scio quod me sequentur et ubicunque fuero reperient.
» Agite alterutrum quod dixi, sive liber sim sive captivus. »
Visa igitur ejus animi ad recessum obstinatione : « Nolumus,
» inquit, hanc subire maculam ut detineri apud nos captivus
» dicaris. Dabimus heraldos duos quos petitis, suademusque
» ut ad opidum Sancti-Trudonis accedas, ibique expectes ducis
» responsum ad habendum cum eo conloquium. » Rursum
legatus : « Si liber sum, non est vestrum mihi designare locum
» quo pergam : ibo quo mihi libuerit, acceptis heraldis ;
» expectabo ibi ducis responsum ». Tum illi : « Non impedimus,
» inquiunt, nec prohibemus liberum iter et locum quem petas ;
» sed suademus Sanctum-Trudonem quia eum locum dux
» nominavit ». Multe vicissim replicationes facte sunt quas
memorare supervacuum est. Tandem, acceptis heraldis, vestibus
et insigniis solitis regis et ducis superindutis, ac virgis albis in
manu ex more illis traditis, legatus se precedere illos jussit,
vale faciens episcopo, Humbercourt et aliis exercitus ducibus,
ac eis suadens ut mature ad bellum procederent, non effuse.
Cunque (2) heraldi paulo post peterent a legato quonam pergere
decrevisset ut equiorem viam possent eligere, jussit eos petere
proximam quam videbant turrim in eminenti colle, ad tria fere

---

(1) Mot douteux. Il faudrait peut-être *vite.*
(2) Lisez *Cumque.*

milia passuum, ibique se dicturum eis locum quem petere statuisset.

Perambulabat legatus cum heraldis ante se premissis per castrorum agmina ad destinatum locum, cunctis mirantibus quonam pergeret aut aggere (1) disponeret; suspicabantur plerique, ut postea apparuit, ne legatus iterum civitatem regredi vellet, eos (2) ad prelium et in sui vindictam accensurus ob sibi inlatas contumelias. Sed visis per castra aliquibus patrie prelatis et nobilibus sibi notis et nonnullis ecclesiarum canonicis, amice ipsos rogavit « ut aliquos ex suis familiaribus sibi traderent pro ea die comites ad proximum locum, ne cum suis solis quatuor minus honeste videretur incedere »; acceptis igitur a diversis usque ad numerum decem vel duodecim familiaribus, cum his designatum primo locum, demum Trajectum legatus petiit pro (3) eandem viam cadaveribus plenam jam fetidis qua una cum episcopo transierant ea nocte qua civitatem simul egressi sunt; plures diversarum gentium cohortes, que in auxilium ducis ad expugnationem civitatis ibant, occurrentes nobis in via ac mirantes, visis heraldis, quisnam esset qui e castris discederet, interogabant heraldos quis esset quem conducerent : cumque ab his intellexissent legatum esse, admirati negabant ita esse, illos mentiri affirmantes et legatum jam triduo mortuum esse; donec legatus, aliquibus ex eis sibi cognitis detecta facie salutatis, facete respondisset miracula fore beati Lamberti ut post triduum ipse resurrexisset a mortuis. Eadem mortis legati firma in Trajecto fama extitit : qui (4), clausis opidi portis et pontibus levatos (5) ob Leodiensium metum, heraldis ingressum petentibus et legatum adesse

---

(1) Lisez *agere*
(2) Scilicet *Leodienses.*
(3) Lisez *per.*
(4) Scilicet *Trajectenses.*
(5) Lisez *levatis.*

numptiantibus vix prestitere fidem, donec legatus, aliquibus ad menia vocatis sibi alias Rome notis, detecta facie se exibuisset illis cognoscendum. Susceptus est igitur legatus in opidum, multorum et potissime muliercularum lachrimis, pia et humanissima omnium conmiseratione, remissis his qui eum comitati fuerant ad suos dominos in castris manentes, debitis eis et convenientibus donatis stipendiis. Advenere demum ad legatum canonici beati Servatii (1), et precipue Bartholomeus decanus Engomiensis (2), afferentes ei vestimenta et alia ad ipsum et suos necessaria, quibus omnimodo destituti erant, et ob nives, pluvias, frigora et luta sine mutatione aliqua sordidati, summa benivolentia et comitate ad eorum curam solliciti. Cum fere media nox esset, numptius a Leodio Trajectum ad legatum venit, et per omne opidum fama conspersa est Leodienses inruptionem fecisse contra Burgundos maximamque exercitus ducis partem interfectam, reliquam vero penitus profusam : magnus in toto opido terror et conmotio facta est; id autem tali esse factum ordine, legatus post paucos dies a suis qui ibi aderant et captivi a Burgundis detinebantur, accepit.

Cum primum legatus a castris ducis (qui prope civitatis muros erant (5) discessisset, ut supra memoratum est, divisus est exercitus cum suis ducibus ad singulas quisque ducum civitates (4) partes expugnandas : pars inferior juxta Mosam ad portam Sancti-Leonardi (5), episcopo, Humbercourt, Argue est Berges cum pluribus ex Germania domicellis, amicis

---

(1) Saint-Servais, collégiale de Maestricht.
(2) Lisez *Endoviensis.* Il y avait à Eyndhoven, dans le Brabant septentrional, un chapitre de chanoines dont la fondation fut approuvée par l'évêque de Liège en 1399. Le premier doyen, Guillaume de Dorne, fut remplacé par Barthélemi Van Eycke, qui mourut vers 1487.
(3) Lisez *erat,* ou *que... erant.*
(4) Lisez *civitatis.*
(5) La porte St-Léonard se trouvait effectivement au bord de la Meuse, un peu plus haut que le Mont-de-piété.

ducis, decreta est; ac jussu ducis statutum ut episcopus primus contra civitatem insultum ageret, deinde aliis signi (1) datis, quisque in suis locis sequerentur, ut hoc colore primi insultus per episcopum facti, belli justitia et auctoritas firmaretur. Intulit igitur episcopus cum his qui secum erant primo civitati bellum ad porta (2) Sancti-Leonardi (de qua re per internumptios legatus episcopum graviter increpuit, quod cum rogatus ad pacem dimissus a civibus foret, primus bellum intulisset; sed illud se fecisse coactum postea asseruit et apud legatum se excusavit). Substinuerunt Leodienses primos belli impetus usque ad tertiam vel circiter noctis horam, intra muros licet dirutos se continentes; demum, effluxa tertia noctis hora, signo dato, diversis locis irruptionem fecerunt hoc ordine (3), ingredientibus civitatem Leodiensem per portam Sancti-Leonardi. Ad sinistram a meridie Mosa fluit; ad dextram vero septentrionem versus, mons eminet satis clivus, muris tamen alias munitus quantum civitati includitur, ne civitas ex superiori parte montis expugnari possit, se (4) domibus et habitatoribus vacuis (5); reflectiturque murus a sumo (6) montis usque ad Mosam et portam Sancti-Leonardi, que juxta flumen ita (7) est; in plerisque locis tam angustum iter extra civitatem est inter Mosam et montem, ut vix bini carri transire possint: et hec vie dispositio a porta civitatis producitur usque fere ad villam quam Astalium (8) vocant, tribus aut quatuor milibus passuum

---

(1) Lisez *signis*.

(2) Lisez *portam*.

(3) « Illo vespere factus est gravis conflictus ad portam S.-Leonardi, et infra unam horam obtinuerunt Leodienses duo vexilla de ipsis, duravitque conflictus quasi per tres horas. » (ADRIEN, col. 1339.)

(4) Lisez *sed*.

(5) Lisez *vacuus*.

(6) Lisez *summo*.

(7) Lisez *sita*.

(8) Herstal, aux portes de Liège.

a civitate distantem, multis hoc medio itinere villulis dispositis inter montem et Mosam, in quibus magna pars exercitus Burgundorum castrametabatur. Leodienses igitur, clam noctis silentio ab ea parte ex superiori parte montis irruptione facta, ut supereminerat, Burgundis in inferiori parte sistentibus, edito signo ictus bombarde et ingentibus clamoribus emissis : *Viva Liege et la verdura* (1) *!* dimisso jam nomine regis (postquam intellexerunt ipsum venire ut hostem quem fautorem sperabant aut saltim mediatorem), magno et acri impetu invasere Burgundos nihil tale suspicantes : atrox et cruentum prelium actum est (2); territis subito incursu Burgundis et jam terga dantibus omnibus, maxime levis armature viris, nisi nobiles et exercituum duces, tantam ignominiam veriti, gloriosa morte eam expiare decrevissent et qui (3), resumptis viribus, morti se exponentes, alios cohortati sistere a turpi fuga continuissent; restauratum est consertis mucronibus sanguinolentum bellum et productum fere usque ad auroram, multis utrinque interfectis et pluribus crudeliter vulneratis. Constat eo prelio duo hominum milia interfecta fuisse et ultra, totidem vulnerata ex Burgundis, et ipsimet fatebantur ultra mille et quingentos interfectos aut in Mosam submersos, reliquos ex Leodiensibus; multa Burgundorum et Piccardorum cadavera jussu principum exercitus antequam illucesceret in Mosam projecta sunt, ne in luce conspecta aliis terrorem incuterent : Leodiensium cadaveribus passim per viam et luta dimissis, ut ab equis et

---

(1) C'est-à-dire, dit M. Estrup, les compagnons de la Verte tente, ou les Liégeois qui, après avoir été proscrits, étaient rentrés dans la cité. Cf. ci-dessus page 13.

(2) « Circa quartam horam de mane exiit Johannes de Ville per portam de Vivengnis, cum illis de Rivagio et de Franchimont, et invasit exercitum et tanta cæde percussit, quod ultra duo millia sagittariorum acceperunt fugam... » (Adrien, col. col. 1339.)

(3) Au lieu de *et qui*, lisez *atque*.

carris transeuntibus contererentur et civibus horrori et terrori essent.

Mortuus est eo prelio Joannes der Vild, miles, unus ex Leodiensium capitaneis, quem supra sepius nominavimus, manu dextra truncatus et multis confossus vulneribus, acriter pugnans : qui jam sanguine exhaustus inter occisorum cadavera se abjecit juxta portam, mortuum se fingens usque ad receptionem pugnantium; quos postquam vidit abscessisse, manibus et pedibus repens in civitatem a custodibus receptus est, et sequenti die mortuus et a suis conducibus et civibus honorifice traditus sepulture (1). Mortui sunt ex Burgundis et Germanie domicellis, amicis ducis, militares et cognitione digni, castrorum domini, ad numerum octuaginta (2) et ultra ducenti, similes fere ad mortem vulnerati : quorum mortuorum et vulneratorum magna pars successivis diebus Trajectum in curribus et lecticis sepelliendi vel curandi delati sunt, maximo omnium terrore et gemitu; vulnerati sunt etiam eo prelio Argue et Humbercourt, quilibet duobus aut tribus spingardarum ictibus in capite et in tibiis, fere usque ad mortem; et Berges, casu equi contusis graviter costis, pene ab hostibus extinctus est, magno suorum labore a gladiis eorum ereptus; Argue et Berges Trajectum lectica delati sunt, Humbercourt cum episcopo in castris mansit.

Erant hoc medio tempore familiares legati una cum legati (5) Leodiensium inter agmina et impedimenta castrorum Argue, seorsum ad ignem sub militum custodia et prope civitatis portas, uti captivi custodiri solent; quos conspicientes qui ex prelio saucii redibant, et comites eorum qui occisi fuerant, putantes omnes Leodienses esse magno impetu ad eos inter-

---

(1) Voir dans le *Bull. de l'Inst. archéol. liég.*, t. XIII, p. 20, une longue note de M. DE CHESTRET.

(2) Sic.

(5) Lisez *legatis*.

ficiendos innixi ob interfectorum vindictam, vix a custodibus
defensi sunt : mutatis eorum vestibus ut gallici viderentur, et
demum ad diversa loca transmissi; hocque tertio et pluries
factum est, donec tedio ad eos custodiendos et defendendos
affecti, tandem Trajectum ad legatum eos remiserunt sub priori
promissione et fide ab eis exacta ut sine permissu Argue non
discederent; venerunt ad legatum semivivi, fame, frigore et
vigiliis confecti, tam ipsi quam eorum equi, licet non omnes,
quoniam quinque ex bonis equis legati apud se detinuerant,
miserrimis (1) et penitus inutilibus loco eorum traditis : quos
tamen legatus paucis post diebus ad eos remicti jussit; reti-
nuerunt et apud se omnes legati sarcinulas et loculos, sed
biduo post remiserunt que grossiora erant, exceptis quibusdam
bulziis et parvis loculis suis et suorum in quibus quedam via-
tica et itineraria continebantur et que in castris et in via
deperdita asserebant esse, sed perquiri mandasse postea restituenda : quod minime factum est usque adhuc.

His peractis, utrinque a bello biduo cessatum est inter Burgundos et Leodienses, interimque de conditionibus pacis actum,
medio episcopo, ut Leodienses ducem cum exercitu ingredi civitatem promicterent (2), polliceri episcopum se curaturum civitatem et insontes salvos redere (3), sediosiosque solum plecten-
dos; sed nihil conclusum est. Interca rediit ad legatum numptius suus quem cum episcopo et Humbercourt ex Foux cum
litteris ad ducem miserat; hic cum nullum in Foux reperisset,
sequutus castra, relatum sibi est legatum intrasse civitatem ad
pacem tractandam; oportunitate sumpta, Leodium ingressus
est, legatum ibi reperire putans; quem cum non reperisset, et
cives ab eo intellexissent ipsum neque in Foux neque in castris
esse, certissime eum interemptum existimantes nisi apud

---

(1) Mot douteux.
(2) Lisez *permitterent.*
(3) Lisez *reddere.*

regem et ducem esset, illico ad legatum perquirendum illum
remiserunt; et ea nocte, inruptione per eos facta, bellum quod
supramemoravimus consertum est. Retulit legato hic numptius et alii fide digni qui duce tunc veiebant (1) et cum eo
erant quando is numptius legati litteras ei ad manus tradidit, illico, receptis et lectis litteris, ducem dixisse gallice :
« Dominus legatus territus est » ; mandavitque rescribi ei
in effectu verba que per episcopum, Humbercourt et Berges
supra in villa de Foux ducis nomine legato relata sunt,
sed postea mutasse scribendi sententiam, suasu quorumdam
secularium nobilium, ne ex his litteris in posterum sibi aut
suis aliquod grande scandalum et dampnum subsequi posset :
consuluere sibi ut magis verbo ea dici legato mandaret quam
litteris scriberet, ex causa jam dicta.

Transacto igitur biduo quietis a bello ut supra diximus,
Leodienses insigne facinus adorti, regem et ducem aut vivos
capere aut alterum interficere summa excogitarunt calliditate;
conspicientes enim totum exercitum a bello quiescere, ac regem
cum ducem (2), proximam villam quam vocant Noubruer alias
Nove-Bressenne (5), passibus circiter quingentis a civitate
distantem, simul morantes, clam nocte media, dispositis ali-

---

(1) Lisez *qui ducem tunc visebant?*

(2) Lisez *duce.*

(5) Nouvelle-Brasserie. Le souvenir de cet endroit, qui devait se trouver du côté de Ste-Walburge, est entièrement perdu. Louis XI et le duc
de Bourgogne étaient arrivés le 27 au matin, et avaient établi leur camp
sur la montagne de Ste-Walburge, en vue de la cité : « Feria quinta
(27 octobre), circa primam horam, venit dominus dux cum rege Franciæ
et magno exercitu circa S. Walburgem; tum Leodienses incenderunt
vicum S. Margaretæ ». (ADRIEN, col. 1559.) « Igitur admoto ad urbem
exercitu bipartito copias dividit, ac colle occupato qui Valburgensi portæ
proximus erat, suam et regis stationem eodem in loco constituit. Ad alteram autem ac longe diversam civitatis partem, Philippum Sabaudiensem
cum reliquis mittit. » (PICCOLOMINI, p. 580.)

quod (1) peditum milibus ad eos invadendos: premisere aliquos octo vel decem pedites, Burgunde lingue peritos, ad loca castrorum exploranda, datis signis ad alios evocandos; hi ad locum venientes ubi rex cum duce quiescebant, conspecto igne circa quem ob frigus sex vel octo mulieres caupone (castra ex more sequentes) consedebant, omnibus aliis dormientibus, adherentes igni et ex Burgundis se fingentes ab excubiis reverti, diversos cum his mulieribus sermones conscrebant; et ex eis duo vicissim ibant et redibant, signa instituta aliis dantes; cum interim una ex mulieribus submissa voce ad alias inquit : « Profecto » hi homines mihi videntur ex Leodiensibus esse », et altera respondente : « certe ita est »; veriti Leodienses ne eorum clamoribus detegerentur, strictis gladiis plures ex eis mulieribus interfecerunt, quinque vel sex, quarum una in proximam fossam aquis plenam se conjecit, grandi emissa voce clamans ad arma et Leodienses adesse; ad cujus vocem exciti custodes corporum regis et ducis, qui fere quingenti erant, impetum Leodiensium (qui jam circa domum effringendam erant) tamdiu substinuerunt donec, aliis supervenientibus, per posteriorem domus partem rex cum duce demissi incolumes a suis suscepti sunt. Satis constat eo certamine duodecim ex fidissimis corporum custodibus interfectos esse et fere ducentos graviter vulneratos; sed postquam totus ad arma exercitus conmotus est, Leodienses passim incolumes se in civitatem receperunt. Dux Burgundie in summo tunc vite discrimine constitutum (2), votum emisit ut, si salvus fieret, beatam Virginem in Bononia, oppido Piccardie, quinquaginta vel triginta leucis, pedes ambulans visitaret; stetitque fama ea nocte et magna parte diei sequentis regem et ducem fuisse interfectos (3).

---

(1) Lisez *aliquot*.

.(2) Lisez *constitutus*.

(3) C'est dans la nuit du 29 au 30 octobre que ce fait d'armes eut lieu. Les Liégeois étaient conduits par Gosuin de Straile et Vincent de Buren.

Visa demum hac obstinatione animi Leodiensium et ob desperationem salutis ad mortem subeundam defixa, iterum, medio episcopo, de pace actum, oblata salutis spe, ut ducem cum exercitu ingredi civitatem sinerent, de seditiosis tantum et principibus factionis penas sumpturum. Hac relatione suscepta, Leodienses, die dominico xxx^a mensis octobris, summo diluculo, qui ad hoc deputati erant in consilium more solito, convenere (cum totam noctem vigiliis et preliis transegissent) de his pacis conditionibus tractaturi, reliqua populi parte per diversas ecclesias ad divina intentis; quibus ita consistentibus, Humbercourt apud eos conversatus et consiliorum ipsorum satis edoctus, suasit ducibus exercitus ut suis quisque locis civitatem invaderent, signo dato ictu bombarde. Solere enim Leodienses summas nocte vigilias agere et hostes lacessere, sed inlucescente die se quieti dare. Persuasis igitur ducibus exercitus, Leodiensibus adhuc in consilio et in ecclesiis ut supra diximus manentibus, die dominico de mane, cum in omnibus ecclesiis divina ministeria et misse sollemniter celebrarentur, quisque Burgundorum ducum, audito signo, ab ea parte que sibi decreta erat repente civitati bellum intulit : quam, paucis admodum resistentibus, ingressi sunt, et potissime major pars per portam Sancti-Leonardi. Duces precipui post regem et ducem, inerant : bastardus Burgundie, naturalis filius Philippi ducis premortui et frater Caroli ducis presentis (1), dominus de Ravesten, frater germanus ducis Clivensis, consobrinus etiam Caroli presentis ducis, natus ex sorore ducis Philippi defun-

---

Cf. les *Annales de l'Acad. d'archéol. de Belg.*, l. c , pp. 665 à 668. « Illo sero (29 octobre) exivit Goes de Strailbe per valles montium, cum ccc sociis, et pervenit a retro usque ad tentorium ducis, et in ostio domus interfecerunt servitorem ducis et incenderunt tentorium ducis, etc. » (ADRIEN, col. 1341.) « Ecce egressi ex Leodio per portam S. Margarete non minus trecenti viri... » (JEAN DE LOOZ, dans de Ram, p. 60.) Cf. PICCOLOMINI, *ibid.*, p. 380.

(1) Antoine, bàtard de Bourgogne.

cti (1); et hi duo, alter anteriorem custodiam, alter posteriorem
tenebant quas appellant *Lavangarda* et *Laderengarda,* cum
suis agminibus magnis; inter has custodias marescallus Burgundie, post ducem princeps totius exercitus, et cum eo dominus de
Monte-Acuto, frater ejus, Filippus de Sabaudia (2), dominus de
Humbercourt ex Piccardia, gentes et signa domini de Argue
(qui absens erat, vulneratus ut supra diximus) incedebant. Hi
omnes uno impetu civitatem ingressi, aliquibus (paucis tamen)
mulieribus et pueris ac etiam ex resistentibus interfectis, reliquos in fugam coegerunt; confugiebant plurimi ad ecclesias, se
illic tutos fere (3) putantes : quos insecuti sagyptarii, plures
ante altaria et pedes celebrantium sacerdotum sagiptis confo-
derunt; multi in propriis domibus se abdiderunt. Vincentius
de Buren et duo germani de Stralem, precipui Leodiensium
duces, cum certis aliis nobilibus et civibus, omnes equites ad
numerum circiter octingentorum et peditum circiter decem
milium, intellecto Burgundorum impetu, per pontem Mose in
Arduenam silvam, civitati proximam, fuga sue saluti consu-
luerunt. Reliqua civitatis parte per quarteria toti exercitui
distributa et in predam concessa, et tandem incendio tradita
hoc modo. Erat Francorum rex superindutus insignis (4) crucis
sancti Andree transverse, quibus omnis Burgundorum excitus (5) in bellis uti consuevit, et tunc superinduti omnes erant;
visusque est a pluribus rex ipse in medio foro, ensem in manu
tenens, extencto (6) brachio, sonora voce...

---

(1) Adolphe de Clèves ou de Ravestein.
(2) Cf. ci-dessus, pages 108 et 139.
(3) Lisez *fore.*
(4) Lisez *insigniis.*
(5) Lisez *exercitus.*
(6) Lisez *extento.*

ERRATA.

Page   7, ligne 13; après *penis,* ajoutez *prohibuit.*

—   31, note 5; au lieu de *jeudi 28 avril,* lisez *vendredi 27 avril.*

—   32, ligne 7; M. Daris pense que ce carme Robert ne peut être que Hubert Leonardi, conseiller de Louis de Bourbon, qui devint plus tard évêque suffragant de Liège.

—   35, — 8; au lieu de *secum,* lisez *secus?*

—   37, — 28; au lieu de *deferens,* lisez *deferentem?*

—   41, note 3; au lieu de *expectabant,* lisez *expetebant.*

—   45, ligne 10; au lieu de *subsistere,* lisez *subticere?*

—   50, — 25; au lieu de *colleetor,* lisez *collector.*

—   53, note 5; au lieu de *1467,* lisez *1468.*

—   54, — 3; au lieu de *17 septembre 1467,* lisez *25 août 1468,* et supprimez *après la prise de Huy.*

—   57, ligne 19; au lieu de *Dans,* lisez *Datis?*

—   57, note 2; au lieu de *Observatium,* lisez *Observantium.*

—   62, ligne 22; M. Daris suppose qu'il s'agit de Jean de Lobos ou Loebosche, l'un des chefs des bannis.

—   65, — 29; au lieu de *legat,* lisez *legati.*

—   77, — 5; au lieu de *amelio,* lisez *Amelio.*

—   84, note 2; au lieu de *et gratissimum populo faciens,* lisez *quod gratissimum foret populo.*

— 157, — 2; pour les dates, cfr. l'*Itinéraire de Charles le Hardi* que M. Edg. de Marneffe vient de publier dans les *Bullet. de la Commiss. royale d'histoire,* 4ᵉ série, t. XII, p. 311.

— 167, ligne 21; fermez la parenthèse après (3).

— 168, lignes 13 à 15; lisez : « fecerunt hoc ordine (3) : ingredientibus civitatem Leodiensem per portam Sancti-Leonardi, ad sinistram a meridie Mosa fluit, ad dextram vero, etc. »

RÉPERTOIRE ALPHABÉTIQUE.

A.

Aix-la-Chapelle. Onufrius écrit de cette ville au pape qu'il lui adressera le récit du sac de Liège, 1; cette ville assignée comme résidence provisoire aux bannis par Louis de Bourbon, 57; projet d'Onufrius de se retirer en cette ville, 70, 84.

Adolphe de Clèves, seigneur de Ravestein; présent au sac de Liège, 174.

Alexandre Bérard, député des Liégeois; il harangue Onufrius à son arrivée, 32.

Altefast, voy. *Jean Altefast.*

Amel de Velroux, chef des Liégeois bannis; député auprès d'Onufrius à son arrivée, 53; interprète d'Onufrius auprès des Liégeois, 62; il promet d'empêcher les actes de violence de la part des Liégeois, 77; ses efforts pour apaiser le peuple, 81; il introduit un envoyé de Louis XI auprès d'Onufrius, 104; invité à une entrevue avec Humbercourt, 110; il annonce à Louis de Bourbon et à Onufrius les bonnes dispositions des Liégeois, 114; il persuade aux Liégeois d'implorer la pitié de Charles de Bourgogne, 130; il harangue les Liégeois, 132; il protège le départ d'Onufrius et de Louis de Bourbon, 132; rassuré par l'évêque et le légat sur sa sécurité, 134; son entrevue avec Thibaut de Neufchâtel, 148; son attitude courageuse, 150.

Amercœur, porte de Liège. Charles de Bourgogne s'en attribue le tonlieu, 20; Onufrius lève l'interdit de la cité en cet endroit, 33.

Antoine, bâtard de Bourgogne, frère de Charles le Téméraire. Présent au sac de Liège, 174.

Antoine de Salanova, noble savoyard. Il dépouille le chancelier du légat de ses papiers, 143; reproches que lui adresse Onufrius, 154.

Ardennes, forêt. Refuge des bannis liégeois, 49, 175.

Arfasot ou *Clerfasot,* Liégeois révolté. Il excite le peuple contre Onufrius, 62.

Argenteau, château sur la Meuse. Les seigneurs arrêtent le légat, 55 ; ils arrêtent les députés des Liégeois, 58 ; reproches que leur adresse Onufrius, 58 ; ils relâchent les députés, 59 ; ils se trouvent à Tongres auprès de Humbercourt, 93.

Argueil, voy. *Jean de Châlons*.

Arnould de Corswarem, noble liégeois. Il se trouve à Tongres avec Louis de Bourbon, 93.

B.

Bannis. Les Liégeois réclament le bannissement de vingt bourgeois, 13 ; bourgeois bannis par la sentence de Charles de Bourgogne, 17 ; les bannis ravagent le pays et rentrent dans la cité, 49 ; ils arborent les armes de France, 50 ; ils sont dix mille, 50 ; excès qu'ils commettent dans la cité, 51 ; ils protestent de leur respect pour l'évêque et pour le légat, 52 ; Louis de Bourbon demande qu'ils sortent de la cité, 57 ; ils proposent de se retirer Outre-Meuse, 63 ; ils consentent à se retirer Outre-Meuse et à livrer leurs armes au légat, 65, 66 ; ils exposent leur misère au légat, 96 ; les Liégeois assaillent les Bourguignons au cri adopté par les bannis, 169. Voy. *Liégeois*.

Barthélemi, doyen d'Eyndhoven. Il accueille Onufrius à Maestricht, 167.

Barthélemi de Brixen, compagnon d'Onufrius 147.

Bérard, voy. *Alexandre Bérard*.

Berg, voy. *Jean de Glymes*.

Berry (le duc de), voy. *Charles de Guyenne*.

Bierset, village du pays de Liège. Le camp de Thibaut de Neufchâtel est établi en cet endroit ; Onufrius y arrive, 147 ; héraut envoyé aux Liégeois à Bierset, 147, 154, 158.

Bonem, voy. *Gilles Bonem*.

Bonnes villes du pays de Liège. Elles doivent reconnaître à Louis de Bourbon le merum et mixtem imperium, 7 ; elles se soumettent à la volonté de Charles de Bourgogne, 16 ; amendes qui leur sont imposées par Charles de Bourgogne, 20 ; leurs remparts démolis, 21 ; privées de leurs privilèges, 21.

Bourbon, voy. *Charles de Bourbon, Jacques de Bourbon, Louis de Bourbon*.

Bourgogne. Les ducs doivent être reconnus par les Liégeois comme avoués du pays, 10. Voy. *Antoine, bâtard de Bourgogne, Charles de Bourgogne, Philippe de Bourgogne*.

Bourguignons. Ils battent les Liégeois à Brusthem, 16; bonnes dispositions des chefs bourguignons à l'égard des Liégeois, 89; haine que leur
portent les Liégeois, 91, 98; surpris à Tongres par les Liégeois, 92; leur
situation périlleuse, 93; les Liégeois leur accordent la vie sauve, 99, 100;
les Liégeois s'emparent de leurs chevaux, 101; ils se dirigent sur la Picar-
die, 108; ils entrent à Tongres, 109; ils forcent les députés des Liégeois à
rebrousser chemin, 111; crainte qu'ils inspirent aux Liégeois, 114; ils
ravagent le pays de Liège, 116; ils ravagent les environs de Tongres, 120;
ils brûlent Crisgnée, 120; ils font Jean Altefast et le carme Robert prisonniers, 121; indignation des Liégeois contre eux, 122; Onufrius déconseille
aux Liégeois de les attaquer, 122; les Liégeois se préparent à les assaillir,
124; ils quittent Tongres, 124; ils attribuent à Louis de Bourbon et à Onufrius la surprise de Tongres, 125; attaqués par les Liégeois, 126; le bruit
de leur defaite se répand à Liège, 127; ils battent les Liégeois près
de Lantin, 127; ils n'attaquent pas la cité et se retirent, 129; ils
incendient le village de Xhendremael, 135; Onufrius et Louis de
Bourbon tombent au milieu d'eux à Othée, 137; ils campent sur les
deux rives du Geer, 143; ils veulent mettre Onufrius à la rançon, 145;
leurs hésitations en ce qui concerne le légat, 153; ils se mettent en marche
vers Liège, 154; ordre observé par l'armée en marche, 156; sur l'ordre
de Charles de Bourgogne, ils rentrent dans leurs campements, 157; surpris à Fooz par les Liégeois, 160; ils repoussent l'attaque, 161; ils se dirigent sur la cité, 165; assaillis en route par les Liégeois, 167; postes
assignés aux capitaines de l'armée, 167; ils donnent le premier assaut à
la cité, 168; assaillis et déroutés par les Liégeois à la porte St-Léonard,
169; morts et blessés, 170; assaillis par les Liégeois à la Nouvelle Brasserie, 173; ils repoussent les Liégeois, 174; ils pillent et brûlent Liège,
175.

Breitbach, voy. *Guillaume Laner.*
Bretagne (le duc de), voy. *François II.*
Brimeux (Guy de), voy. *Humbercourt.*
Brixen, voy. *Barthélemi de Brixen.*
Bruges. Le perron de Liège transporté en cette ville, 21; Charles de
Bourgogne y mène les otages des Liégeois, 21; Onufrius va y trouver
Charles de Bourgogne, 34, 35; le duc Charles y épouse Marguerite d'York,
37; Charles engage Onufrius à ne pas l'attendre en cette ville, 39; le légat
quitte Bruges, 40.
Brusthem, village près de Saint-Trond. Les Liégeois y sont battus par
les Bourguignons, 16, 35.

Bruxelles. Charles de Bourgogne donne rendez-vous à Onufrius en cette ville, 40 ; Charles de Bourbon vient y trouver le duc Charles de la part de Louis XI, 40 ; le duc Charles y mande Louis de Bourbon, 42 ; Onufrius quitte Bruxelles, 44.

Bueren, voy. *Vincent de Bueren.*

C.

Calixte III, pape. Il donne l'évêché de Liège à Louis de Bourbon, 4.

Châlons, voy. *Jean de Châlons.*

Charles de Bourbon, archevêque de Lyon. Envoyé par Louis XI auprès de Charles de Bourgogne à Bruxelles, 40 ; il échoue dans sa mission, 41 ; il assiste aux conférences du duc Charles avec Onufrius, 42.

Charles de Bourgogne, duc. Ses mauvaises dispositions contre les Liégeois, 9 ; les Liégeois doivent lui demander pardon, 10 ; obligés de lui payer une amende pour la prise de Falais, 11 ; arbitre des difficultés de Louis de Bourbon avec les Liégeois, 13 ; il engage Louis de Bourbon à lever l'interdit de la cité et à bannir vingt bourgeois, 13 ; il succède à son père Philippe comme duc de Bourgogne, 14 ; il envoie des députés à Rome, 14 ; il s'empare de Saint-Trond, 16 ; il soumet le pays de Liège à son autorité, 17 ; il s'établit dans l'abbaye de St-Laurent, 17 ; il entre à Liège ; sa sentence contre les Liégeois, 17 ; il refuse toute modification à sa sentence, 20 ; il mène à Bruges les otages des Liégeois, 21 ; le pape lui fait demander de ménager l'Église de Liège, 29 ; Onufrius va le trouver à Bruges, 34 ; il demande la confirmation de la paix de Saint-Trond, 35 ; il épouse Marguerite d'York, 37 ; il se prépare à la lutte contre Louis XI, 37 ; il part pour la Hollande, 39 ; ses préparatifs contre Louis XI, 40 ; il reçoit à Bruxelles un délégué de Louis XI, 40 ; il refuse de modifier la paix de Saint-Trond sans l'intervention de l'évêque et du pays de Liège, 41 ; il mande Louis de Bourbon à Bruxelles, 42 ; sa colère contre l'évêque de Liège, 43 ; il accuse Louis XI de l'obstination des Liégeois, 43 ; il charge Onufrius de s'entendre avec les Liégeois sur leurs prétentions, 44 ; il part pour combattre Louis XI, 44 ; il campe à Péronne, 48, 49 ; défiance qu'il inspire aux Liégeois, 68 ; il fait savoir à Louis de Bourbon qu'il envoie le seigneur de Chimay pour le remettre en possession de sa cité, 69 ; vœux des Liégeois pour sa défaite, 78, 79 ; lettre menaçante qu'il écrit à Louis de Bourbon, 82 ; instructions qu'il donne à Humberbourt, 85 ; bruit de paix entre lui et Louis XI, 88 ; son projet de détruire Liège, 88 ; Louis de Bourbon le prie de ne pas s'émouvoir de la prise de Tongres, 99, 100 ; les

Liégeois disposés à lui donner satisfaction, 104; Onufrius engage les Liégeois à exécuter leurs promesses envers le duc, 105; marche de ses troupes, 108; les Liégeois s'offrent à lui faire réparation, 113; les Liégeois sollicitent son amitié, 115; les Liégeois prient Onufrius d'aller le trouver, 116; il envoie son secrétaire au légat, 119; il fait dire à Onufrius de veiller à sa sécurité, 125; projet d'Onufrius et de Louis de Bourbon de se rendre auprès de lui pour implorer la paix, 130, 131; l'évêque et le légat envoyés dans ce but auprès de lui, 132; ses communications secrètes avec Louis de Bourbon, 138; il est décidé à s'emparer de la cité, 139; Onufrius lui demande une entrevue, 142; Thibaut de Neufchâtel fait connaître aux Liégeois sa décision de prendre la cité, 150; les Liégeois lui demandent pardon et se soumettent à son bon vouloir, 152; il arrive à Momalle, 157; il donne l'ordre à son armée de rentrer dans ses campements, 157; Louis de Bourbon et Humbercourt se rendent auprès de lui, 158, 160; Onufrius lui demande une entrevue, 158; le légat lui écrit pour se plaindre de Jean de Châlons, 159; il fait mettre le légat en liberté et lui fait restituer ses gens et ses effets, 162, 163; il refuse une entrevue à Onufrius, 163; son attitude en recevant la lettre d'Onufrius, 172; campé à la Nouvelle Brasserie, 172; attaqué la nuit par les Liégeois, 173; son vœu, 173.

Charles de Guyenne, duc de Berri. Ennemi de son frère Louis XI, 40.

Chartreuse, couvent près de Liège. Onufrius s'y installe, 31; les délégués du clergé et du peuple liégeois viennent y haranguer Onufrius, 32.

Chesne, voy. *Jean de Chesne.*

Chimay (le seigneur de), voy. *Jean de Croy*.

Clerfasot, voy. *Arfasot.*

Clèves, voy. *Adolphe de Clèves.*

Cologne. Onufrius apaise un débat en cette ville, 31.

Corswarem, voy. *Arnould de Corswarem.*

Crémone, voy. *Jacques de Crémone.*

Crisgnée ou *Crisnée*, village du pays de Liège. Incendié par les Bourguignons, 120, 122; Jean Altefast et le carme Robert y sont faits prisonniers par les Bourguignons, 121.

Croy, voy. *Jean de Croy.*

D.

Deutz, abbaye près de Cologne, voy. *Guillaume Laner.*

Dinant, ville du pays de Liège. Exclue de la paix de Saint-Trond, 11; insolence des habitants contre Charles de Bourgogne, 12; la ville saccagée et ruinée par les Bourguignons, 12.

E.

Échevins de Liège. Leur nomination appartient à l'évêque et au chapître de la cathédrale, 7; leurs pouvoirs fixés par Charles de Bourgogne, 17, 18. — Échevin, voy. *Alexandre Bérard.*

Elch, voy. *Othée.*

Elderen, voy. *Guillaume de Hamal.*

Elter, voy. *Jean d'Elter.*

Ermites de St-Augustin, voy. *Jacques d'Ostende.*

Étienne de Trenti, évêque de Lucques. Il retourne d'Angleterre à Rome; chargé par Onufrius de faire connaître au pape ses négociations avec Charles de Bourgogne, 40.

Eustache de Straille, Liégeois banni. Il rentre dans la cité, 49; Onufrius le fait mander dans sa maison à Tongres, 96; il quitte Liège, 175.

Eyndhoven, voy. *Barthélemi.*

F.

Falais, château appartenant au comte de Charolais. Pris par les Liégeois, 11.

Ferri, voy. *Pierre Ferri.*

Fexhe, village du pays de Liège. Lettre adressée de cette localité par Louis de Bourbon à Onufrius, 82.

Filastre, voy. *Guillaume Filastre.*

Fooz, village du pays de Liège. Le camp de Humbercourt établi en cet endroit, 154; Onufrius, Louis de Bourbon et ses partisans s'y trouvent, 154, 155, 172; Jean de Châlons y arrive, 154; le camp levé, puis rétabli à Fooz, 157; lettre adressée de cette localité par le légat à Charles de Bourgogne, 159; les Bourguignons surpris à Fooz par les Liégeois, 160; le camp levé, 163; retour du héraut envoyé de Fooz par le légat au duc Charles, 171.

François II, duc de Bretagne. Louis XI feint de soumettre ses démêlés avec lui à l'arbitrage de Charles de Bourgogne, 40.

Frédéric de Witthem, capitaine dans l'armée bourgignonne, 137.

G.

Geer, rivière, 142; l'armée bourguignonne campe sur ses deux rives, 143.

Ghisbert de Venrode, prêtre étranger, compagnon d'Onufrius, 50.

Gilles Bonem (lisez *Boinem* ?), chanoine de la collégiale Ste-Croix, à Liège. Envoyé par Louis de Bourbon auprès d'Onufrius, 77.

Gilles de Lens, Liégeois. Invité à une entrevue avec Humbercourt, 110.

Glymes, voy. *Jean de Glymes.*

Gossuin de Straille, capitaine des Liégeois bannis. Il rentre dans la cité, 49; il excite le peuple contre Onufrius, 62; il accompagne le légat à Tongres, 81; opinion qu'il a du légat, 82; Onufrius le fait mander auprès de lui à Tongres, 96, 98; il quitte Liège, 175.

Grand-Jamines, village liégeois, 110.

Guillaume Filastre, évêque de Tournay. Envoyé à Rome par le duc de Bourgogne, 14.

Guillaume de Hamal, seigneur d'Elderen. Il se trouve à Tongres avec Louis de Bourbon, 93.

Guillaume Laner de Breitbach, abbé de Deutz. Compagnon de voyage d'Onufrius, 30; la peur lui fait quitter Liège 31; envoyé par le légat auprès de Louis de Bourbon, 54.

Guy de Brimeux, voy. *Humbercourt.*

Guyenne, voy. *Charles de Guyenne.*

H.

Hagenbach, voy. *Pierre de Hagenbach.*

Hamal, voy. *Guillaume de Hamal.*

Hannut, voy. *Pierre de Hannut.*

Heinsberg, voy. *Jean de Heinsberg.*

Henri de Lovenbergh, chanoine de Liège. Compagnon de voyage d'Onufrius, 30; la peur lui fait quitter Liège, 51.

Herman, héraut d'Onufrius, 147.

Herstal, faubourg de Liège Occupé par les Bourguignons, 168; bataille en cet endroit entre les Liégeois et les Bourguignons, 169.

Horne, voy. *Jacques, comte de Horne.*

Houppertingen, village liégeois, 110.

Humbercourt (Gui de Brimeux, seigneur de). Exécuteur de la sentence de Charles de Bourgogne dans le pays de Liège, 22; ses exactions, 22; il usurpe la juridiction temporelle de Louis de Bourbon, 23; il préside à la démolition des remparts de la cité, 39; il se transporte de Meeffe à Huy, 85; il se rend à Tongres, 85; discours que lui adresse Onufrius, 86, 87; surpris à Tongres par les Liégeois, 93; ses craintes; Onufrius le rassure, 94; il assiste à l'entrevue du légat avec les chefs des Liégeois, 97; il s'engage à intervenir auprès du duc Charles pour obtenir la paix, 99 ; il promet de se constituer prisonnier à Monfort, 99 ; sa crainte des Liégeois, 100, 101 ; conduit à Saint-Trond, 102 ; sa reconnaissance envers Onufrius, 102 ; Onufrius lui fait restituer ses effets, 103 ; il se rend à Léau, puis à Maestricht, 109 ; il écrit au légat qu'il ira trouver le duc Charles, 110 ; colère des gens de Thibaut de Neufchâtel contre lui, 111 ; il écrit à Louis de Bourbon et au légat pour engager les Liégeois à la soumission, 112 ; Onufrius lui écrit de se préparer à l'accompagner auprès du duc, 116 ; le légat et l'évêque lui envoient des députés à Saint-Trond pour l'engager à négocier la paix, 119 ; mépris qu'il inspire à Thibaut de Neufchâtel, 121 ; il conseille à Onufrius de ne pas se rendre auprès du duc, 125 ; auteur d'une relation de la prise de Tongres, 139 ; il vient au devant d'Onufrius à Bierset, 147 ; il prie Onufrius d'engager les Liégeois à une soumission complète, 151 ; il campe à Fooz avec les partisans de Louis de Bourbon, 154 ; Jean de Châlons lui réclame la personne du légat, 154, 155 ; il conseille à Onufrius de rester à Fooz, 156 ; il retourne à Fooz, 157 ; relevé de sa promesse de se rendre à Monfort, 158 ; il se rend auprès du duc Charles, 158, 160 ; Charles le charge de faire rendre la liberté au légat, 162, 163 ; Onufrius prend congé de lui, 165 ; son poste dans l'armée bourguignonne, 167 ; blessé près de la porte St-Léonard, 170 ; il conseille d'attaquer la cité pendant que les Liégeois traitent de la paix, 174 ; présent à la prise de Liège, 175.

Huy, bonne ville du pays de Liège. Résidence de Louis de Bourbon, 16 ; le château surpris par les Liégeois, 16 ; Humbercourt se rend en cette ville, 85 ; Onufrius passe par Huy, 116, 117 ; embûche dressée contre le légat près de Huy, 117 ; huit mille Liégeois se dirigent sur cette ville pour aller à Othée, 159, 160.

I.

Interdit. Jeté sur la ville de Liège par Louis de Bourbon, 5 ; item par Pierre Ferri, 6 ; confirmé par Paul II, 8 ; les Liégeois réclament la levée de l'interdit après la prise de Dinant, 13 ; Louis de Bourbon refuse, 13 ; le duc de Bourgogne demande la levée de l'interdit au pape, 14 ; l'interdit levé par Onufrius, 33.

J.

Jacques de Bourbon, frère de Louis de Bourbon, 99.

Jacques de Crémone, chancelier d'Onufrius. Dépouillé par les Bourguignons des papiers du légat, 143; menacé par Antoine de Salanova, 154.

Jacques, comte de Horne. Il négocie la paix entre Philippe de Bourgogne et les Liégeois, 9.

Jacques d'Ostende, provincial des Ermites de St-Augustin pour la Flandre. Envoyé à Rome par le duc de Bourgogne, 14.

Jean Altefast, doyen de Mersch dans le Luxembourg. Chapelain et interprète d'Onufrius, 53 ; envoyé par Onufrius auprès de Louis de Bourbon, 54; interprète d'Onufrius auprès des Liégeois à Tongres, 95; envoyé par Onufrius à une entrevue, 111; le légat l'envoie auprès de Humbercourt à Saint-Trond, 119; investi de la confiance d'Onufrius, 120; retenu prisonnier par les Bourguignons à Crisgnée, 121; il revient à Liège, 124; il apporte à Onufrius un message de Simon de le Kerrest, 124, 125, 126; il accompagne Onufrius auprès de Thibaut de Neufchâtel, 147.

Jean de Châlons, seigneur d'Argueil, beau-frère de Louis de Bourbon. Accueil qu'il fait à l'évêque, 139; il retient Onufrius prisonnier, 140, 141 ; il campe à Lowaige, 142, 143; ses soldats pillent le légat, 143; Onufrius demande en vain à lui parler, 144; il reçoit des communications du duc Charles, 145; son projet de mettre Onufrius à rançon, 146; il accompagne le légat auprès de Thibaut de Neufchâtel, 147; ce que Humbercourt et Thibaut pensent de sa conduite, 151, 152; il emmène les compagnons du légat, 153; il se rend à Fooz et réclame son prisonnier, 154; remontrances qui lui sont faites, 155; il accepte une caution, 156; Onufrius se plaint de lui au duc Charles, 159; il excite le mécontentement du duc, 162; son poste dans l'armée, 167; blessé à la porte St-Léonard ; conduit à Maestricht, 170; ses gens assistent à la prise de Liège, 175.

Jean de Chesne (Quercu) ou de Herve, chanoine de Liège. Présent à l'entrevue de Millen, 70; il supplie Louis de Bourbon de se rendre aux prières du légat, 75; il fait connaître à Onufrius que Jean de Châlons veut s'emparer de sa personne, 155; il retourne à Fooz, 157; il reste auprès d'Onufrius, 161.

Jean de Croy, seigneur de Chimay. Le duc Charles annonce à Louis de Bourbon l'envoi de ce seigneur avec des troupes, 69.

Jean d'Elter ou d'Autel, seigneur de Volgelsauck. Présent à la prise de Tongres, 92, 95; il jouit de la confiance de Charles de Bourgogne; député à Tongres par les Liégeois, 116; Thibaut de Neufchâtel empêche son retour, 117.

Jean de Glymes, seigneur de Berg-op-Zoom. Envoyé de Charles de Bourgogne, 88; il fait connaître à Onufrius les bonnes dispositions des chefs bourguignons, 89; Onufrius l'engage à se rendre à Liège, 89; il se retire à Maestricht, 90; présent à Tongres lors de la prise de cette ville, 99; il se trouve à Maestricht, 109; il écrit à Onufrius, 109; il campe à Fooz, 154, 155; il reste auprès du légat, 158, 159; il rallie les Bourguignons pour repousser les Liégeois, à Fooz, 161; il fait savoir à Onufrius qu'il est libre, 162; son poste dans l'armée bourguignonne, 167; blessé à la porte de St-Léonard; conduit à Maestricht, 170.

Jean de Heinsberg, évêque de Liège. Il résigne l'évêché, 4.

Jean de Neufchâtel, seigneur de Montagu. Capitaine bourguignon, 139, présent à la prise de Liège, 175.

Jean Postel, président du conseil privé, à Liège. Envoyé à Liège par Charles de Bourgogne, 22; chargé d'un message de Louis de Bourbon pour Onufrius, 59; autre message qu'il porte au légat, 67; convoqué à l'abbaye de Vivegnis, 69; envoyé à une entrevue, 110; il s'enfuit à Maestricht, 111.

Jean de Seraing, doyen du chapitre de St-Lambert. Il remet à Onufrius les articles à modifier de la sentence du duc de Bourgogne, 45; il annonce aux Liégeois que les Bourguignons se préparent à attaquer la cité, 124.

Jean Soreth, général des Carmes. Interprète d'Onufrius à Liège, 53.

Jean de Wilde, chef des bannis liégeois. Il rentre dans la cité, 49; Onufrius le fait mander chez lui à Tongres, 96; il expose au légat les désirs des Liégeois, 96; il est introduit auprès de Louis de Bourbon, 99; il demande à Onufrius et à Louis de Bourbon de rentrer à Liège, 100; nommé mayeur de la cité, il fait poursuivre les assassins de Robert de Morialmé, 107; invité à une entrevue avec Humbercourt, 110; menacé par les Liégeois, 127; désigné pour escorter le légat et l'évêque, 132; renvoyé à Liège, 133; Humbercourt lui fait savoir qu'il ne se rendra pas à Monfort, 158; tué près de la porte St-Léonard, 170.

Josse de La Marck, official de Liège. Il harangue Onufrius, 52; interprète du légat auprès des Liégeois, 62; il harangue les Liégeois, 132.

K.

Kerrest (de le), voy. *Simon de le Kerrest*.

L.

La Marck, voy. *Josse de La Marck*.

Laner, voy. *Guillaume Laner*.

Lantin, village du pays de Liège. Les Liégeois y sont battus par les

Bourguignons, 127; le village incendié, 127; une troupe de Liégeois s'y fortifie, 129; Onufrius et Louis de Bourbon arrivent dans cette localité, 133; horrible spectacle, 134.

Léau, ville du Brabant. Humbercourt s'y rend, 109; Simon de le Kerrest écrit de là à Onufrius, 125.

Lens, voy. *Gilles de Lens.*

Lichtenberg ou Slavanten, couvent près de Maestricht. Onufrius s'y installe, 56, 57.

Liège, pays ou principauté. Le pays ravagé par les Bourguignons, 9 ; les députés du pays signent la paix de Saint-Trond, 9; les ducs de Bourgogne imposés au pays comme avoués, 10; le pays ravagé par les compagnons de la Verte tente, 13; le pays soumis à la volonté du duc Charles, 17; les nobles du pays protestent contre certains articles de la sentence du duc Charles, 20; le pays soumis à la lieutenance de Humbercourt, 22; livré aux caprices et aux exactions de Humbercourt, 22, 23; ravagé par les troupes de Humbercourt, 79; ravagé par les Bourguignons, 116, 120.

Liège, ville. Le magistrat conteste à Louis de Bourbon le merum et mixtum imperium, 4; Louis de Bourbon met la ville en interdit, 5; Pie II y envoie Pierre Ferri comme légat, 5; mise en interdit, 6; item par Paul II, 8; Louis de Bourbon refuse de lever l'interdit, 13; efforts du duc de Bourgogne pour obtenir la levée de l'interdit, 13, 14; les clefs de la ville remises au duc Charles, 17; les Bourguignons entrent dans la cité, 17; la magistrature abolie, 17; les remparts de la ville démolis, 21; Louis de Bourbon demande au duc qu'on suspende la démolition, 39; Louis de Bourbon est à Liège, 42; Onufrius revient dans la cité, 44; les bannis rentrent en masse dans la ville, 49; excès commis dans la cité par les bannis, 50; confusion qui règne dans la ville, 51; troubles occasionnés à Liège par l'absence du légat, 58; conférence publique avec le légat sur le Marché, 61; rumeur que produit à Liège l'annonce de l'arrivée de Humbercourt, 79; la ruine de la cité projetée par le duc Charles, 88; fêtes à Liège pour le retour de l'évêque et du légat, 103; Philippe de Savoie fait savoir à Liège qu'il s'emparera de la cité, 121; émotion produite à Liège par l'incendie de Crisgnée, 122; Onufrius conseille aux Liégeois de garder la cité, 123; la prise de Liège décidée, 125; émotion à Liège, 126 ; le bruit de la défaite des Bourguignons se répand à Liège, 127; la nouvelle de la défaite des Liégeois arrive à Liège, 128; terreur des habitants qui s'enfuient de tous côtés, 129; la ville ouverte sans défense à l'ennemi, 129; la destruction de la cité décidée par le duc Charles, 150 ; la nouvelle de la soumission complète des députés liégeois est apportée dans la cité, 132; les Liégeois

proposent à Thibaut de Neufchâtel d'occuper une partie de la cité, 158;
les Bourguignons se mettent en route pour prendre Liège, 163; Louis de
Bourbon désigné pour donner le premier assaut à la ville, 168; description de la cité du côté de la porte St-Léonard, 168; le bruit de la mort
d'Onufrius se répand à Liège, 171; la ville envahie par les Bourguignons
pendant qu'on y traitait de la paix, 174; prise et livrée au pillage, 175.

Liégeois. Ils se plaignent de Louis de Bourbon, 4; ils lui reprochent de
refuser les saints Ordres, 5; inquiétés par Philippe, duc de Bourgogne, 5;
ils s'emparent du château de Rheidt, 6; condamnés par Pierre Ferri, 6;
Paul II leur ordonne de reconnaître à Louis de Bourbon le merum et
mixtum imperium, 7; leurs hostilités contre le duc Philippe et son fils
Charles, 9; ils doivent demander pardon à Charles de Bourgogne, 10;
sentence cruelle que leur impose le duc, 10; ils doivent payer une amende
à Charles pour la prise de Falais, 11; ils recommencent les hostilités à
cause de l'exclusion de Dinant du traité de Saint-Trond, 12; ils font la
paix avec le duc après la prise de Dinant, 12; ils remettent au duc la décision de leurs différends avec Louis de Bourbon, 12; ils demandent la levée
de l'interdit et le bannissement de vingt bourgeois, 13; le duc prie le pape
de les réconcilier avec leur évêque, 14; ils s'emparent du château de Huy,
16; battus par les Bourguignons à Brusthem, 16; ils se soumettent à l'autorité du duc Charles, 17; sentence du duc Charles contre eux, 17-20;
obligés d'accepter cette sentence, 20; amendes qui leur sont imposées,
21; leurs députés se portent au-devant d'Onufrius, à Cologne, 31; leur
soumission au pape, 32; ils exposent leurs griefs au légat, 33, 34; ils
prient le légat d'aller intercéder pour eux auprès du duc Charles, 34; ils
prennent parti pour les bannis, 50; ils menacent le légat dans sa sécurité,
51; ils envoient des députés au légat, 53; ils demandent un sauf-conduit
pour aller trouver Louis de Bourbon à Maestricht, 54; Louis de Bourbon
leur fait refuser l'entrée à Maestricht, 55; supplications qu'ils adressent à
l'évêque, 56; leurs députés arrêtés à Argenteau, 58; ils accusent Onufrius
de trahison, 58; leurs députés relâchés, 59; ils veulent attaquer Louis de
Bourbon, 59; Onufrius leur conseille d'accepter les conditions de l'évêque,
60; harangués par le légat sur le Marché, 61; excités à la révolte par leurs
chefs, 62; ils protestent de leur respect pour l'évêque, le légat et le pape,
63; ils demandent le retour de Louis de Bourbon dans sa capitale et le
bannissement de vingt bourgeois, 64, 68; ils prient le légat d'infliger la
censure canonique à Louis de Bourbon s'il reste attaché au parti bourguignon, 68; promesses de secours que leur font leurs voisins, 68; ils font
des préparatifs pour recevoir leur évêque, 76; leur consternation en appre-

nant que Louis de Bourbon diffère son retour, 77; ils accusent Onufrius de trahison, 78, 79; leurs vœux pour le roi de France contre le duc de Bourgogne, 78; décidés à résister aux troupes de Humbercourt, 79; quelques bourgeois menacent le légat, 80; ils supplient Onufrius de se rendre auprès de Louis de Bourbon, 81; leurs soupçons contre le légat, 84; ils demandent des sauf-conduits pour aller à Tongres, 85; ils surprennent les Bourguignons à Tongres, 90, 91; leurs excès à Tongres, 95; harangués par Onufrius, 95; ils exposent leurs plaintes au légat, 96; conférence de leurs chefs avec Onufrius, 97, 98; ils acclament Louis de Bourbon, 98; ils ramènent l'évêque et le légat dans la cité, 101; la foule accourt au-devant des prélats, 103; les Liégeois offrent de faire réparation au duc, 104; Louis XI leur propose son appui, 104; ils refusent les offres du roi de France, 105; Onufrius les engage à tenir leur promesse envers le duc Charles, 105; leurs députés arrêtés par les Bourguignons, 111; Onufrius les engage à se soumettre à la volonté du duc, 112; leurs bonnes dispositions à l'égard du duc, 113, 114; leur crainte des Bourguignons, 114; ils prient le duc de les considérer comme amis, 115; engagements qu'ils prennent vis-à-vis de Thibaut de Neufchâtel, 115; ils supplient Onufrius de se rendre auprès du duc, 116; ils perdent tout espoir et se préparent à la lutte, 117; Philippe de Savoie leur annonce qu'il s'emparera de la cité, 121; leur colère contre les Bourguignons, 122; Onufrius leur déconseille d'attaquer les Bourguignons, 122; il les engage à défendre la cité, 123; ils se préparent à attaquer l'ennemi, 124; ils apprennent l'approche des Bourguignons, 124; ils se préparent à la lutte, 126; battus près de Lantin, 127; leur animosité contre l'évêque et le légat, 128; ils espèrent une intervention de Louis XI, 130, 131; Onufrius leur propose d'aller trouver le duc avec Louis de Bourbon, 130; harangués par l'évêque et le légat dans la cour du palais, 131; ils envoient Onufrius et Louis de Bourbon vers le duc Charles, 132; Thibaut de Neufchâtel s'informe de leurs dispositions, 146; leurs députés conduits à Bierset, 148; invectivés par Thibaut de Neufchâtel, 148; Louis de Bourbon intervient en leur faveur, 149; Thibaut leur fait savoir que le duc prendra Liège s'ils ne se soumettent entièrement à lui, 150; Humbercourt insiste pour qu'ils se soumettent, 151; ils déclarent vouloir accepter toutes les conditions qu'on leur imposera, 152; ils proposent à Thibaut de Neufchâtel d'occuper une partie de la cité, 158; huit mille Liégeois se portent à la rencontre des Bourguignons, 159; leur tactique; ils surprennent leurs ennemis à Fooz, 160; leur attaque repoussée, 161; ils assaillent les Bourguignons, 167; ils soutiennent un premier assaut, 168; ils surprennent l'ennemi à la porte

Sᵗ-Léonard, 169; ils attaquent le camp de Louis XI et du duc Charles, 173; insuccès de leur coup de main, 173; ils discutent les conditions de paix, 174; surpris, ils s'enfuient de Liège, 175.

Liers, village du pays de Liège. Onufrius y donne rendez-vous à Louis de Bourbon, 66.

Louis de Bourbon, évêque de Liège. Il mécontente les Liégeois, 4; il refuse de recevoir les saints Ordres, 5; il jette l'interdit sur la cité et se réfugie auprès de Philippe, duc de Bourgogne, 5; il réclame l'intervention du pape, 5; Paul II lui attribue le merum et mixtum imperium, 7; le duc Philippe arbitre de ses différends avec ses sujets, 12; il refuse de lever l'interdit et de bannir vingt bourgeois, 13; le duc Philippe fait demander au pape de le réconcilier avec son peuple, 14; il réside à Huy, 16; il se réfugie auprès de Charles, duc de Bourgogne, 16; il proteste contre certains articles de la sentence du duc Charles, 20; son autorité usurpée par Humbercourt et Jean Postel, 23; il va saluer Onufrius, 52; il célèbre sa première messe, 33; il prie Onufrius de se rendre auprès du duc Charles à Bruges, 34; il envoie Richard Troncillon à Bruges, 37; il écrit au légat pour le remercier et le prier de continuer ses démarches, 38, 39; mandé à Bruxelles par le duc Charles, 42; il supplie le duc en faveur des Liégeois, 42; il excite la colère du duc, 43; il délibère avec Onufrius et le chapitre de Sᵗ-Lambert, 44, 45; il préside une réunion de la noblesse à Maestricht, 49; les bannis déclarent se soumettre à son autorité, 52; il écoute les supplications des Liégeois, qui demandent son retour à Liège, 56; ses conditions pour rentrer à Liège, 57; le légat réclame son intervention auprès des seigneurs d'Argenteau, 59; il s'excuse misérablement, 59; les Liégeois se défient de lui, 60; les bannis protestent de leur respect pour lui, 63; les Liégeois demandent son retour dans sa capitale, 64; sa conférence avec Onufrius à Milmorte, 64; il se rencontre avec le légat à Liers, 66; il fait donner l'assaut à la cité, 66; il envoie des députés au légat et fait des concessions, 67; il promet de rentrer à Liège, 67; convoqué à Vivegnis, il refuse de s'y rendre, 69; le duc Charles lui envoie des troupes pour le remettre en possession de sa capitale, 69; sa conférence à Millen avec Onufrius, 70; reproches que lui adresse le légat, 71-74; il se laisse fléchir et promet de rentrer à Liège, 75, 76; il va à Tongres, 77; il fait demander une entrevue au légat, 77; il donne rendez-vous à Onufrius à Tongres, 82; il envoie une escorte au légat, 82; il montre à Onufrius une lettre menaçante du duc Charles, 82; reproches que lui adresse le légat, 83; il s'engage à intercéder auprès du duc Charles, 84; il prie Onufrius de rester à Tongres jusqu'à l'arrivée de Humbercourt, 85; surpris à Tongres par les

Liégeois, 91 ; faux bruit de sa fuite à Maestricht, 92 ; il se rend chez le légat, 93 ; Onufrius le rassure, 94 ; il assiste à l'entrevue des Liégeois avec le légat, 97 ; acclamé par les Liégeois, 98 ; il fait dire au duc de ne pas s'alarmer de la prise de Tongres, 99, 100 ; il promet de rentrer dans sa capitale, 100 ; il part pour Liège, 102 ; il rentre à Liège aux acclamations du peuple, 103 ; il demande à Onufrius de loger dans son palais, 105 ; son inquiétude pour Robert de Morialmé, 106 ; invité à une entrevue par Humbercourt, 111 ; il engage les Liégeois à se soumettre au duc Charles, 112 ; les Liégeois s'en rapportent à son arbitrage, 113 ; ses conférences avec Hagenbach, 114 ; il entretient des relations secrètes avec les Bourguignons, 117 ; son projet de fuite, 118 ; Onufrius lui adresse des reproches, 118 ; il promet au légat de ne pas le quitter, 119 ; il fait demander à Humbercourt de négocier la paix avec le duc, 120 ; Philippe de Savoie le fait saluer de sa part, 121 ; Onufrius l'accuse de trahison, 123 ; soupçonné par les Bourguignons d'avoir conseillé la prise de Tongres, 125, 126 ; sa situation critique à Liège, 126 ; objet de la colère des Liégeois, 128 ; il veut s'enfuir de Liège, 128 ; il se réfugie dans la tour de la cathédrale St-Lambert, 128 ; il consent à aller avec Onufrius auprès du duc Charles, 130, 131 ; il assure les Liégeois de son dévouement, 131 ; envoyé par les Liégeois auprès du duc, 132 ; il arrive à Lantin, 133, 134 ; il envoie des hérauts à Thibaut de Neufchâtel, 135 ; sa situation critique, 135 ; reproches que lui adresse Onufrius, 136 ; il tombe au milieu des Bourguignons, 137 ; ses communications secrètes avec le duc Charles, 138 ; Onufrius lui fait des reproches, 139 ; consolations qu'il adresse au légat prisonnier, 140, 141 ; il abandonne le légat, 142 ; Onufrius demande à le voir, 144 ; il se trouve auprès de Thibaut de Neufchâtel, 145 ; il vient au-devant d'Onufrius à Bierset, 147 ; il intercède auprès de Thibaut de Neufchâtel en faveur des Liégeois, 149 ; il annonce à Thibaut la soumission complète des Liégeois, 152 ; il se trouve à Fooz avec ses partisans, 154 ; réclamations que lui adresse Jean de Châlons à propos du légat, 154 ; Onufrius sollicite son intervention pour être remis en liberté, 155 ; il conseille à Onufrius de rester à Fooz, 156 ; il retourne à Fooz, 157 ; les Liégeois lui demandent de rentrer à Liège, 158 ; il se rend auprès du duc Charles, 158, 160 ; il revient à Fooz, 162 ; Onufrius lui annonce son intention de se retirer en lieu sûr, 164 ; le légat prend congé de lui, 165 ; son poste dans l'armée bourguignonne, 167 ; désigné pour donner le premier assaut à la cité, 168 ; il intercède en faveur des Liégeois, 171 ; il tente un dernier effort pour rétablir la paix, 174.

Louis XI, roi de France. Il assiste au sac de Liège, 2 ; il rassemble une armée pour combattre Charles, duc de Bourgogne, 37 ; il envoie Charles

de Bourbon auprès du duc Charles à Bruxelles, 40; le duc Charles l'accuse
de soutenir les Liégeois, 43; les bannis rentrent à Liège au cri de « Vive
le roi de France, » 50; vœux que les Liégeois forment pour lui, 78, 79; sa
paix avec le duc Charles annoncée, 88; les Liégeois crient « Vive le roi de
France » en surprenant les Bourguignons à Tongres, 91; il fait promettre
son appui à Onufrius et aux Liégeois, 104; on apprend à Liège qu'il a
conclu la paix avec le duc de Bourgogne, 130; les Liégeois comptent sur
son intervention en leur faveur, 130, 131; Onufrius et Louis de Bourbon
envoyés auprès de lui par les Liégeois pour demander la paix, 132; décidé
à accompagner le duc Charles à la prise de Liège, 139; il arrive à Momalle,
157; les Liégeois le considèrent comme un ennemi, 169; campé à la Nouvelle Brasserie, 172; attaqué la nuit par les Liégeois, il échappe au danger,
173; il donne le signal du pillage à Liège, 175.

Louvain (lisez Bruxelles?). Onufrius avait été en cette ville, 88.

Lovenberg, voy. *Henri de Lovenberg.*

Lowaige, village près de Tongres. Jean de Châlons y établit son camp,
142.

Luxembourg. Les lettres d'Onufrius interceptées près de cette ville, 104.

M.

Maestricht. Articles publiés en faveur des habitants de cette ville par
le duc de Bourgogne, 19; Louis de Bourbon y préside une réunion de la
noblesse du pays de Liège, 49; Louis de Bourbon y reçoit les députés
des Liégeois, 54; l'évêque refuse aux Liégeois l'entrée dans cette ville,
56; Onufrius reste à Maestricht auprès de l'évêque, 57; le légat va y trouver
l'évêque, 70; Onufrius projette de s'y rendre, 84, 85, 87; Jean de Berg s'y
retire, 99; Humbercourt et Jean de Berg s'y trouvent, 109; Jean Postel
s'y retire, 111; Onufrius veut s'y rendre, 156; les habitants craignent les
Liégeois, 166; Onufrius accueilli en cette ville, 167; les blessés liégeois
amenés à Maestricht, 170; les gens d'Onufrius le rejoignent en cette ville,
171.

Marguerite d'York. Elle épouse Charles, duc de Bourgogne, à Bruges, 37.

Marliano, voy. *Raymond de Marliano.*

Mayence. Onufrius est envoyé comme légat en cette ville, 6; Onufrius
y tombe malade, 30.

Meeffe, village du pays de Liège. Humbercourt y arrive avec des troupes,
79; Humbercourt se rend de cet endroit à Huy, 85.

Meersch, voy. *Jean Altefast.*

Merum et mixtum imperium, droit de juger les criminels. Revendiqué par Louis de Bourbon, 4; attribué à l'évêque par Paul II, 7; modifications proposées sur ce point à la sentence de Charles de Bourgogne, 46, 48.

Métiers (Corporations de). Abolies à Liège, 18.

Meurs, voy. *Vincent, comte de Meurs*.

Millen, village près de Tongres. Entrevue en cette localité entre Onufrius et Louis de Bourbon, 70, 81, 83.

Milmorte, village du pays de Liège. Conférence en cette localité entre Onufrius et Louis de Bourbon, 64.

Momalle, village du pays de Liège. Louis XI et Charles, duc de Bourgogne, arrivent en cette localité, 157, 159.

Monfort sur Ourthe, village du pays de Liège. Humbercourt s'engage à s'y constituer prisonnier, 99; Humbercourt relevé de sa promesse, 158.

Montaigle, château du comté de Namur. La ferme brûlée par les Liégeois, 11.

Montarchier, familier de Louis de Bourbon. Envoyé par l'évêque auprès du duc Charles, 99; ses communications secrètes avec Louis de Bourbon, 158; item avec Jean de Châlons, 145.

Morialmé, voy. *Robert de Morialmé*.

N.

Namur, comté. Traversé par l'armée bourguignonne, 108, 109.

Neufchâtel, voy. *Jean* et *Thibaut de Neufchâtel*.

Nouvelle Brasserie (Noeve-Bressenne), lieu dit sur la montagne de Ste-Walburge. Les Liégeois y surprennent le camp de Louis XI et du duc Charles, 172.

O.

Onufrius de Sancta-Cruce, évêque de Tricaria. Étant à Aix-la-Chapelle, il avait promis au pape une relation du sac de Liège, 1; la vérité sur ce fait a été altérée, 2; il aurait voulu la faire connaître par une déclaration publique; il y avait renoncé à cause des révélations qu'il aurait dû faire, 2; décidé à mettre les faits par écrit, il les dévoilera entièrement, 3; adjoint à Pierre Ferri, 6; sa mission à Mayence, 6; Paul II l'envoie comme légat à Liège, 15; son départ retardé, 16; Louis de Bourbon, le clergé et les nobles lui remettent des protestations secrètes contre certaines clauses de la sentence du duc Charles, 20; texte de la bulle qui lui confère ses pouvoirs, 23; ses instructions en ce qui concerne le duc de Bourgogne, 29; il quitte

Rome; ses compagnons de voyage, 30; il tombe malade à Mayence, 30; il apaise un conflit à Cologne, 31; il s'installe à la Chartreuse, près de Liège, 31; il reçoit les députés du clergé et de la bourgeoisie, 32; il lève l'interdit, 33; il écoute les plaintes des Liégeois, 33, 34; il se rend à Bruges auprès du duc Charles, 34; ses conférences amicales avec le duc, 35; il demande au duc de modérer sa sentence, 35, 36; Louis de Bourbon le remercie de ses démarches, 37, 38; le duc Charles l'engage à ne pas attendre son retour à Bruges, 39; il fait connaître à Paul II le résultat de ses négociations avec le duc, 40; il attend le duc à Bruxelles, 40; ses efforts pour obtenir du duc des modifications à la paix de Saint-Trond, 41; ses entrevues avec le duc Charles, 42; il tâche d'apaiser la colère du duc, 43; chargé par le duc de s'entendre avec les Liégeois sur leurs prétentions, 44; il revient à Liège, 44; comment il obtient un vote sincère du chapitre de St-Lambert, 45; il prend sous sa protection les étrangers qui se trouvent à Liège, 50; menacé dans sa sécurité par les bannis, 51; il refuse de quitter Liège, 51; il déclare aux bannis qu'il est prêt à renoncer à sa mission, 52; il confère à St-Jacques avec les députés des bannis, 53; il obtient un sauf-conduit pour les députés des Liégeois se rendant à Maestricht, 54; il se dispose à aller trouver Louis de Bourbon à Maestricht, 54; soupçonné de trahison par les bannis, 55; arrêté par les seigneurs d'Argenteau, 55; il s'installe au couvent de Lichtenberg près de Maestricht, 56; il renvoie les députés des Liégeois, 57; il promet de rentrer à Liège, 58; accusé de trahison, 58; il obtient la mise en liberté des Liégeois arrêtés à Argenteau, 59, 60; il fixe un rendez-vous à Louis de Bourbon à Vivegnis; il rentre à Liège, 60; il harangue les Liégeois sur le Marché, 61; clameurs séditieuses qui s'élèvent contre lui, 62; les bannis le réclament pour arbitre, 64; il se rend à Milmorte auprès de Louis de Bourbon, 64; accord qu'il fait avec l'évêque au sujet des bannis, 65; il revient à Liège, 65; il donne rendez-vous à Louis de Bourbon à Liers, 66; il reproche à l'évêque son attaque contre la cité, 67; il revient à Liège et sépare les combattants, 67; les Liégeois lui demandent d'infliger les censures canoniques à Louis de Bourbon s'il reste attaché aux Bourguignons, 68; il se rend à l'abbaye de Vivegnis, 68; l'évêque lui écrit que le duc Charles envoie des troupes pour s'emparer de la cité, 69; il cache cette nouvelle aux Liégeois, 69; il part pour Maestricht, 70; reproches qu'il adresse à Louis de Bourbon, 71-74; l'évêque lui demande de le précéder à Liège, 75; il annonce à Liège le retour de Louis de Bourbon, 77; l'évêque lui fait savoir qu'il doit retarder son arrivée et lui demande une entrevue, 77; Louis de Bourbon lui donne rendez-vous à Tongres, 78; accusé de trahison par les Liégeois,

78; il s'apprête à partir pour Tongres, 79 ; danger qu'il court à Liège, 80 ;
allocution qu'il adresse aux chefs des Liégeois, 80 ; il part pour Tongres,
81 ; il arrive à Tongres, 82 ; Louis de Bourbon lui montre une lettre
menaçante du duc Charles, 82 ; il adresse des reproches à l'évêque, 83 ;
il fait connaître à Liège les bonnes dispositions de l'évêque, 84 ; il reste
à Tongres jusqu'à l'arrivée de Humbercourt, 85 ; discours qu'il adresse
à Humbercourt, 86, 87 ; Jean de Glymes lui fait connaître les projets des
Bourguignons, 88, 89 ; il engage Jean de Glymes à se rendre à Liège, 89 ;
il se propose de retourner à Liège, 90 ; surpris à Tongres par les Liégeois,
91, 92 ; il fait venir Louis de Bourbon chez lui, 93 ; il rassure Louis de
Bourbon et Humbercourt, 94 ; il harangue les Liégeois, 95 ; Onufrius
mande les chefs des Liégeois, 96 ; il ménage un arrangement entre Louis
de Bourbon et les Liégeois, 97-99 ; les Liégeois lui demandent de revenir
à Liège, 100 ; acclamé par les Liégeois à Tongres, 101 ; ses bagages
laissés à Tongres, 102 ; Humbercourt lui témoigne sa reconnaissance,
102 ; il rentre à Liège avec Louis de Bourbon, 103 ; il loge dans le palais
de l'évêque, 103 ; il reçoit un message de Louis XI, 104 ; il refuse l'appui
du roi de France, 105 ; il engage les Liégeois à remplir leurs promesses
envers le duc Charles, 105 ; son indignation pour l'assassinat de Robert
de Morialmé, 107 ; sa correspondance avec Jean de Berg, 109 ; Humbercourt lui écrit qu'il ira trouver le duc Charles, 110 ; invité à une entrevue
avec Humbercourt, 110 ; indisposé, 111 ; il engage les Liégeois à se soumettre au duc, 112 ; il écoute les propositions des Liégeois, 113 ; ses
conférences avec Hagenbach, 114 ; il conseille aux Liégeois d'écrire à
Thibaut de Neufchâtel, 115 ; les Liégeois le supplient de se rendre auprès
du duc, 116 ; embûche dressée contre lui à Huy, 117 ; il apprend les relations secrètes de Louis de Bourbon avec Thibaut de Neufchâtel, 117 ;
reproches qu'il adresse à l'évêque, 118 ; Louis de Bourbon lui promet de
ne pas le quitter, 119 ; Simon de le Kerrest lui demande une entrevue,
119 ; il prie Humbercourt de négocier la paix, 119 ; il demande à Simon
de le Kerrest de venir à Liège, 120 ; il déconseille aux Liégeois d'attaquer
les Bourguignons, 122 ; il accuse Louis de Bourbon de trahison, 123 ; sa
vie menacée, 123 ; il reçoit une lettre de Simon de le Kerrest, 124 ; le duc
Charles lui fait dire de veiller à sa sécurité, 125, 126 ; Humbercourt
l'engage à ne pas se rendre auprès du duc Charles, 125 ; sa situation
critique à Liège, 126 ; objet de l'animosité des Liégeois, 128 ; il refuse de
quitter Liège et se réfugie dans la tour de St-Lambert, 128 ; il offre aux
Liégeois d'aller avec Louis de Bourbon implorer la clémence du duc,
130 ; 131 ; il harangue les Liégeois, 131 ; envoyé par les Liégeois auprès du

duc Charles, 132; il arrive à Lantin, 133, 134; sa situation critique, 135; reproches qu'il adresse à Louis de Bourbon, 136; il tombe au |milieu des Bourguignons, 137; il surprend les communications secrètes de Louis de Bourbon avec le duc Charles, 138; reproches qu'il adresse à l'évêque, 139; retenu prisonnier par Jean de Châlons et dépouillé, 140, 141 ; il demande à avoir une entrevue avec le duc, 142; abandonné par Louis de Bourbon, 142; conduit à Lowaige, 142; son chancelier dépouillé de ses papiers, 143; rassuré sur son sort par le seigneur de Soas, 144; il demande en vain à voir Louis de Bourbon ou Jean de Châlons, 144; les Bourguignons projettent de le mettre à la rançon, 145; mandé auprès de Thibaut de Neufchâtel, 145, 146; conduit à Bierset, 147; courageuse déclaration qu'il fait à Thibaut de Neufchâtel, 150, 151 ; Humbercourt insiste auprès de lui pour obtenir des Liégeois une soumission complète, 151; on lui fait des excuses pour la conduite de Jean de Châlons, 151, 152; il recommande ses compagnons à Jean de Châlons, 153; il se rend à Fooz auprès de Louis de Bourbon, 154; Jean de Châlons veut l'envoyer en Bourgogne, 154; ses invectives contre Jean de Châlons, 155; il réclame l'intervention de Louis de Bourbon, 155; il veut suivre l'armée, 156; les Liégeois lui demandent de rentrer à Liège, 158; il se plaint de Jean de Châlons au duc Charles, 159; il met les Bourguignons en garde contre la tactique des Liégeois, 160; sa situation critique à Fooz, 161; le duc Charles lui fait savoir qu'il est libre, 162, 163; il annonce l'intention de se retirer en lieu sûr, 164; il quitte Louis de Bourbon et les chefs de l'armée bourguignonne, 165; il se met en route pour Maestricht, 166; il arrive à Maestricht, 167; accueilli par la population et par les chanoines de St-Servais, 167; rejoint à Maestricht par ses gens, 171; le bruit de sa mort se répand à Liège, 171; attitude du duc Charles en recevant sa lettre, 172.

Ostende, voy. *Jacques d'Ostende*.

Othée (en flamand *Elch*), village près de Tongres. Onufrius et Louis de Bourbon conduits en cette localité par les Bourguignons, 137; les compagnons du légat y sont retenus prisonniers, 142, 145.

Outre-Meuse, quartier de la ville de Liège. Les bannis proposent à Thibaut de Neufchâtel de s'y retirer, 63, 65, 66.

P.

Paix. Conclue entre les Liégeois et les Bourguignons après la prise de Dinant, 12. — *Paix de Saint-Trond*, signée entre le duc de Bourgogne,

Louis de Bourbon et le pays de Liège, 9-11 ; le duc demande au pape de confirmer cette paix, 14 ; le pape s'y refuse, 15 ; articles de cette paix confirmés, 20 ; le duc Charles en demande la ratification, 35.

Palant, voy. *Warnier de Palant.*

Paul II, pape. Onufrius lui promet un récit du sac de Liège, 1 ; Onufrius lui adresse son mémoire, 1 ; successeur de Pie II, 7 ; il attribue le merum et mixtum imperium à Louis de Bourbon, 7 ; Philippe et Charles de Bourgogne l'engagent à envoyer un légat à Liège, 14 ; il consulte le collège des cardinaux, 15 ; il envoie Onufrius comme légat à Liège, 15 ; sa bulle conférant des pouvoirs au légat, 23 ; Onufrius lui fait connaître le résultat de ses démarches auprès du duc Charles, 40 ; Onufrius lui fait savoir ce qui s'est passé à Tongres, 104.

Pauline. Sentence de Paul II conférant le merum et mixtum imperium à Louis de Bourbon, 7-8 ; le duc Charles de Bourgogne en demande la confirmation, 18.

Péronne. Le duc Charles de Bourgogne se trouve en cette ville avec son armée, 48.

Perron de Liège. Livré au duc Charles, 18 ; transporté à Bruges, 21.

Philippe, duc de Bourgogne. Louis de Bourbon se réfugie auprès de lui, 5 ; il réclame la médiation du pape, 5 ; il fait des incursions dans le pays de Liège, 9 ; il conclut une paix à Saint-Trond avec les Liégeois, 9 ; il prend Dinant, 12 ; arbitre des différends entre Louis de Bourbon et les Liégeois, 13 ; il engage l'évêque à lever l'interdit et à bannir vingt bourgeois, 13 ; il demande au pape d'envoyer un légat à Liège, 14 ; sa mort, 14.

Philippe, duc de Savoie, capitaine dans l'armée de Bourgogne, 108 ; il fait remettre en liberté les députés d'Onufrius et de Louis de Bourbon, 121 ; il fait annoncer aux Liégeois qu'il s'emparera de la cité, 121, 124 ; capitaine de l'armée, 140, 142 ; il assiste à la prise de Liège, 175.

Piages (Le seigneur de), Picard. Il se trouve avec Humbercourt à Tongres, 93 ; il reste auprès d'Onufrius, 158, 159.

Pie II, pape. Il envoie Pierre Ferri comme légat à Liège, 5 ; il envoie Onufrius comme légat à Mayence, 6 ; sa mort, 7.

Pierre Ferri, évêque de Tarazona. Envoyé comme légat à Liège, 5, 15 ; il jette l'interdit sur la ville de Liège, 6.

Pierre de Hagenbach, maître d'hôtel de Charles, duc de Bourgogne. Envoyé à Liège, il promet de travailler en faveur de la paix, 114 ; il fait connaître à Thibaut de Neufchâtel les bonnes dispositions des Liégeois, 115 ; Thibaut lui reproche son intervention, 115 ; il vient au-devant d'Onufrius à Biersel, 147.

Pierre de Hannut, doyen de la collégiale St-Pierre, à Liège. Envoyé par Louis de Bourbon à Onufrius, 77.

Pierre de Pérouse, compagnon d'Onufrius, 147.

Postel, voy. *Jean Postel.*

Q.

Quatre arbres (*A ux*), lieu dit sur la route de Saint-Trond à Tongres. Indiqué pour une entrevue par Humbercourt, 110.

Quercu, voy. *Jean de Chesne.*

R.

Ravestein, voy. *Adolphe de Clèves.*

Raymond de Marliano, conseiller de Philippe, duc de Bourgogne, puis de Louis de Bourbon. Compagnon de voyage et conseiller d'Onufrius, 50 ; il transmet à Paul II le résultat des négociations du légat avec le duc Charles, 40.

Reckheim. Cette localité assignée comme résidence provisoire aux bannis par Louis de Bourbon, 57.

Rheidt, château sur la Neers. Pris et rasé par les Liégeois, 6

Richard, maître d'hôtel d'Onufrius. Envoyé par le légat au-devant de Simon de le Kerrest, 120 ; il accompagne Onufrius auprès de Thibaut de Neufchâtel, 146.

Richard Troncillon, secrétaire de Louis de Bourbon. Envoyé à Bruges auprès d'Onufrius, 57.

Robert, carme de Liège. Il harangue Onufrius en latin, 32 ; interprète du légat auprès des Liégeois, 61 ; il accompagne Onufrius à Tongres, 81 ; interprète du légat, 82, 107; envoyé par Louis de Bourbon auprès du légat, 103 ; envoyé par Onufrius à une entrevue, 111 ; il fait connaître au légat les projets des Bourguignons, 117 ; envoyé par Louis de Bourbon auprès de Humbercourt, 120 ; retenu prisonnier par les Bourguignons, 121 ; il revient à Liège, 124 ; interprète d'Onufrius auprès des Liégeois, 131 ; il accompagne Onufrius auprès de Thibaut de Neufchâtel, 147.

Robert de Morialmé, archidiacre de Liège, 45 ; blessé à Tongres, 91, 93 ; rendu odieux aux Liégeois, 101 ; assassiné sur la route de Liège, 106, 107.

Rupert, comte palatin du Rhin. Onufrius apaise sa querelle avec ses sujets, 31.

8.

S*t*-*Jacques*, abbaye à Liège. Résidence du légat Onufrius, 50; les moines garantissent la sécurité du légat, 51; conférence dans l'abbaye entre les bannis et le légat, 53; Onufrius ne juge pas l'abbaye assez protégée pour y recevoir les armes des bannis, 65; réunion nocturne dans l'abbaye, 80; Onufrius y envoie ses gens loger, 104.

S*t*-*Lambert*, cathédrale de Liège. Louis de Bourbon et Onufrius se réfugient dans la tour, 128.

S*t*-*Lambert* (Chapitre de). Il proteste contre certains articles de la sentence de Charles, duc de Bourgogne, relatifs à la juridiction de l'Église de Liège, 20; il délibère avec Louis de Bourbon et Onufrius, 44; une partie du chapitre est dévouée au duc de Bourgogne, 45; comment le légat obtient un vote indépendant du chapitre, 45; il indique au légat les modifications à demander à la sentence du duc Charles. — Chanoines de S*t*-Lambert, voy. *Henri de Lovenberg, Jean de Chesne, Jean de Seraing, Josse de La Marck, Raymond de Marliano, Richard Troncillon, Robert de Morialmé*.

S*t*-*Laurent*, abbaye près de Liège. Charles, duc de Bourgogne, s'y installe, 17.

S*t*-*Léonard*, porte de la ville de Liège, 167; le premier assaut des Bourguignons est donné en cet endroit, 168; massacre des Bourguignons, 169; les Bourguignons entrent par ce côté dans la cité, 174.

S*t*-*Pierre*, collégiale de Liège. Doyen, voy. *Pierre de Hannut*.

Saint-Trond, bonne ville du pays de Liège. Une paix y est signée entre Philippe, duc de Bourgogne, et les Liégeois, 9; la ville prise par le duc Charles, 16; Humbercourt conduit en cette ville, 102; Humbercourt écrit de là à Onufrius, 112; arrivée de Simon de le Kerrest en cette ville, 119; Humbercourt y reçoit la visite de Jean Altefast, 119; Humbercourt et Simon restent dans cette ville, 120, 121. Voy. *Paix*.

S*te*-*Croix*, collégiale de Liège. Chanoine : voy. *Gilles Bonem*.

S*te*-*Walburge*, porte de Liège. Les Liégeois s'y rendent à la rencontre de Louis de Bourbon, 77; Louis XI et le duc Charles établissent leur camp dans le faubourg, 172.

Salanova, voy. *Antoine de Salanova*.

Seraing, voy. *Jean de Seraing*.

Simon de le Kerrest, secrétaire de Charles, duc de Bourgogne, 109; envoyé par le duc à Saint-Trond, 119; il demande une entrevue à Onufrius, 119; Onufrius le prie de venir à Liège, 120; il reste à Tongres, 120, 121;

il excite la colère de Thibaut de Neufchâtel, 121, 122; il envoie de Léau un message à Onufrius, 124, 125, 126; Onufrius quitte Liège à sa demande, 159.

Slavanten, voy. *Lichtenberg*.

Soas (Le seigneur de). Il rassure Onufrius, 144.

Soreth, voy. *Jean Soreth*.

Straille, voy. *Gossuin* et *Jean de Straille*.

T.

Thibaut de Neufchâtel, maréchal de Bourgogne. Il traverse le Namurois, 108; il entre à Tongres, 109; ses gens forcent les députés liégeois à rebrousser chemin, 111; colère de ses gens contre Humbercourt, 111; il reproche à Hagenbach d'avoir donné aux Liégeois des espérances pour la paix, 115; Onufrius le fait prier de faire cesser les ravages dans le pays, 116; il retient les députés des Liégeois, 117; il méprise les recommandations de Humbercourt, 121; il retient prisonniers les hérauts de Louis de Bourbon, 135; il approche d'Othée, 159; chef de l'armée bourguignonne, 142; il fait mander Onufrius auprès de lui, 145, 146; son camp établi à Bierset, 147; il se rend au-devant d'Onufrius, 147; ses invectives contre les Liégeois, 148; Louis de Bourbon intercède auprès de lui en faveur des Liégeois, 149; décidé à prendre Liège si les Liégeois ne se soumettent, 150; il fait des excuses au légat pour la conduite de Jean de Châlons, 152; les Liégeois acceptent toutes ses conditions, 152; il repousse les propositions des Liégeois, 158; le duc Charles lui fait dire de remettre le légat en liberté, 162, 163; il entre à Liège, 175.

Tilman, de Tongres, compagnon d'Onufrius, 136; il guide Onufrius sur la route de Maestricht, 137.

Tongres, bonne ville du pays de Liège. Louis de Bourbon s'y trouve, 77; l'évêque y donne rendez-vous à Onufrius, 78, 79; Onufrius se rend à Tongres, 81, 82; intention des Liégeois d'aller trouver l'évêque en cette ville, 85; Humbercourt arrive à Tongres, 85; la ville surprise par les Liégeois, 90-102; les Bourguignons entrent à Tongres, 109; Hagenbach vient y trouver Thibaut de Neufchâtel, 115; les environs de la ville ravagés, 120; les Bourguignons quittent Tongres, 124; la surprise de cette ville attribuée à Louis de Bourbon et à Onufrius, 125, 126, 159.

Trenti, voy. *Étienne de Trenti*.

Troncillon, voy. *Richard Troncillon*.

Turcs. Philippe, duc de Bourgogne, prépare une expédition contre les Turcs, 5; l'amende imposée aux Liégeois destinée à les combattre, 8; les Liégeois promettent un subside dans le même but, 33.

V.

Velroux, voy. Amel de Velroux.

Venrode, voy. Ghisbert de Venrode.

Verte tente (Les compagnons de la), alliés des Liégeois révoltés contre l'autorité de Louis de Bourbon, 13; ils ravagent le pays de Liège, 13; cri des Liégeois bannis, 169.

Vincent de Bueren, chef des Liégeois bannis. Il rentre à Liège, 49; il accompagne Onufrius à Tongres, 81; Onufrius le fait mander chez lui, 96; il accourt avec les Liégeois à la rencontre du légat et de Louis de Bourbon, 105; instigateur de l'assassinat de Robert de Morialmé, 108; il quitte Liège, 175.

Vincent, comte de Meurs. Il négocie la paix entre Philippe, duc de Bourgogne, et les Liégeois, 9.

Vivegnis, abbaye près de Liège. Un rendez-vous y est fixé entre Louis de Bourbon, Onufrius et les Liégeois, 60; le légat s'y rend une seconde fois, 68.

Vogelzanck, voy. Jean d'Elter.

W.

Warnier (lisez Renier) de Palant, prévôt d'Aix-la-Chapelle, 137.

Warnier de Witthem, capitaine bourguignon, 137.

Wilde, voy. Jean de Wilde.

Witthem, voy. Frédéric et Warnier de Witthem.

X.

Xhendremael, village du pays de Liège. Incendié par les Bourguignons, 135.

Y.

York, voy. Marguerite d'York.

Z.

Zuccarus de Todi, compagnon d'Onufrius, 147.

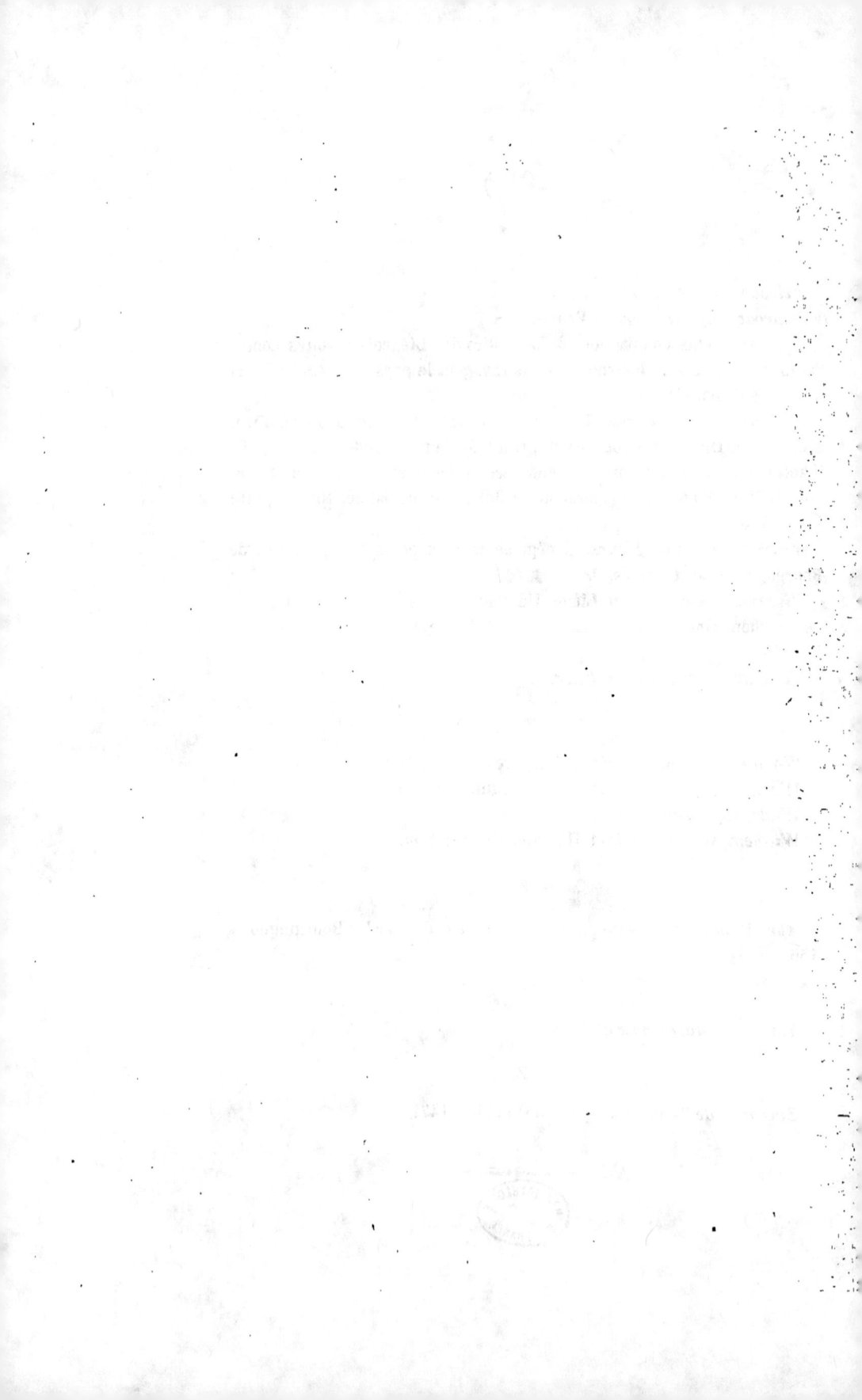

www.ingramcontent.com/pod-product-compliance
Lightning Source LLC
Chambersburg PA
CBHW061013280326
41935CB00009B/946